문창극의

역사 읽기

그들이 꿈꾸던 나라

일러두기

* 역사적인 사건의 용어는 통일했다. 단, 이미 출간된 도서에서 인용하는 경우 등은 예외로 했다.
  예 6.25전쟁(한국전쟁), 경술국치(한일합방)
* 주요 인물의 표기는 원칙적으로 처음 나올 때에만 한자 또는 원어를 함께 적었다.
  예 이승만(李承晩), 김구(金九), 맥아더(Douglas MacArthur), 마오쩌둥(毛澤東)
* 외국 지명을 비롯한 고유명사는 국립국어원 표기법에 따랐다.
  예 도쿄(東京), 상하이(上海), 베이징(北京)

문창극의

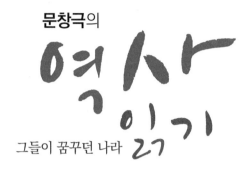

그들이 꿈꾸던 나라

문창극 지음

기파랑

목차

책을 펴내면서   6

프롤로그 우리는 누구인가? '아이덴티티'를 찾아 나서다   14

Part I
조선시대와 일제 강점기의
어둠暗 속에서

1장	임진왜란, 병자호란	29
2장	조선말의 상황	44
3장	송재松齋 서재필	61
4장	우남雩南 이승만	85
5장	안중근 의사義士	113
6장	백범白凡 김구	130
7장	도산島山 안창호	153
8장	규암圭巖 김약연	175
9장	좌옹佐翁 윤치호	193

Part **II**
광복, 건국과 근대화의
불빛明 속에서

10장 공산주의에 대한 환상幻想   211

11장 북의 남침, 6.25전쟁 발발   240

12장 자유당 정권 붕괴   256

13장 4.19와 5.16   274

14장 혁명가 박정희   283

에필로그 역사의 계승과 확대, '통일 대한민국'을 꿈꾼다   301

참고문헌   313

나라의 소중함을
깨닫는 마음

나는 역사학자가 아니다. 언론인으로서 상식적인 차원의 역사 지식 밖에는 가진 것이 없었다. 그런 사람이 웬일로 역사책을 쓰느냐는 물음을 가질 것이다. 이 책이 나오게 된 배경은 이렇다.

37년간의 언론인 생활을 끝내고 젊은이들을 가르치는 것으로 제2의 인생을 살아야겠다고 마음먹고 있던 중이었다. 언론인이 대학에서 강의를 한다고 하면 대개는 저널리즘이나 언론 실무 분야를 가르치는 것이 보통이다. 나 역시 그런 강의 제의는 많이 받았다.

그런데 한 대학에서 뜻밖에 「국가와 정체성」이라는 교양과목을 맡아 달라는 제의가 왔다. 나는 솔깃했다. 이 나라가 겪고 있는 지금의 문제들은 나라를 생각하는 관점, 즉 국가관의 혼돈에서 비롯됐다고 평소에 생각해왔기 때문이다. 지금 우리가 겪는 세대 간의 갈등, 이념의 갈등도 바로 이 나라가 어떤 나라인지에 대한 생각이 서로 같지 않은데서 비롯됐기 때문이다.

나는 젊은이들에게 내가 알고 있는 우리나라, 대한민국에 대해 말해주고 싶었다. 대한민국이 어떤 나라인지를 아는 것, 그것이 바로 국가의 정체성을 확인하는 시발인 것이다. 그렇다면 어떤 방법을 통해 알려주어야 할까? 전통적인 방식대로 정체성의 개념이 무엇이냐, 정체성은 왜 필요한가라는 식의 학문적 접근으로는 설득력이 없을 것 같았다. 재미있고 유익한 방법이 무엇일까 고민해보았다.

안중근安重根 의사의 거사 1백 년이 되던 해, 이토 히로부미伊藤博文를 저격한 하얼빈 역과 그가 갇혔던 뤼순旅順감옥을 방문한 적이 있다. 그가 목숨을 바쳐 사랑한 나라가 바로 우리가 살고 있는 이 나라라는 생각이 머리를 때렸다. 나는 그 나라를 지금 사랑하고 있는가? 그 나라를 위해 나는 무엇을 하고 있는가? 부끄러울 뿐이었다.

젊은 시절 그에 대해 좀 더 알았더라면 내 인생에 큰 자극이 되지 않았을까? 나는 그때 몰랐음을 지금 후회하고 있지만 우리의 젊은이들에게만은 알려주고 싶었다. 그러면서 안중근과 같은 시대에, 나라를 빼앗긴 울분을 평생 가슴에 안고 나라를 되찾는데 몸 바친 우리의 선현들을 떠올리게 되었다.

그렇다. 정체성을 이론이나 개념으로 가르치기보다는 우리 선현들은 어떻게 나라를 생각했는가를 학생들과 같이 알아보도록 하자. 그것이 살아있는 교육이라고 여겼다. 조선말 쓰러져 가는 나라를 구하기 위해 우리의 선각자들은 무슨 생각으로, 무엇을 했을까. 나라를 잃고 난 뒤 그들은 어떤 새 나라를 세우려고 다짐했을까? 그들의 생각과 꿈이 대한민국과는 어떤 연관이 있을까? 이런 의문들을 풀어 나가다보면 자연스럽게 내가 맡은 「국가와 정체성」이라는 과목의 목표가 달성되지 않을까 하는 믿음을 갖게 되었다.

사람들은 건강을 잃고 난 뒤에야 건강의 소중함을 안다. 마찬가지로 우리도 나라를 빼앗기고 난 뒤에야 나라의 소중함을 알게 되었다. 나는 우리나라 역사에서 나라 사랑하는 마음이 조선말에서 일제 강점기 기간만큼 폭발한 적이 없다고 본다. 강대국들에 의해 농락당하다가 결국은 나라를 빼앗기고 나서야 우리는 나라의 존재가 어떤 것이냐를 실감할 수 있었다. 일본에 종살이를 하고서야 자기 나라를 갖는다는 것이 얼마나 소중한 일인지를 깨달은 것이다. 나라의 소중함을 깨닫고서야 나라 사랑하는 마음이 생기는 것이다. 요즘 '애국'이라는 말을 하면

케케묵은 구세대로 취급하는 풍조가 있다. '나라'는 당연히 존재하는 것인줄 알고 무슨 말이든 무슨 생각이든 무슨 일이든 내 마음대로 할 수 있다는 착각이 만연되어 있다. 나 역시 젊은 시절 한 때는 그런 생각에 빠졌던 사람이었다.

'애국'을 권력을 가진 자, 혹은 기득권자들이 국민들을 동원하기 위한 수단 쯤으로 여겼다. 내 대학 시절은 데모가 만연하던 때였다. 부정선거 규탄, 3선 개헌 반대, 교련 거부 등으로 휴교가 일상화되었던 때였다. 이런 상황 탓이기도 하겠지만 대학에서는 나라의 중요성을 가르치지 않았다. 지식인은 그런 얘기는 유치해서 하지 않는 것이라는 풍조도 일부 있었다. 우리가 소중하게 여기는 자유도 나라를 지키고 나서야 얻어진다는 것을 가르치지 않았다.

아는 것이 힘이라는 말이 있듯이, 알아야 우리의 마음도 움직인다. 애국심, 나라 사랑도 나라를 알아야 나오는 것이다. 만일 그 지식을 잘못 가르쳐주면 잘못된 마음이 생긴다. 그래서 교육이 중요한 것이다. 우리는 왜 나라를 빼앗겼으며, 어떻게 나라를 다시 세웠고, 어떤 과정을 거쳐 지금에 이르렀는지를 알아야 한다. 그런 지식을 통해 지금 살고 있는 이 나라가 거저 얻어진 것이 아니라는 사실을 깨닫게 된다. 그

깨달음에서 나라 사랑의 마음이 생겨나기 시작하는 것이다.

가르치는 것이 배우는 것이라는 말이 있다. 나는 학생들과 더불어 배웠다. 나라를 빼앗길 무렵인 그 시대에 나라를 사랑하는 인물들이 그토록 많이 한꺼번에 등장하는데 놀랐다. 시대가 어려워지면 그 시대를 극복하고자 하는 욕구가 일어나고, 그 욕구로 인해 개인은 놀라운 일을 해낸다. 평화로운 시대에는 인물이 없어도 그럭저럭 지낼 수 있다.

그러나 위기의 시기에는 다르다. 위기가 사람을 각성시키고 놀라운 힘을 내도록 만든다. 고난의 때가 사람을 단련시켜 큰 사람을 만드는 것이다. 우리 5천 년의 역사 가운데 이 시절만큼 나라를 사랑하는 큰 인물들이 나온 적도 없었을 것이다.

우리에게는 모범이 필요하다. 선대가 길을 내면 후손들은 그 길을 따라가면 된다. 그만큼 인생살이가 쉬워지는 것이다. 이런 모범 혹은 모델이 없다면 우리는 매번 똑같은 일을 되풀이 할 수밖에 없다. 안창호安昌浩 선생은 이 모범을 중요하게 생각했다. 모델케이스로 학교를 세우고, 서점을 만들고, 회사를 설립하면 그 뒤의 사람들은 그것을 따라가면 된다고 믿었다.

우리가 위대한 인물을 존경하는 이유는 그들이 길을 닦아 주었기 때문이다. 한 인간으로서 그들은 보통사람들로서는 걸어갈 수 없는 길을 걸어갔다. 그들은 보통 인간들이 겪는 희로애락의 한계를 극복하는 삶의 모범을 보여준 것이다. 위인들의 삶은 우리를 자극한다. 젊은 시절은 더욱 그러하다. 나라의 운명이 험난했던 시절, 우리의 선각자들이 나라를 어떻게 사랑했는가를 배움으로서 그들의 길을 따라갈 수 있는 것이다.

지난해 여름 나는 개인적으로 시련을 겪었다. 이 책을 쓰게 된 동기도 그런 개인적인 경험이 바탕이 되었다. 내 개인의 시련은 개인적인 일로 끝날 수도 있었다. 그러나 그 사건의 밑바탕에는 잘못된 국가관과 역사관들이 작용하고 있다고 생각했다. 그것을 고치지 않고는 이 나라의 장래가 어두울 수밖에 없다고 판단했다. 특히 젊은 세대들의 생각은 우리나라의 장래와 직결되어 있기 때문에 나는 내가 생각하는 우리나라, 대한민국을 그들에게 알려주고 싶었다.

나는 이 책을 두 파트로 나누어 쓸 작정을 했다. 첫째 파트는 바로 역사다. 우리는 시련을 겪고 일어선 나라요, 민족이다. 그 시련 속에서 선각자들이 꿈꾸던 나라를 우리는 만들었다. 세계 사람들은 이를 기적이라고도 평가한다. 이런 나라를 만든 것이 자랑스럽고 감사하다. 그러나 이런 나라를 만들고 나서 우리는 지금 주춤거리고 있다. 아니, 그토록 어렵게 세운 나라의 발등을 스스로 찍는 일을 벌이고 있다. 우리가 이를 깨닫고 고치지 않는다면 우리에게 희망이 없다.

두 번째 파트는 왜 지금 우리가 이렇게 주춤거리고 흔들리고 있느냐에 대해 내 나름의 생각을 말하고 싶다. 그리고 그것을 극복하려면 어떤 방법이 있겠는가를 알아보려고 한다. 즉 우리의 현재와 미래에 대해 말하고 싶다. 그것이 두 번째 책이 될 것이다.

이 책은 학문 서적이 아니다. 대학에서 교양과목 시간에 강의했던 내용이다. 따라서 학문적 규칙에 따라 엄격한 각주脚注, footnote를 달지는 않았다. 일종의 교양강의라고 보면 될 것이다. 이 분야에 이미 많은 학문적 업적이 있어서 나와 같은 상식인이 원전이나 역사적 사실을 더 파고들어 보탤 것이 없었다. 인용하는데도 2차 자료를 많이 사용했다는 점을 밝혀두고 싶다. 따라서 학문의 성과로 이 책을 판단해주기보다는, 선배가 젊은이들의 교양서적으로 쓴 책이라는 정도로 이해해주기를 바란다.

이 책을 만들어 주신 기파랑의 안병훈 사장과 조양욱 편집주간께 감사드린다. 특히 지난 여름, 그 시련의 시절에 곁에서 함께 아파하며 견디어준 아내와 나의 가족, 형제들에게 감사드린다. 특별히 나의 일을 안타깝고 억울하게 여겨 격려해주시고 기도를 해주신 내가 모르는 여러분에게 감사드린다. 나를 알지도 못하는 분들이 인터넷 카페를 만들어 활동해주신 것에도 감사드린다.

내가 믿는 하나님의 도움이 없었다면 이 시련을 어떻게 견디어 냈을까? 나는 그 분의 사랑 가운데 있으며 지금도 감사한 생활을 하고 있다.

2015년 정월, 경기도 분당 누거陋居에서

문창극文昌克

우리는 누구인가?
'아이덴티티'를 찾아 나서다

정체성identity이란 나를 확인하는 것이다. 내가 누구인지를 아는 것이다. 개인적으로 본다면 내가 누구의 자식이며 누구의 손자며 손녀냐 하는 것을 확인하는 것이다. 나의 조상, 나의 과거를 알아야 '나'라는 사람이 어떤 사람인지 알 수 있다. 지금의 나는 하늘에서 떨어진 것이 아니라 세대를 이어온 존재이기 때문이다. 내 눈에 지금 보이지 않지만 나의 선조의 역사가 나를 만드는데 역할을 해왔기 때문이다.

역사만 안다고 나를 알지 못한다. 나의 현재를 알아야 한다. 지금 나는 어떤 환경과 조건에 처해 있는가. 그 현실을 알아야 나를 알 수 있다. 현실을 잘못 아는 경우 혼란이 생긴다. 나는 가난한 집 자식인데 내가 재벌 아들이나 딸로 착각한다면 혼란이 생긴다. 현실을, 환경을 제대로 알아야 나를 알 수 있다. 그러자면 자신을 냉철하게 보아야 한다.

나라의 정체성도 마찬가지다. 내 나라가 어떤 나라인지 아는 것이다. 내 나라가 어떤 나라인지는 개인과 마찬가지로 역사를 알아야 하고, 현재 상황을 알아야 한다.

지난 대통령 선거에서 젊은 층과 노·장년 층의 표가 갈라졌다. 물론 세대별로 지지하는 후보가 다를 수는 있다. 미국 선거 역시 청년들이 오바마를 전폭적으로 지지하여 대통령으로 당선시켰다. 우리의 경우 이 경향이 너무 확연하여 심하게 말한다면 젊은이와 나이 먹은 층이 딴 나라 사람인 듯 보이기까지 한다.

　물론 지지하는 인물이 다를 수 있다. 세대별로 적당한 비율로 투표가 갈렸다면 이해가 간다. 나는 이런 현상이 세대별로 스스로를 보는 눈이 다른데서 기인된 것이 아니었을까 하는 의문을 가져 보았다. 본래 젊은이는 진보적 성향이고, 나이 먹은 측은 보수적이 된다는 일반적인 경향 때문일까?

　그렇다면 왜 진보가 되고, 보수가 되었느냐? 그 해석을 하자면 좀 더 복잡해질 것이다. 어느 나라나 진보와 보수는 있다. 그것은 세계관과 정치철학의 반영이기 때문이다. 세상을 보는 눈이 서로 다르기 때문이다. 이 눈이 달라도 우리가 한 울타리 안에서 살아가는 공동체의 일원이라는데 합의를 하고 있으면 문제가 없다.

생각이 다른 사람들이 서로 다름을 인정하며 함께 공존하는 것이다. 민주주의가 바로 그런 것이기 때문이다. 그러나 같은 공동체가 아니라 딴 세상 사람들 같다고 서로 여기게 된다면 문제가 생기는 것이다. 같은 나라에 속한 사람들이라면 그 나라에 대한 생각이 같아야 한다. 그것이 바로 정체성이다.

우리는 지금 나라에 대한 정체감이 혼돈 속에 있다. 한쪽은 대한민국을 '기회주의가 득세하는 나라' '태어나서는 안 될 나라'라고 비난하고, 다른 쪽은 '5천년 만에 민주주의와 경제발전을 동시에 이룬 기적을 만든 나라'로 칭송한다. 바로 정체성에서 비롯된 문제이다. 세대 간 투표 성향이 달라진 가장 큰 이유는 한쪽은 우리나라를 부정적으로 보고, 다른 쪽은 긍정적인 인식을 갖고 있기 때문이다. 우리가 같은 나라의 국민이라면 최소한 나라에 대한 정체성만큼은 같이 가지고 있어야 한다.

개인의 정체성은 같은 조상에서 이어져온 가족의 일원임을 확인하는 데서 출발한다. 나라 역시 공동의 역사를 가지고 있다는 점을 확인할 때, 즉 나라의 역사를 보는 눈이 같아질 때 정체감이 통일된다. 개인이 하늘에서 떨어지지 않았듯이 '나라'도 하늘에서 떨어지지 않았다. 내 가족사를 감추고 부끄러워한다면, 이 사람은 가족에 대해 부정적인 정체성을 가지고 있는 사람이다. 내 부모가 부끄럽다고 감춘다고 내가 더 돋보이는 것이 아니다. 가난한 내 부모였지만 그런 조건에서 내가 성공했다면 나는 더 훌륭한 사람이 된다. 부끄러운 일을 포장하고 감춘다하여 없어지지 않는다. 오히려 그 부끄러운 과거를 드러내어 인정하고 반성의 기회를 삼을 때 나는 더 건강해지는 것이다.

공통의 정체성을 갖기 위해서는 역사를 공유해야 한다. 우리는 왜 국경일을 만들고 지키는가? 그 국경일을 기념하기 위해서다. 무엇 때문에 국경일을 기념하는가? 나라에 대한 역사인식을 같이 하자는 의도일 것이다. 과거에 대한 기억이 같을 때 우리는 같은 정체성을 가질 수 있기 때문이다.

유태인들은 유월절Passover을 지킨다. 그날이 오면 무교병無酵餅과 쓴 나물을 먹는다. 유태인들이 이집트의 종살이에서 탈출하여 가나안으로 들어가는, 즉 민족으로서 자유를 획득한 날을 기념하는 것이다. 왜 3천년도 지난 일을 지금도 지키고 있는가? 후손들도 기억을 공유하자는 뜻일 것이다. 기억을 공유함으로서 하나님이 선택한 민족이라는 정체성을 유지해나가자는 뜻이다.

그냥 말로써, 관념으로써 알게 된 것은 오래가지 않는 법이다. 자기가 몸으로 체험할 때 비로소 자기 것이 되는 것이다. 과거와 똑같은 실제의 체험을 함으로서 우리는 기억을 간직할 수 있는 것이다. 이스트로 부풀리지 않는 딱딱한 빵과 쓴 나물을 먹음으로서, 당시의 긴박했던 상황을 3천년 뒤의 자손들도 체험하는 것이다. 유태인이 2천년 동안 나라 없이 떠돌이 생활을 했는데도 어느 민족보다 뚜렷한 정체성을 가진 것은 바로 이 같은 기억의 전승에 의한 것이다. 그들은 그런 정체성 아래서 가장 우수한 민족으로 지금까지 버티고 있는 것이다.

무엇을 기억해야 하나?

우리는 무엇을 기억할 것인가? 지난 5천년의 역사에서 무엇을 자손들에게 체험시킬 것인가? 그렇게 하여 유태인처럼 우리 민족의 정체성을 유지해갈 수 있을까? 흔히 우리 역사를 고난의 역사라고들 한다. 강대국에 둘러싸인 우리는 고구려 때를 제외하고 5천년 동안 고난의 역사를 걸어 왔다.

우리는 그래서 '한'恨이 많은 민족이라고 스스로 말하지 않는가? 역사는 영광된 순간도 있고 부끄러워 숨고 싶은 순간도 있다. 우리의 국경

일은 자랑스러운 날을 기린다. 물론 영광의 날도 기억해야 하겠지만 우리가 정작 기억해야 할 날들은 고난의 날들, 눈물의 날들 아닐까? 영광의 기억은 짧고 고난의 기억은 오래 간다. 기뻤던 기억은 금방 사라지고 슬픈 기억은 뇌리에 박힌다.

우리는 영광을 통해서보다는 고난을 통해서 성숙한다. 어리석은 민족은 현재의 기쁨에만 매몰된다. 현재의 안락함만을 탐닉한다. 조금만 잘 살게 되면 사치에, 향락에 빠져버린다. 그래서 타락하게 되는 것이다. 게으르게 되는 것이다. 그래서 역사는 순환한다. 어렵고 힘들던 시절은 어떻게 하든 먹고 살기 위해, 좀 더 잘 살아 보려고 노력한다.

고난의 시절에는 근면할 수밖에 없다. 근면과 절제 끝에 번영이 온다. 번영이 오면 사람 마음이란 느슨해진다. 이제는 좀 살만하게 됐으니 한 눈을 팔게 된다. 사치도 하고 안락함도 추구한다. 근면은 없어지고 게으름이 늘어난다. 그러면서 점차 사회는 부패해 간다. 이런 시절을 겪으면서 나라는 점차 몰락의 길을 걷게 된다.

그래서 역사는 순환한다는 것이다. 고난→ 근면과 절제→ 성공과 부유→ 사치와 안일→ 부패와 타락→ 쇠락이라는 사이클은 만민 역사의 공동 순환 길이다. 이 사이클을 멈추게 만들어야 번영의 나라를 오래 지속시킬 수 있다. 그것은 영광을 기억하기보다 고난을 기억해야만 가능하다.

그렇다면 우리는 나라를 빼앗겨 고통 받던 시절을 기억해야 하지 않는가? 우리가 공동으로 기억함으로서 같은 정체성을 확립할 수 있는 역사적 사건은 무엇인가? 민족 전체가 대를 이어가며 무엇을 기억해야 하는가? 나라로써 가장 큰 고난은 나라를 잃어버린 것이다. 우리는 1백여 년 전 나라를 일본에 빼앗기고 그 밑에서 종살이를 했다. 이것처럼 치욕적인 고난과 기억이 어디 있겠는가? 따라서 나라를 빼앗긴 19세기 말 20세기 초의 상황을 우리는 다시 찾아가야 한다. 그 때 우리 조상들의 생각은 어떠했는가를 보아야 한다. 어째서 그 시절에 나라를 빼앗기고 말았을까? 그것은 그 세대의 책임인가, 아니면 조선의 누적된 책임인가?

어떤 사람들은 말하기를 이성계가 세운 조선은 임진왜란과 병자호란을 겪고 나서 최소한 새 왕조로 교체되어야 했다고 한다. 일본에 전 국토를 유린당한 뒤 불과 몇 십 년 만에 다시 청나라에 나라가 짓밟힌다. 당연히 새 왕조가 세워져야 하는데 조선은 행인지 불행인지 조선왕조가 계속됐다. 그 3백년 후에 마침내 나라를 일본에 빼앗기는 일이 벌어졌다. 나라를 빼앗긴다는 것은 그 구성원으로서 정체성에 가장 큰 상처를 입는 것이다.

정체성의 요체는 '내 나라'에 대한 의식이다. 우리가 나라를 빼앗긴 이유는 지도층에 내 나라 의식이 투철하지 못했기 때문이다. 내 나라는 내가 지키고 보전해야한다는 생각이 없었다. 물론 모두가 그렇지는 않다. 내 나라이기 때문에 내 글이 있어야 한다는 세종대왕, 이 강산을 지키고자 전장에서 장렬하게 전사한 이순신이 있고, 왕과 지도층이 버린 땅을 지키기 위해 항거한 의병들이 그렇다.

그러나 조선의 왕을 포함한 많은 지도층은 내 나라 의식보다는 '소중화'小中華 의식에 젖어 있었다. 조선이라는 나라가 자랑스러운 것이 아니라 소小 중국이 더 자랑스러웠던 사람들이다. 내 나라를 지켜야한다는 생각도, 독립을 유지해야한다는 생각도 없었다. 내 나라를 보전하는 것이 아니라 왕권을 보전하는 것만, 내 감투를 지키는 것만이 최선이었다. 우리 역사 가운데 부끄러운 것이 있다면 임진왜란과 병자호란이다. 그 다음은 조선말 나라를 빼앗긴 역사다. 부끄럽기 때문에 우리는 더 기억해야 하는 것이다.

위대한 세대

나라를 빼앗긴 다음에야 우리 민족은 눈을 떴다. 나라가 얼마나 소중하다는 것을 백성들이 깨달은 것이다. 이때부터 독립정신이 나오고 독립운동이 나왔다. '나' 라는 존재에 대해 눈을 뜬 것이다. 어찌 보면 그나마 다행이었다. 고난 속에서 인물이 나오듯 다행히 우리에게는 훌륭한 선배들이 태어났다. 나는 그들을 첫 번째 위대한 세대라고 명명하고 싶다. 이 시절을 꿈을 만든 시대라고 부르고 싶다.

그들 덕분에 우리 민족은 다시 깨어나게 되었다. 그들이 갈망하던 내나라의 꿈은 우리의 DNA속에 박혀 유전되고 있다고 나는 생각한다. 고난과 슬픔도 있었지만 독립과 자립, 그리고 부강하고 모두가 행복한 나라를 만들어야하겠다는 갈망이 우리 속에 자리 잡았다. 그런 꿈이 우리의 정체성이 되었다.

그런 정체성의 형성에 지도자가 기여하는 부분이 적지 않다. "국가적 정체성은 직접적으로든 간접적으로든 정치지도자에 의하여 영향을 받게 마련이다. 근대적 국민국가의 정치체제가 제도로서 확립되어 있지 않은 사회일수록 정치지도자의 리더십이 그 사회의 변화의 방향을 결정할 만큼 큰 힘을 발휘하게 마련이다."손세일, 『이승만과 김구』 머리말

대한민국이 어떤 나라인지를 알기 위해서는 우리나라를 근대국가로 만들기 위해 애쓴 선각자들이 마음속에 어떤 나라를 꿈꾸었는지 알아보는 것이 중요하다. 그들이 꿈꾸던 나라가 바로 대한민국이 되었기 때문이다.

그러나 몇 사람의 깨달음만으로 대세를 막을 수 없다. 그 때 조선은 불가항력으로 일본에 먹힐 수밖에 없었다. 나라의 방향을 틀기 위해서는 수많은 사람들의 의지가 모여야 한다. 그래서 시간이 필요한 것이다. 이를 위해 선각자들은 교육에 힘을 쓰고 국민을 각성시키기 위해 노력했다.

우리는 일제 강점 하에서 36년을 지낸 뒤 독립했고, 새 나라를 세웠다. 그러나 아직 고난이 끝난 것이 아니었다. 기쁨도 잠시, 우리는 분단의 길을 걸어 끝내는 동족 간에 전쟁을 하는 과오를 범했다. 전쟁의 잿더미 속에서 이 나라는 다시 일어나기 시작했다. 그것이 대한민국의 현대사이다.

이때 또 다시 위대한 세대가 태어났다. 두 번째 위대한 세대이다. 첫 번째 위대한 세대의 꿈을 이어받아 꿈을 현실로 이룬 사람들이다. 세계의 최빈국에서 지금은 세계 10위의 국가가 되었다. 소득 80달러에서 3

만 달러 시대로 접어들었다.

　나는 이 두 세대가 이어져 있다고 생각한다. 첫 세대는 꿈을 꾸었고, 두 번째 세대는 꿈을 이루었다. 그래서 이 두 세대의 시기가 우리 민족에게 위대한 시대가 된 것이다. 고통과 고난 속에서 영광을 만들어 낸 것이다. 고난은 기억하되 자랑스러운 것은 우리의 프라이드로 삼아야 한다. 고난과 영광을 우리의 공동 기억으로 만들어 자손들에게 넘겨주어야 한다.

역사가 미래를 만든다

　역사는 단순히 과거에 일어난 일이 아니다. 그 사건이 우리 안에 있으면서 지금의 우리에게 영향을 미친다. 따라서 현재는 과거와 연결되어 있다. 역으로 현재가 과거를 규정한다. 과거에 영향을 미친다. 우리가 역경을 딛고 지금 잘 살게 되어 있다면 과거의 역사는 아름다울 수 있는 것이다. 우리가 고생할 때 이야기를 자랑스럽게 할 수 있는 것이다.

　번영된 현재를 위해 고난이 있었던 것이 된다. 현재가 미래를 만든다는 것도 지극히 당연한 말이다. 현재 열심히 살면 우리는 미래를 보장받는다. 현재가 과거의 결과물이듯이 미래는 현재의 결실이다.

반면 미래가 현재를 만들기도 한다. 우리가 꿈꾸는 미래를 먼저 가보라. 지금 그 미래가 이루어졌다고 생각해보라. 그리고 미리 가본 미래 시점에서 뒤돌아 현재를 바라보라. 지금 이 순간이 소중해진다. 현재가 조금 어려워도, 내가 그리는 미래가 보장된 만큼 우리는 어려움을 어려움으로 여기지 않을 수 있다. 오히려 용기백배해진다. 힘든 것을 이길 수 있다. 미래는 우리에게 현재를 어떻게 살아야 할지를 가르쳐 준다. 우리가 바라는 미래의 모습이 되기 위해서는 현재를 어떻게 보내야 하는지 미리 알려주는 것이다. 이것이 바로 믿음의 원리이다. 믿음이 희망이 되는 것이다. 윤치호尹致昊는 1900년 어느 날 일기에서 1백년 후의 조선을 미리 가 보았다.

"서기 2천년의 조선은 지금의 조선과 비교할 때 새로운 창조물이 되어 있을 것이다. 이 초가집들은 벽돌집이 되어 있을 것이고, 나무 한그루 없는 이 헐벗은 산천은 아름다운 꽃과 나무로 덮여 있을 것이다. 오랫동안 고통을 감내해온 수백만의 조선 사람들은 더 이상 궁궐에 떼 지어 몰려 있는 점쟁이들, 내시들, 관상쟁이들을 보조해주기 위해 착취당하지 않을 것이다. 그들 자신이 동의한 대로 세금을 내고, 도로와 학교와 국방을 효율적으로 유지할 것이다. 때때로 나는 3백년 후에 다시 찾

아와 조선이 겪었을 변화를 보고 싶다" 1900년 12월30일자 일기

비록 그가 일제 말기에 친일 인사로 변신하여 우리의 가슴을 아프게 만들었지만, 그는 민족이 가장 어려운 시기에 조선의 미래를 미리 보고 있었다. 그는 그런 미래상에서 힘을 얻어 일제하에 몇 십 년을 조선의 계몽과 실력배양 운동을 벌일 수 있었다.

우리도 우리의 미래상을 지금 그려 보자. 20년 후, 30년 후의 한국의 미래상은 어떨 것인가. 과연 골드만삭스의 예견처럼 2050년 우리는 세계에서 미국 다음의 2위 국가가 되어 있을 것인가? 그때를 위해 우리 세대는 지금 무엇을 해야 하는가? 그것을 함께 생각해보자.

Part I

조선시대와 일제 강점기의
어둠暗 속에서

1장 임진왜란, 병자호란 4장 우남雩南 이승만 7장 도산島山 안창호

2장 조선말의 상황   5장 안중근 의사義士 8장 규암圭巖 김약연

3장 송재松齋 서재필   6장 백범白凡 김구   9장 좌옹佐翁 윤치호

1장
임진왜란, 병자호란

나라가 나라가 아니다!

조선의 역사 가운데 두 전쟁만 뽑은 이유는 두 전쟁이 조선에 미친 영향이 막대했기 때문이다. 조선이 창건된 지 2백년이 지난 시점에서 임진왜란이 있었고, 30여 년 만에 다시 정묘호란과 병자호란을 겪었다. 조선은 이 전쟁에서 나라로서 바닥을 드러냈다. 이율곡李栗谷이 "나라가 나라가 아닙니다國非其國" "이야말로 진실로 나라가 나라가 아니다眞所謂 國非其國"라고 진시폐소陳時弊疏에서 말했듯이 조선은 나라가 아니었다.

그 나라의 주요 대신이 나라가 아니라는데 그런 나라에 무슨 정체성이 있었겠는가. 정체성은 내 나라의식이다. 국가라는 공동체 의식을 지니고 그 공동체를 독립, 유지, 발전시키자는 뜻이 정체성이라고 한다면 임진왜란 이후의 조선은 아예 그런 정신부터 없었다. 내 나라 개념이 없고 내 나라 의식이 없었다. 제 나라 망각증은 깊을 대로 깊었다.송복, 『위대한 만남』

그것이 전쟁이라는 상황 속에서 고스란히 드러났다. 평화 시에는 모른다. 그저 일상의 삶을 살기 때문이다. 그러나 위기가 닥치면 그 삶의 의미가 무엇이었는지 드러난다.

임진왜란

일본을 통일한 도요토미 히데요시豊臣秀吉는 가도입명假道入明을 내걸고 1592년 4월13일 부산진에 상륙했다. 일본군은 잇달아 동래부를 점령하고 파죽지세로 서울로 향했다. 서울의 조정에서 이 사실을 안 것은 5일 후. 나라의 기본이 갖추어지지 않았다. 한양까지가 길어야 5백 킬로미터인데, 이 사실을 안 것이 5일 후라니 가장 기본인 통신부터가 안 되어 있었다.

유성룡의 『징비록懲毖錄』에 임진왜란 발발과 진행이 자세히 기록되어 있다. 일본은 이미 침략 의도를 몇 차례 내비쳤다. 당연히 방비를 해야 하는 것이 국가를 운영하는 사람들의 책임이다. 두 해 전인 1590년 조선은 일본의 침략의도를 알아내려 정사正使 황윤길黃允吉, 부사副使 김성일金誠一을 통신사로 보냈다.

그들은 돌아와 정반대의 보고를 올렸다. 정사 황윤길은 "많은 병선을 준비하고 있어 병화兵禍가 있을 것입니다. 수길도요토미 히데요시은 안광이 빛나고 담략이 있어 보인다"고 했고, 부사 김성일은 "일본이 침입할 낌

새가 없으며 그의 눈은 쥐 눈 같아 두려워할 위인이 못 된다"고 했다. 같은 사실을 보고 이런 딴소리가 나올까.

당파싸움 때문이다. 당파의 눈이 사실을 못 보게 만들었다. 요즘 우리나라 일부에서 이념의 눈으로 사실을 왜곡하는 것과 다르지 않다. 황이 서인인지라 동인인 김은 반대로 보고한 것이다. 현실을 냉철하게 파악해야할 사람들이 국가의 존망이 걸린 문제를 이렇게 파당의 눈으로 봄으로서 현실파악을 그르쳤다. 김성일은 나중에 일본이 전쟁 준비를 한 건 사실인데, 그것을 직설법으로 말해 버리면 민심이 요동할까봐서 그렇게 말했다고 변명한 기록이 남아있긴 하다.

일본의 규슈九州에 가라쓰唐津라는 포구가 있다. 지금도 그곳에 가면 성터가 남아 있는데, 도요토미 히데요시는 5개월 동안 성을 쌓고 20만 명을 집결케 하여 2천 척의 배를 준비하여 조선 정벌을 준비했다. 이런 준비기간 동안 조선은 그저 까막눈이었다. 아니, 의식적으로 눈을 감았다. 율곡의 10만 양병론도 있었고, 조헌趙憲은 나라의 위기를 감지하고 환난에 대비해야 한다고 도끼를 들고 상소를 하기도 했으나 오히려 비웃음을 당했다.

상대를 있는 그대로 보지 않고 깔보는 자세 또한 문제다. 조선은 소중화요, 일본은 오랑캐와 같은 나라라고 아예 정의를 내리고 본 것이다. 임란을 겪은 이후에도 이런 자세는 변하지 않았다. 고병익高柄翊의 「군왜群倭와 기화요초琪花瑤草」라는 논문에 조선통신사들의 태도가 잘 나타나 있다. 통신사들은 주자학의 눈으로만 일본을 봄으로서 일본은 금수禽獸, 짐승와 같은 나라라고 아예 정의를 내리고 시작했다. 그들은 일본의 부富를 보지 못했다.

일반백성이 2층 집을 짓고 사는 것을 보면 당연히 백성까지 부유하게 살고 있다는 것이 눈에 들어와야 하는데 이를 "상하 질서가 없다"고 했다. 호화주택과 절을 보면 "낭비가 심하다"고 트집을 잡았다. 임진왜란이란 수치羞恥를 겪고도 그들의 실체를 외면했다. 무조건 깔보고 들어갔다. 실력도 없이 머릿속으로만 우월의식을 가지고 있었다. 그러니 2백50년 뒤에 일본에게 기어이 나라를 빼앗기고 만 것이다.

왜군의 침입을 보고받은 선조宣祖는 이일李鎰을 경상도 순변사巡邊使로 임명하여 남쪽으로 내려 보내기로 했다. 그러나 장수는 임명됐으나 병사가 없었다. 모집이 안됐다. 몇 백 명의 군사를 모으는데 며칠씩 걸렸다. 대신들의 집에는 노비들도 많았건만 나라를 지키려 자기 아들을 보내지는 못하더라도 노비조차 내놓으려 하지 않았다. 자기 잇속만 챙기는 지도자들이었다.

대구에서는 인근 지방 수령들을 중심으로 수 천 명이 집결하여 왜군과 한 판의 접전을 벌일 예정이었다. 당시의 국방정책은 제승방략制勝方略이라 하여, 적의 침략이 있으면 각 고을에서 군을 모아 일정 장소로 집결하여 서울에서 장수가 내려오면 그의 지휘를 받도록 되어 있었다.

사령관 이일은 도착이 늦어지고 '왜군은 신병神兵'이라는 소문이 퍼져 사령관이 대구에 도착하기도 전에 모두 흩어져 버렸다. 이일은 간신히 상주에서 왜군과 맞붙었으나 참패했다. 이후 삼도 순변사, 즉 총사령관으로 뒤따라 내려온 신립申砬이 충주 달래강에 배수진을 쳤다가 거의 몰살당했다.

배수진을 친 것에 대한 뒷이야기: 지금도 문경새재 길에 가보면 양쪽이 험준하고 가파른 산줄기로 되어 있음을 알 수 있다. 당연히 이 새재鳥嶺에서 매복전을 펼치면 적의 진격속도를 늦출 수 있었다. 왜적도 이곳의 지세를 알아 척후병을 보내 매복이 있는지 사전에 살폈다. 그러나 아무도 지키는 자가 없는 것을 보자 춤을 추고 노래를 부르며 통과했다고 한다. 후에 명나라 제독 이여송李如松은 이곳을 통과하며 "이렇게 좋은 요새가 있는데도 지킬 줄 몰랐으니 신립은 병법을 몰랐다 하겠다"고 한마디 했다.

충주에서 서울 사이에는 지키는 데가 없었다. 그저 달려오면 하루거리로 서울에 도착하는 것이다. 이때 임금은 서울을 버리고 북으로 도망갔다. 그것이 4월30일 새벽이었다. 왜군이 부산진에 도착한지 17일 후였다. 임금 피난 행렬이 경복궁 앞을 지나는데 길가 민가에서 울부짖는 소리가 잇달았다. 홍제동 고개에 올라서자 서울은 그 새벽에 훤한 불바다가 되었다. 임금의 일행은 벌써 왜군이 도성에 들어 온 것으로 생각했다.

그러나 그 불은 백성들이 3궁에 지른 것이었다. 우리는 이것을 확실히 기억해야 한다. 경복궁, 창경궁, 창덕궁이 왜군의 침입으로 불탄 것이 아니라 백성이 불을 질렀다는 점이다. 불이 처음 난 곳은 노비 문서를 보관하는 장예원掌隸院이었다. 임금이 도망간 것을 알고 노비들이 먼저 불을 지른 것이다.

백성이 왕궁에 불을 질렀다? 왜 그랬을까? 이 왕궁은 이 백성하고는 상관이 없었다. 아니 오히려 하나의 원성 덩어리였다. 그러니 백성이 불을 지른 게 아니겠는가. 아마 양순한 백성이 그러지는 않았을 것이다. "임금이 도망쳤다" "조정정부이 사라졌다"는 소문이 삽시간에 퍼지면서 나라 질서는 무너졌다. 질서가 무너지면 날뛰는 패거리가 있다.

강도, 절도, 떠돌이, 거리는 왈패들의 세상이 되는 것이다.

미투리 사건: 파죽지세로 몰려오는 왜군의 소식을 접하면서 가장 정보에 빠른 창덕궁에서부터 피난준비가 시작되었다. 임금과 측근들 사이에 서울을 떠나야 한다는 논의가 은밀히 진행되었다. 선조는 "종묘사직이 이곳에 있는데 내가 어디로 가랴"라는 공식적인 말로 민심을 가라앉혔다. 창덕궁의 인빈 김씨는 재빠르게 오라버니 김공량을 시켜 은밀하게 미투리를 사 모으라고 지시했다. 미투리는 삼으로 엮은 신발이어서 짚신보다 질겨 먼 길을 가는 사람들이 주로 신었다. "서울의 미투리가 바닥이 났다. 창덕궁으로 들어갔다"는 소문이 장안에 퍼졌다. 말로는 아니라고 하지만 왕실이 피난을 준비하는 것이 분명해졌다. 이때부터 민심은 동요하기 시작했다. 김성한 소설 『시인과 사무라이』

나라를 지키려 싸우기는커녕 누구보다 먼저 도망가려는 것이 우리 지도자들인가. 6.25전쟁 이후도 마찬가지다. 힘 있고 돈 있는 집에서는 자식들을 군에 보내지 않고 미국으로 보냈다.

임금은 평양으로 도망갔다가 평양도 함락되자 의주로 피난 갔다. 평양의 백성들은 한양과 달랐다. 그들은 임금이 계신 평양을 지켜내려는 결의가 충천했다.

『징비록』에 나오는 유성룡 말: "지금은 지난번 서울에 있을 때와는 사정이 다릅니다. 서울에서는 군대는 패배하고 백성은 흩어져 지키고 싶어도 지킬 방도가 없었습니다. 지금 이 성은 강물이 막혀 있고 백성도 굳게 지킬 각오가 되어 있습니다. 또 중국 땅이 가까우니 며칠만 굳게 지키고 있으면 명나라 구원병이 올 것입니다. 그러나 이곳을 떠나면 의주까지는 버틸만한 곳이 없으므로 나라가 망하는 지경에 이르고 말 것입니다."

결국 국경의 도시 의주까지 피난을 갔다. 그러나 임금은 명나라로 아예 도피해버릴 생각이었다. 왕은 명에 아예 내부內附하자고 했다. 내부란 무엇인가? 이는 피난과 다르다. 피난은 잠시 머무는 것이요 내부는 영속되는 것이다. 피난은 자기 나라가 있는 것이요, 내부는 자기 나라가 없는 것이다.

이때 우리나라에서는 사신을 잇달아 요동에 보내어 급박함을 알리고 구원을 요청했으며 자진하여 명나라에 합병되겠다고 빌기까지 했다. 유성룡, 『징비록』, 이동환 옮김 유성룡은 절대 압록강을 넘어서는 안 된다고 했다.

불과 몇 개월 만에 3천리 강토는 유린되었으나 아직 뱃길만은 우리 손에 있었다. 이 바닷길마저 왜군에게 빼앗겼다면 오늘 이 나라는 남아 있지 못했을 것이다. 이 백성을 남아있게 만든 그 한 길을 지킨 사람이 충무공 이순신李舜臣이다.

함석헌咸錫憲은 『뜻으로 본 한국역사』에서 "하나님이 이 한사람을 이 나라에 주지 않았다면 그 한줄기 길은 없었을 것이다…. 나는 그를 하나님이 보낸 사람이라 믿으므로 그를 생각하면 감격의 눈물을 못 금한다…. 더구나 그의 마지막을 보고 우리는 그가 하나님이 세운 사람이라는 생각을 한층 더 가지게 된다"고 했다. 왜 그는 마지막 노량해전에서 순사했을까?

불굴의 의지로 몰락 직전의 나라를 구한 이순신 장군

함석헌의 말을 들어보자. "왜 공을 세우기만 하고 영예를 거두지는 못하였나? 영원한 승리자가 되기 위해서다. 저는 받기 위하여, 누리기 위하여 있던 이가 아니요, 주기 위하여 바치기 위하여 왔던 이였다. 하나님은 이 백성을 건지기 위하여 이 위대한 혼을 한 때 빌리신 것이다. 그러므로 그는 개선장군이 되고 공신이 되어 집을 짓고 부귀를 누리지 못한 것이요, 이 나라에 그를 오래 둘 수 없었다. 그 때 이 나라는 저와 같은 숭고한 혼을 가진 사람이 부끄럼 없이 영예로운 생활을 하기는 너무나 더러운 곳이었고 오직 저의 희생을 얻어 겨우 멸망을 면하였으면 족하였다."

선조는 이런 이순신을 불신하여 하옥시키고 백의종군케 했다. 정유재란1597이 일어나자 마지못해 그를 다시 삼도 수군통제사로 복귀시켰다. 정유재란 후 그가 개선장군으로 돌아왔다면 무엇으로 대접하였겠는가? 함석헌의 말을 다시 들어보자.

"정유재란 후에 살아 돌아왔다면 모르기는 하거니와 유배나 사형이 기다리고 있었을 것이다. 그러나 하나님은 이것을, 이 아까운 혼을 위해서나 또 이 민족을 위해서나 차마 허락할 수 없는 것이었다. 그는 그 사명의 마지막 싸움을 다 싸우고, 이 민족의 구원이 확실해지자 그 전장에서 애도愛刀를 손에 든 채 불려가 버리고 말았다."

이순신의 『난중일기』를 옮긴 이은상李殷相은 책 말미에 "우리 역사상에 가장 거룩한 이, 가장 위대한 이가 누구냐고 물으면 나는 서슴지 않고 충무공이라고 대답하리라. 그야말로 자기 몸을 희생하여 나라와 겨레를 죽음 속에서 건졌고, 무너지는 역사를 바로 세워 은혜를 천추에 드리운 이가 바로 그 어른이기 때문이다. 그는 인간으로서의 대大 인격

완성자요, 민족으로서의 대 이상 구현자다. 참 인간의 모습을 그에게서 찾을 수 있고 최고도로 발휘된 민족의 이상을 또한 그에게서 발견할 수 있는 것이다”고 밝혀 놓았다.

당시 조선은 임금부터 내 나라의식이 없었다. 선조는 자기 나라 군사인 조선군보다 명군을 더 믿었다. 자기 나라 군대는 불신했다. 철저히 명나라를 숭배한 임금이었다. 이러니 7년의 전쟁기간 동안 명과 일본은 한반도를 분할할 것을 정전 협상에서 논의했다. 그런 협상에서 조선은 제외됐다. 한반도 분할론은 그 후 1894년 청일전쟁 휴전과정에서도 논의되었고, 실제 해방 후에는 38선 분단으로 현실로 나타나게 되었다.

그때 조선은 정체성이 없는 나라였다. 내 나라의식이 없었다. 소 중화로 감지덕지했다. 그러니 내 백성 생각이 있을 리가 없다. 그런 나라 백성이 전쟁에서 충성을 바쳐 싸우겠는가? 외적이 쳐들어오면 자기나라를 지켜야겠다는 의식, 즉 애국심과 공동체 의식이 있어야 하는데 조선은 백성을 소외시켰다. 조선이라는 나라는 왕의 나라였다. 국권은 없고 왕권만 있는 나라였다. 그 왕은 전쟁에 쫓기자 명에 내부하자고 했다. 주체성도 정체성도 없다. 조선은 왕의 나라, 조신朝臣의 나라, 종친의 나라, 궁녀의 나라였을 뿐이다.

물론 말로는 백성이 근본이라고 유교적 이념으로 가르쳤다. 그러나 그것은 허공의 이념일 뿐 실제는 백성과는 아무 관계도 없는, 아니 백성의 등을 쳐 사는 조신과 임금이었다.송복,『위대한 만남』 그러니 원한이 쌓여 궁에다 불을 지른 것이다.

그런 나라인데도 백성은 나라를 지키려고 애를 썼다. 왕이 한양을 떠나려 할 때 통곡한 것은 백성이었다. 평양성을 사수하자고 나선 것도 백성이었다. 왕이 버린 나라, 조신이 버린 나라를 지키고자 한 것은 바로 백성이었다. 그래서 의병을 일으켰다. 나라의 책임을 진 엘리트들은 애국심보다 이기심이 더 컸는데도, 빼앗기고 눌리고 터지고 사는 백성은 오히려 나라를 사랑했다. 이 어찌 이율배반이 아닌가. 오늘의 현실은 어떠한가.

병자호란

임진왜란은 이 나라에 각성을 요구했다. 자기 나라는 자기 힘으로 지켜야 한다는 소중한 교훈을 우리 민족에게 안겨주었다. 그렇다면 임란 이후 나라가 변해야했다. 하기야 그런 움직임이 싹을 틔웠다. 광해군光海君이 그런 개혁을 시도하고 있었다. 산업을 다시 일으키고 무너진 성을 고쳤으며, 군사훈련을 강화하고 토지 조사 사업을 벌이는 등 전후 복구사업을 벌였다.

이 시기에 오늘날까지 유명한 허준許浚의『동의보감東醫寶鑑』도 편찬되었다. 명나라가 조선에서 왜와 싸우느라 힘이 빠진 상황에 만주벌판에서는 누르하치가 새로운 나라 후금後金을 세우고 칸汗으로 칭하면서 명나라에 전쟁을 선포했다. 현실적으로 시세를 판단하고 있던 광해군은 이 전쟁에 말려들지 않으려 중립 외교정책을 취했다.

영화「광해」에서 보듯 그는 늘 목숨을 위협받고 살았다. 그를 떠받들던 세력은 동인에서 분파된 대북파였다. 당연히 반대파 서인 세력은 그가 명나라를 배신하고 폐모살제廢母殺弟한 패륜의 임금이라 하여 무력으로 그를 내쫓았다. 소위 인조반정仁祖反正이라는 것이다.

사대주의가 머리에 꽉 찬 그들은 엄청난 전쟁을 겪고도 자주적으로 나라를 지키고자 하는 마음은 없이 쓰러져 가는 명나라에만 매달리고자 하였다. 그들은 광해에게 왕의 이름도 안 붙여주고 광해군이라고 격하시켰다. 그런 광해를 요즘에 와서야 다시 보기 시작했다.

누르하치가 죽자 그 아들 홍타이지太宗는 조선의 내분을 명분 삼아 침략했다. 임진왜란의 피해를 복구하기도 전이어서 그들은 단숨에 황해도 평산까지 내려왔다. 조선은 그들과 형제의 관계를 약속하고 강화를 맺었다. 바로 정묘호란1627이다. 그 후 후금은 점점 더 강대해져 국호를 청淸이라 고치고 태종은 스스로 황제를 칭하면서 조선에 군신君臣관계를 요구하며 쳐 내려 왔다. 왕은 남한산성으로 피난 갔다.

이 호란을 소설로 쓴 것이 김훈金薰의 『남한산성』이다. 왜 픽션인 소설을 인용하는가? 작가는 그 상황을 자신의 상상력으로 그려낸다. 그의 상상력은 우리 눈에 현실을 그려준다. 그럼으로써 역사가 생생하게 우리 마음으로 다가온다.

병자호란이라는 것은 전쟁이 아니었다. 우리는 싸움 한번 제대로 못해보았다. 임금이 강화도로 피난을 갈 수 없을 정도로 그들은 그야말로 전광석화처럼 쳐내려왔다. 강화도로 피난가려 하는데 벌써 적은 양천 쪽을 막아버렸다. 할 수 없이 남한산성으로 들어갔다. 병자호란이라는 것은 청나라와 전쟁을 한 것이 아니라 임금이 남한산성에 포위되어 40여일 지낸 포위기간이라고 보는 것이 더 맞다. 남한산성으로 피해 들어

간 것을 보고 청의 장수 용골대龍骨大가 부하와 대화하는 모양을 보자.

– 저 안에 들어가 대체 무엇들을 하고 있는 겐가?

– 안에서 저희들끼리 싸우고 있을 겁니다.그렇다. 조선의 신료들은 포위된
   성 안에서 40일 동안 주전主戰파와 주화主和파로 갈라져 다투었다.

– 그래도 저들에게 무슨 계책이 있을 것 아닌가.

– 한 가지뿐입니다. 성 밖으로 왕명을 내보내 원근에서 지방 병력을
   불러 모을 궁리를 하고 있을 것입니다.사실 그렇다. 포위된 임금을 구하
   기 위해 도처에서 군대를 모아 남한산성으로 향하였으나 중간에서 모두 좌절되었다.

– 막아 놓고 쉬십시오. 시간이 흐르면 성 안이 스스로 말라 시들어
   버릴 겁니다.

정말로 성 안에는 말을 먹일 사료조차 제대로 준비가 되지 않았다.
소설 속에서는 가마니를 두고 병판과 영의정이 싸우는 모습으로 그려
지고 있다. 한쪽은 가마니를 말먹이로 써야 한다고, 다른 쪽은 성벽을
지키는 병졸들의 발이 얼었으니 발 깔개로 써야 한다느니…. 이것이 성
안에 갇힌 사람들의 전략 논의였다.

청 태종의 포위망 속에서 조선의 임금과 신하는 남한산성에 갇혀서
도 원단元旦, 정초에 명나라를 향해 절하며 예를 올리는 철저한 사대를 했
다. 소설의 상상력을 다시 보자.

정축 원단에 남한산성 내행전 마당에서 조선국왕이 베이징北京을 향
하여 명의 천자에게 올리는 망궐례望闕禮가 열렸다. 이를 청 태종은 성

밖 망월봉 꼭대기에서 내려다보고 있었다.

- 저것이 무엇이냐?
- 조선국왕이 무리를 거느리고 명을 향하여 원단의 예를 행하는 것
  이옵니다.
- 지금 포를 쏘아서 헤쳐 버릴까 하옵니다.
- 사정거리가 닿겠느냐?
- 홍이포는 닿고도 남습니다.
- 쏘지 마라. 정초에 화약 냄새는 상서롭지 못하다. 내버려둬라. 저
  들을 살려서 대면하려 한다. 발포를 금한다.

임금이 무도舞踏를 마치고 베이징을 향해 절했다.

조선의 사대주의는 이렇게 뼛속까지 배어 있었다. 결국 인조仁祖는 삼전도에서 청 태종에 투항했다. 9단을 쌓은 항복식단에서 3배拜9고두叩頭를 하며 신하의 도리를 다할 것을 맹약했다. 이 때 끌러간 조선의 포로들은 무려 수만에서 수십만이 되었다.

끌러간 포로들은 각기 자기 스스로 속가贖價, 몸값를 지불하고 귀환했다. 환향녀還鄉女라는 이름이 여기서 나왔다. 우리는 '화냥년'이라고 그들을 천대했다. 우리 딸과 누이를 청나라 놈들에게 빼앗긴 자들은 누구인가. 그들은 책임도 안지고 다시 권력의 좌에 머물면서 누구를 욕할 수 있단 말인가? 조선의 지도자는 그렇게 책임감도 정의감도 없었다. 정말 부끄럽고 한심한 노릇이다.

못난 나라의 임금이고 신하였다. 두 전쟁 후에 조선은 자강파自强派와 의명파依明派로 갈리어 대립했으나, 의명파가 승리하여 무너지는 명나

라를 붙잡고 충성했다. 그들은 현실의 힘은 인정하지 않고 이념에 목매었다. 이 의명파는 숭명파崇明派로 변신하여 조선말까지 권력을 유지했다.

왜 이런 일이 생겼을까? 그들은 국권보다 왕권을, 나라보다 왕족을 더 소중히 여겼다. 대부분의 신하들 역시 나라나 백성은 안중에 없고 권력에만 목표가 있었다. 그들의 목표는 벼슬자리였지 나라의 존립이나 부강은 아니었다. 조선은 정체성이 없는 나라였다.

2장
조선말의 상황

선교사들의
눈에 비친 조선

임진왜란과 병자호란을 겪은 조선은 그 후 2백50여년 다시 지속됐다. 조선 안에서는 밖을 모른 채, 밖에서는 조선을 모른 채 지냈다. 조선말의 상황이 어떠했느냐에 대해서 알 수 있는 자료 가운데 하나는 조선을 다녀간 외국인들이 남긴 글들이다. 물론 이들의 편견을 감안하여 볼 필요는 있다. 조선이라는 나라가 낙후된 은둔국이라는 고정 관념이 작용했을 수 있기 때문이다. 서울대 정치학과 학술지인『한국정치연구』에 게재된「서양인들이 관찰한 조선의 모습」김학준이라는 3편의 논문에는 1800년대 이후 경술국치庚戌國恥. 한일합방 때까지 문헌이 조사됐다. 조선말의 상황을 이 기록으로부터 유추해보자.

조선에 대해 관심을 가졌던 사람들은 주로 선교사였다. 그들은 포교를 목적으로 조선을 찾거나 조선에 대한 자료를 모았다. 1832년 영국 에머스트 상선을 타고 독일의 개신교 선교사 귀츨라프Gützlaff, Karl

Friedrich August가 서해안에 도착했다. 1874년에는 파리외방 선교사 소속 달레Claude Charles Dallet 신부가 『코레의 역사』라는 책을 남겼다. 두 사람의 관찰은 모두 동일했다. 조선은 가난한 나라, 더러운 나라, 양반과 수령들의 착취의 나라였다.

이후 1876년 개항에서부터 1894년 청일전쟁 발발 때까지 다녀간 사람들의 기록에서도 비슷한 조선의 상황을 볼 수 있다. 이때는 문이 열려 많은 사람들이 다녀가 기록을 남겼다. 1878년 1월 28일 파리외방선교 소속의 신부 펠릭스 클레르 리델Felix Clair Ridel이 서울에서 체포됐다. 중국 주재 프랑스 공사는 중국을 통해 조선에 석방을 요청했다.

그는 4개월 남짓 감옥생활을 하고 난 후 추방됐다. 그는 이때의 생활을 담은 책 『나의 서울 감옥생활 1878』을 펴냈다. 그는 이에 앞서 1861년에 서울 근교의 강가에 잠입하여 숨어서 포교생활을 하다가, 1866년 병인박해가 일어나자 철수했다가 1877년 11월에 다시 잠입했다.

그는 책에서 "조선은 천주교에 대해 박해가 심했으나 천주교 신자가 많았고 신앙심도 깊었다. 잡히면 끔직한 고문을 받으면서도 신앙심을 지키는 사람이 많았다"고 기록했다. 당시 감옥생활의 비참함을 설명하기도 했다. 죄수들의 비인권적인 상황에 대해 "발에는 차꼬를 차고 상처는 썩어가고 있었으며, 간수들은 몽둥이질이 예사였다"고 적었다. 그는 그 무렵의 사회상에 대해서도 "무당이 많았다. 왕궁에서도 무당을 불러 액을 쫓거나 병을 고치고자했다." "서울의 대로 양쪽에는 초가지붕을 얹은 흙집이 있는데 비버들이 사는 굴 같다"고 했다.

존 로스John Ross 목사는 1878년 시점의 조선을 기록한 『코레아의 역사』를 남겼다. 그는 한국에 오지는 않았고, 국경지대인 만주의 한인촌을 두 차례 방문했다. 그는 "조선은 극도로 가난한 나라이다." "조선의 관직은 시장가격이 정해져 있으며, 매관매직된다. 높은 벼슬아치들은 낮은 벼슬아치를 쥐어짠다." "큰 물고기는 작은 물고기를 잡아먹고, 작은 물고기는 새우를, 새우는 진흙을 먹고 산다"며 조선의 수탈체제를 먹이 사슬로 묘사했다. 반면 한글에 대해서는 대단히 우수한 문자이며 배우기가 쉽다고 했다.

미국과 조선이 수교한 시점인 1882년 목사인 그리피스William Elliot Griffis는 『코레아 : 은자의 나라』를 저술했다. 그는 조선이 잦은 외침 탓에 고립정책을 썼고, 이것이 은둔에 가까운 격리정책으로 이어졌다고 했다. 그는 조선의 대다수 대중에게는 굶주림만 면하면 충분했지 그것 이상으로 열심히 일할 동기가 없으며, 기업을 일으킬 유인도 없다고 했다. 조선인은 근로정신이 없으며 양반이라는 사람들은 스스로 일할 줄도 모르고, 애국적인 희생을 할 줄도 모르며 음모를 꾸미는 데만 능숙하다고 했다.

고종高宗의 첫 사진을 찍은 로웰Percival Lawrence Lowell은 『조선, 고요한 아침의 나라』를 썼는데, 그의 소개로 그 후 우리는 '고요한 아침의 나라'로 불리게 되었다. 그는 "조선은 1만 명의 상류계급과 1천만 명의 하류계급으로 이루어졌다." "조선은 해양민족이 아니라 달팽이 껍질 속에 움츠린 나라"라고 평가했다.

국운이 기우는 것을 지켜봐야 했던 고종 황제

미 장로교 선교사로 들어와 고종의 어의御醫를 거쳐 조선 주재 미국 공사까지 이른 알렌Horace Newton Allen이 쓴 『알렌의 일기』도 있다. 그는 1884년 갑신정변 때 부상당한 민영익閔泳翊을 치료해준 덕에 고종과 가까워졌다. 고종은 그로 하여금 최초의 서양 의료병원인 광혜원을 세우게 만들었다.

민영익이 그에게 사례금으로 10만 냥을 주었는데, 그 당시 서울 부자들의 유동자산이 보통 3천 냥이었다고 했다. 그만큼 민영익은 부패했는데, 알렌은 그를 평하여 "그는 나라를 위해 죽는 편이 낫다"고 했다. 거금을 받은 알렌의 눈에 이렇게 보였다면 더 이상 말할 것이 없다.

민비閔妃는 무당을 좋아해 임신하자 48일간 황소머리로 제사를 지냈고, 여우의 질로 목걸이를 만들어 고종이 바람을 피우지 못하도록 했다고 적었다. 그는 조선의 미국 사절단과 함께 미국으로 가면서 조선 사절단의 선실에서의 행태를 "옷도 걸치지 않고 함부로 선실 밖으로 나다니며 몸에서는 악취가 났다"고 적기도 했다.

장로교 선교사 언더우드Horace Grant Underwood 목사의 부인은 『코리아에서 15년』이라는 책을 썼다. 그녀는 1888년 언더우드와는 별도로 의사로 선교를 위해 서울에 왔다가 1889년 언더우드와 결혼했다. 그는 한국 최초로 고아원을 만들었는데, 그것이 나중에 경신학교 전신이 되었다. 그녀는 "조선 사람들 사이에 고아원에 대해 '소년들을 살찌워서 잡아먹을 것', 혹은 '미국으로 노예로 보낼 것'이라는 소문이 났다"고 했다. "조선인은 이타적인 동기로 자신의 돈을 쓰는 사람을 이해하지 못한다"고도 했다.

그녀는 조선의 여인들에 특별히 관심이 많았으며 "조선의 여성들은 슬픔, 절망, 고역, 질병, 무지, 애정결핍 등으로 시달리고 있어서 그들의 눈은 생기를 잃은 채 멍하다"고 했다. 사회상에 대해서는 "일본 사람이나 중국 사람은 주로 차를 마시는데 비해, 조선 사람들은 술을 마시기 때문에 취함이 흔하다"고 했다. 또 "쌀 몇 자루에 조선의 가난한 어린이들은 노예로 팔려가며, 여자아이들의 경우 무희로 팔려가거나 생전에 보지 못한 남자에게 신부로 팔려간다"고 적었다. 그녀는 조선의 학식 있는 사람의 말이라며 "조선인은 하루에 100원 벌면 1000원 어치를 먹는데 반해 일본인은 1000원 벌면 100원 어치를 먹기 때문에 일본은 흥성하고 있다"는 말을 전하기도 했다. 또 "과거 시험은 돈으로 좌우되고 있다"고 했다.

고종이 신교육기관으로 육영공원育英公院, The Royal English School을 세웠는데, 여기의 교사로 온 목사 길모어George W. Gilmore는 『서울에서 본 코리아』를 썼다. 그는 "서울은 길이 좁고 하수시설이 없어 불결하며 조선 사람도 불결하다"고 했다. 그는 "조선에서 가장 깨끗하다는 사람이 자신이 본 가장 더러운 사람이었다"는 영국인의 말을 인용했다. 그는 조선이 지극히 가난한데 그 원인은 통치자인 관리들의 탐욕과 무능, 그리고 백성의 게으름이라고 했다. 누가 돈을 갖고 있다는 소문을 들으면 벼슬아치들은 죄를 만들어서 그 사람을 투옥하고 쥐어짠다고 했다. 따라서 사람들은 돈을 벌려고 하지 않은 채 게을러졌다고 했다.

청일전쟁에서 망국인 1910년까지의 조선에 관한 책 중에서 압권은 이사벨라 버드 비숍Isabella Bird Bishop 여사의 『조선과 그 이웃나라들』이다. 65세인 1894년에 조선을 방문한 그녀는 조선 각지와 연해주, 간도 지방을 돌아보았다. 그는 초록빛을 띤 껄쭉한 수채도랑이 흐르는 서울의 거리를 돌아보며 "베이징을 보기 전까지 서울이 세상에서 가장 더러운 도시"라고 했다. 반면 부산의 일본인 지역은 깨끗하고 상수도까지 갖추었다고 비교했다.

"상류계급은 아무런 생산 활동을 안 하고, 중인계급은 정치적 사회적 진출이 막혀 있어 맡겨진 일만하고, 하류계급은 더 일해 보아야 늑대에게 빼앗긴다."

조선은 관리의 가렴주구苛斂誅求의 나라, 정의가 총체적으로 결여된 나라, 미신의 나라라고 했다. 그녀는 조선이 식객의 나라라고도 했다. 조선인은 스스로 일하기보다 유력인사에 매달려 사는 생활습관을 가지고 있고, 유력자는 관직을 얻어 대가를 받고 나눠주는 일을 한다고 했다. 그녀는 조선인이 이렇게 더럽고 가난하고 게으르다고 생각했는데, 연해주와 간도의 조선인을 살피고는 생각을 바꾸었다고 했다.

거기에 살던 조선인들이 부지런하고 깨끗한 생활을 하고 있음을 보고 놀랐다고 했다. 그는 그 이유를 정치에서 찾았다. 그곳은 조선같이 수탈이 없었다. 자기가 노력한 만큼 대가를 얻을 수 있다는 것을 알고 열심히 일을 했다. 조선 사람들이 게으르게 된 것은 빈곤이 그들에게는 빼앗기지 않는 최선의 안전책安全策이었기 때문이다.

외국인 눈에 비쳐진 조선말의 상황을 요약하면 조선은 극도의 가난 속에서 헤매던 나라로, 거리는 오물이 아무데나 버려지는 불결한 나라였다. 사람들도 극도의 비위생적인 생활을 하고 있었다. 이러한 가난의 원인은 조선 관리들의 부패와 연결되어 있는데, 관리들이 백성들을 쥐어짜기 때문에 아무도 근로의식을 갖고 있고 않았다고 보았다.

반면 조선인은 의타심이 크다고 한결같이 지적하고 있다. 자기 힘으로 생활을 꾸려갈 생각은 안하고, 친척이나 힘 있는 지인에 기대려는 의타심이 강했다. 윤치호는 그의 일기에서 이런 조선인의 의타심을 놓고 "조선은 본래 공산주의 하기가 좋은 나라"라고 비꼬았다. 독립적인 생활보다 가진 자에게 기대거나 빌붙어 사는데 거리낌을 느끼지 않았기 때문이다.

관리의 수탈은 가난을 불러 오고, 착취는 일할 의욕을 상실케 만들어 근로의식을 가질 수 없었다. 나라 전체의 분위기는 미신이 팽배하여 과

학하려는 마음은 아예 없었다. 나라는 고립 폐쇄적으로 운영되어 세상이 어떻게 변하는지 몰랐으며, 이런 상황 속에서 국왕이나 왕비는 나라보다 왕권의 수호에만 관심이 있었다. 국왕은 새 궁을 짓는 등 나라의 부에 맞지 않는 낭비를 하였다. 그들의 관찰로는 이런 나라가 망하지 않을 수 없다는 판단이었다. 미국 여배우 출신의 루이스 조던 밀른Miln은 1895년에 이미 "조선은 망할 것 같다"고 예견했다. 그 후 15년 뒤, 아니 사실상 10년 뒤 을사늑약으로 조선은 망했다.

망국 속에서
나라를 살리고자 한
세 가지 운동

조선의 각성된 사람들은 이런 상황을 지켜보고만 있지 않았다. 나라를 구하자는 운동이 세 갈래에서 생겨났다. 위정척사衛正斥邪, 동학, 개화사상이 거의 같은 시기에 동시에 일어났다. 나는 이 세 운동 가운데 오늘 우리에게까지 영향을 주는 운동이 동학과 개화사상이라고 본다.

첫째는 위정척사 운동이다. 최익현崔益鉉으로 대표되는 조선말 위정척사 운동은 문자 그대로 성리학과 유교질서를 정학正學으로 보고, 사특한 학문邪學인 서양학문과 기독교를 물리쳐야 한다고 주장했다. 이 사상은 대원군大院君의 쇄국정책을 이념적으로 뒷받침했다.

대원군은 프랑스 천주교 선교사 9명과 8천여 교도를 학살했다. 이것이 빌미가 되어 1866년 병인양요丙寅洋擾가 일어났다. 뒤이어 미국 상선 제너럴 셔먼호가 대동강을 거슬러 올라갔다가 평양 근처에서 불탔다. 1871년 미국은 통상수교를 위해 로저스 제독이 지휘하는 군함 6척을 남양만 앞바다에 보내 일부를 강화도로 상륙시켰다가 철수했다. 이것이 신미양요辛未洋擾이다.

한말 사학자 박은식朴殷植은 "그때 미국 등과 수교하고, 서양 문물을 받아들이고, 백성을 계몽하고, 실력을 배양했더라면 조선은 자립할 수 있는 강국이 되었을 것이다. 우리의 문물과 무력이 충분하다고 자만하여 완고 오만으로 시기를 놓치니, 대원군의 국제정세에 무지함이 통탄스럽다"고 했다.

1876년 일본과 강화도조약을 맺을 무렵 유학자 최익현은 도끼를 들고 대궐 문 앞에 엎드려 '일본도 오랑캐와 다를 바 없는 나라'라면서 일본과의 조약을 반대했다. 자신의 상소를 듣지 않으려면 목을 치라고 도끼를 들고 나간 것이다. 위정척사 사상은 그 후 1890년대 개화파에 반발하여, 또 일본에 항의하여 항일 의병운동을 일으켰다. 이 의병 운동은 1900년대 들어서는 만주 등지에서 무장 독립운동으로 이어진다.

위정척사 운동은 반反침략, 반反외세라는 긍정적 요소를 지녔으나 사대주의적 숭명崇明사상에 매달려 유교체제를 지속하려던 부정적인 요소를 함께 지녔다. 특히 시대의 변화를 읽지 못하고 과거에 머물며 마치 달팽이처럼 안으로만 더 깊숙이 숨어들어갔다. 이 부분에 대한 이해를 위해서는 최익현의 손자인 최창규崔昌圭의 『근대 한국정치 사상사』, 이택휘李澤徽의 『한국정치 사상사』 등이 도움이 된다.

천주교인 서학에 대항하여 동학을 일으킨 최제우

둘째, 동학이다. 몰락한 양반의 서자로 동학교를 창시한 최제우崔濟愚는 1860년경 천주교 서학에 대항해 동방의 도를 세운다며 동학을 일으켰다. 동학의 중요성은 그 후 1894년 동학 농민전쟁과 연관되어 있다는 점이다. 최제우가 혹세무민惑世誣民의 죄로 처형되자 2대 교주인 최시형은 교조 최제우의 억울함을 풀어 주어야 한다는 신원伸寃운동을 벌이면서 이것이 민중 봉기와 연결되어 농민전쟁이 되었다.

신용하愼鏞廈의 『동학과 갑오농민전쟁 연구』에 따르면 동학을 보는 눈은 세 가지다. 동학의 혁명적 사상에 의해 농민전쟁이 일어났다는 「동학혁명설」, 동학은 갑오농민전쟁의 진정한 힘이 아니었고 농민전쟁의 외피外皮에 불과했다는「동학외피설」, 동학은 종래의 민란에 사상과 조직을 주어 양자가 결합함으로써 전국적 규모의 갑오농민전쟁이 일어났다는「동학과 농민전쟁의 결합설」이 있다.

동학을 이해하기 위해서는 새 종교를 만든 최제우의 생애를 돌아보아야 한다. 서자로 태어났으나 천재적 머리를 가진 그는 조선말의 혼란한 사회상을 보며 득도를 위해 전국을 떠돌았다. 그는 유불선儒佛仙에 대한 공부는 물론이요 음양복술陰陽卜術까지 섭렵했다. 그는 무과에 나가기 위해 무술도 익혀 보았고, 한의가 되어 보려 의술과 침, 뜸도 공부했다.

특히 새로 들어온 서학도 접할 기회를 가졌다. 당시는 중국에서 아편전쟁이 일어나 홍콩을 영국에 할양했고, '태평천국의 난' 뒤 끝에 영국과 프랑스 함대가 베이징을 점령하는 일까지 벌어졌다. 이에 따라 중국에서 천주교 포교가 자유화 되었다. 최제우는 이런 상황 속에서 전국을 유람하면서 공부와 수련을 통해 득도하게 되었다 한다. 동학의 경서인『동경대전東經大全』의 포덕문布德文과 논학문論學文에 득도 과정이 이렇게 나온다.

경신년1860년 4월 갑자기 가슴이 두근거리고 몸이 떨리기 시작하더니 어디선가 갑자기 선어仙語가 들려 왔다. "두려워하지 말고 겁내지 말라. 세상 사람들이 나를 하느님이라 한다. 너를 세상에 태어나게 하고 세상 사람들에게 이 법을 가르치게 하노니 의심하지 말라" 하였다. "그러면 서도천주교로서 사람을 가르쳐야 합니까?" 하니 "그렇지 않다"고

하셨다. "그 이름을 서학이라고 합니까?" 하니 "그렇지 않다" 하셨다. 나는 동에서 태어나서 도를 받았으니 도道는 비록 천도天道이나 학學인 즉 동학이다

그는 당시 혼란한 사회상을 직접 눈으로 본 후 보국안민輔國安民할 새로운 도를 창도하기로 했다. 최제우는 동학 포교에 성공했다. 새로운 세상을 갈망하던 민중들이 최제우 집으로 몰려들었다. 반면 이를 보고 최제우가 서학, 즉 천주교 신자이며 동학은 사실상 서학이라는 중상도 있었다. 그는 혹세무민한다는 이유로 1864년 체포되어 대구에서 참형으로 40세 나이로 세상을 떠났다.

그는 참형을 당하면서 "나의 하는 바 도道는 나의 사심이 아니요 천명이니 순상巡相은 그 뜻을 아소서. 오늘은 순상이 비록 나를 죽이나 순상의 손자 대에 가서는 반드시 내 도를 쫓고야 말리라"고 했다. 최제우가 죽은 후 머슴 출신 최시형崔時亨이 2세 교주가 되어 포교하였다. 동학은 경상, 전라, 충청 삼남지방에 급속하게 퍼져 갔다.

동학이 어떻게 백성의 마음을 사로잡을 수 있었을까. 신용하는 이를 민족주의적 성격, 평등주의, 그리고 인내천人乃天 혹은 人是天 즉 사람이 곧 하늘이라고 하는 고도의 휴머니즘 성격 때문이라고 말하고 있다. 동학은 식자층에게는 『동경대전』을, 무식한 일반대중에게는 한글로 가사 형태 『용담유사龍潭遺詞』로 교리를 전파했다. 『용담유사』로 그 교리를 한번 들어 보자. 청나라와 일본을 동시에 비난하는 민족주의적 성격을 보였다.

청나라에 대해서는 "대보단에 맹세하고 한이汗夷, 만주 오랑캐: 청 태종 원수 갚아보세. 중수重修한 한이비각汗夷碑閣: 삼전도 비 헐고 나니 초개 같고 붓고 나니 박산일세."

일본에 대해서는 "기험崎險하다 기험하다 아국운세我國運勢 기험하다. 개 같은 왜적 놈아 너의 신명身命 돌아보라. 너희 역시 하륙下陸해서 무슨 은덕 있었던고."

동학은 양반 상놈의 철저한 신분사회였던 조선에 평등사상을 퍼뜨렸다. "부富하고 귀貴한 사람 이전 시절 빈천貧賤이요, 빈하고 천한 사람 오는 시절 부귀로세. 천운이 순환하사 무왕불복하시니…" 동학은 앞으로 올 새 시대, 즉 후천 개벽 후에는 빈천자인 백성이 부귀자가 될 것이라고 평등사상을 강조했다.

동학은 사람이 곧 하느님이라며 사람과 하느님을 동격으로 보는 사상을 퍼뜨렸다. 최제우는 "사람이 하느님이요, 하느님이 사람人是天이라고 설파했고, 2대 교주 최시형은 사람은 곧 하느님人乃天이다"고 가르쳤다. 사람의 귀중함을 가르쳤다.

동학은 1880년대 들어서 더욱 번창해지자 1892년 전북 삼례에서 교주 최제우의 누명을 벗기고 포교의 자유를 주장하며 집회를 가졌고, 다음해 충청도 보은에서는 척왜양창의斥倭洋倡義: 서양과 일본을 배척하고 옳음을 내세운다를 내걸고 대중 집회를 열었다. 1894년 3월 전라도 고부에서 전봉준全琫準의 지휘로 관아를 습격하고 마침내 전주를 점령했다. 이들은 4개조의 구호를 내걸었다.

첫째, 사람을 죽이지 않고 물건을 파괴하지 않는다. 둘째, 충과 효를 온전히 하여 세상을 구하고 백성을 편안하게 한다. 셋째, 일본 오랑캐를 몰아내고 왕의 정치를 깨끗하게 한다. 넷째, 군대를 몰고 서울로 가서 권세가와 귀족을 모두 없앤다.

신용하는 이의 성격을 반침략 반봉건의 운동이었으나, 이때는 반봉건의 성격이 더 강했다고 말한다. 이에 놀란 조정에서는 청나라에 출병을 요청하니 일본도 거류민 보호를 내세워 출동하여 두 나라가 조선 땅에서 대치하게 되었다. 이에 외세개입을 우려하여 정부와 농민군은 전주화약全州和約을 맺었다. 이것이 1차 농민봉기였다.

전주화약에는 전라도 53개 군현에 집강소를 설치한다는 것이 들어 있었다. 집강소는 기존의 관아가 아니라 일종의 농민 통치 성격을 띤 기구였다. 프랑스혁명 때 파리코뮌 같은 성격이랄까. 집강소는 시간이 갈수록 강해져 2차 농민전쟁 즈음에는 전라도 군현의 행정과 통치 권력을 완전 장악하였다. 집강소 시절의 활동에 대해 위정척사파의 양반 유생은 다음과 같이 기록하고 있다.

"이와 같이 7, 8월에 이르러서 더욱 무법하게 되어 부호는 모두 이산하게 되고, 천민은 모두 도량跳梁하였으며, 재산을 빼앗음은 물론 원수를 갚으려 해서 호남 일대가 혼돈의 세계가 되었다."

박은식은 『한국독립운동혈사』에서 이를 평민혁명이라 했고, 김규식金奎植은 1922년 모스코바 코민테른 주최 극동 민족대회에서 동학농민전쟁을 한국 혁명사의 출발점이라고 보고했다. 이런 점에서 북한은 동학농민전쟁을 높이 받들고, 한국 일부에서도 동학을 민중혁명이라 부르고 있다.

동학이 내부적으로 봉건질서에 대한 반발로 나온 농민들의 반란이

었으나 그것이 당시 상황에서 조선을 개혁할 만한 비전을 지녔다고는
볼 수 없을 것이다. 그들은 밖의 변화에 무지했다. 서울에서는 일본군
이 왕궁을 점령하여 대원군을 내세우고 본격적인 동학농민군의 진압에
나섰다. 그것이 2차 농민전쟁으로 비화됐다. 2차 농민전쟁은 반침략의
성격이 더 짙었다고 볼 수 있다. 결국 지도자 전봉준이 체포되어 사형
당함으로서1895.4 농민전쟁은 실패로 끝났다.

갑신정변 실패 후 일본으로 건너간 개화파 인사들. 좌로부터
박영효, 서광범, 서재필, 김옥균

셋째, 개화사상이다. 실학사상을 그 뿌리로 두고 있는 개화사상은 서구 문명을 도입해 국가를 개혁하자는 사상이다. 정약용丁若鏞 등의 실학 전통을 이어받은 개화파는 박규수朴珪壽, 오경석吳慶錫, 유홍기劉鴻基 등으로 시대의 선구자들이었다. 이들은 중국을 드나들며 청나라로부터 서양에 관한 책을 구입해 읽었다. 박규수는 김옥균金玉均, 박영효朴泳孝, 홍영식洪英植, 서광범徐光範, 김윤식金允植 등 양반자제들을 북촌에 모아 서양사상을 가르쳤다.

박규수는 연암 박지원朴趾源의 손자였다. 갑신정변을 일으킨 김옥균은 개화당의 영수가 되었다. 이들의 노력으로 박문국이 설치되어 여기서 최초의 조선신문인 〈한성순보〉가 발간되었다. 〈한성순보〉는 정부 기관지임에도 불구하고 자유민권사상과 3권 분립, 민회國會를 소개했다.

개화사상은 세계정세에 눈을 뜬 조선의 엘리트가 중심이 되어 나라를 개혁하고자 했던 움직임이다. 개화파는 산업진흥을 비롯한 부국 강병책과 인권사상을 실현시키고자 했다. 또 청나라의 굴레에서 벗어나야 개화를 할 수 있다고 생각했다. 중국에 사대하며 속국으로 지내던 조선의 입장에서, 나라의 독립과 주권을 바탕으로 하는 만국공법國際法은 획기적인 것이었다. 조선 지식인들에게는 놀라운 소식이었다. 그들의 관심은 독립이었다. 그래서 독립협회, 〈독립신문〉, 독립문이 만들어졌다. 남시욱南時旭은 『한국 보수주의 연구』에서 한국 보수의 원류를 이 개화파에서 찾았다.

이 세 사상의 조류 가운데 당시는 어느 것이 나라 미래로 볼 때 가장 바람직한 것이었을까? 위정척사는 수구적인 운동이었다. 조선이 과거로 돌아가서는 결코 살아남을 수 없었다. 당시 운동으로서 동원된 대중의 숫자로는 동학이 제일 많았을 것이다. 풀뿌리 운동이었기 때문이다. 그러나 동학 역시 반봉건, 반침략을 내세웠지만 변하는 시대를 따라 갈 수 없었다.

농민들이 압제에 저항한 것을 넘어 전 민족의 힘으로 나라를 새롭게 만들기는 역부족이었다. 서양에 맞설 근대국가를 만들어 현실을 극복할 비전이 없었다. 나의 생각으로는 개화사상이 시대에 맞는 가장 현실적인 처방을 내린 사상이었다고 본다. 이 세 운동 가운데 어느 하나만이 옳다고 말하기는 힘들다. 그러나 역사적 필요를 본다면 당연히 개화사상이 주류가 되어야 한다고 생각한다. 그런 점에서 나는 개화사상과 이 운동을 이끌고 간 우리의 선각자들 얘기를 하려는 것이다.

조선은 여러 장점도 가진 나라였다. 한글을 만든 나라였고, 이순신 같은 애국 엘리트들도 기른 나라였다. 문화, 학술적으로 종주국인 중국보다도 뛰어난 업적을 이룬 나라이기도 하다. 영·정조 시대의 중흥기도 있었다. 그러나 임진왜란, 병자호란, 그리고 조선말의 상황을 들으면 우리는 어깨가 처진다. 조선말의 경우를 보면 이런 나라가 우리의 나라였다는 것이 부끄럽기까지 하다.

조선을, 우리 조상을 비하하고자 하는 것이 아니다. 우리 역사를 폄하하자는 것도 아니다. 그런 역사에서 교훈을 찾자는 것이다. 정체성이란 일종의 자기 확인인데, 비하 속에서 무슨 정체성이 생기겠는가고 반문할 수 있다. 그러나 우리의 선각자들은 이런 고통 속에서 나라를 다시 살려야한다고 각성을 한 것이다. 고난이 축복이라는 것이 바로 이런 경우에 해당한다.

3장
송재松齋 서재필

독립운동가이자 언론인, 한국인 최초의 서양의사였던 서재필(화가 박득순이 그린 초상화).

일본을
롤 모델로 삼다

　지금까지 조선 중기의 임진왜란과 병자호란을 다루었고, 조선말 외국인들이 본 조선의 현실에 대해 살펴보았다. 조선은 두 큰 난리를 겪고도 자기 나라를 스스로 지킬 힘을 기르지 못해 결국 2백50여년 뒤에는 나라를 빼앗기고 마는 수모와 억울함을 겪었다. 여기서 우리는 초점을 놓치면 안 된다. 나라를 빼앗긴다는 것은 국가가 자기의 정체성을 빼앗기는 것이다. 이제 더 이상 스스로가 주인이 되는 자기 자신은 사라졌고, 타국의 식민지로서 종노릇하는 자신만 남았다는 것이다.

　종은 종으로서 정체성이 있을지 모른다. 그러나 그것은 결코 우리 민족의 정체성이 아니다. 우리는 수많은 역경과 고통을 견디어낸 5천년의 역사를 지닌 민족이기 때문이다. 만주 벌판에서 군웅할거 하던 수많은 민족들을 보라. 그들은 모두 사라지고 말았다.

　우리 민족은 그들과 달랐다. 나라를 빼앗기는 수모를 당하면서 내부에서 반성이 일어났으며, 이를 극복하고자 하는 움직임들이 자연발생적으로 일어났다. 이미 밝혔듯이 세 갈래의 움직임이 있었다. 위정척사 운동, 동학운동, 계몽개화 운동이다. 이 가운데 지금 우리나라의 정체성을 만들어주는데 가장 큰 공헌을 한 것은 무엇일까? 그것을 찾아보기로 하자.

　조선말 서양 신문물과 새로운 사조思潮에 대한 갈망이 정치적으로 구체화되어 나타나기 시작했다. 실학사상의 영향을 받고, 또 중국으로부터 들어오는 서적 등을 탐독하면서 시대를 앞서는 생각을 하는 층이 있었다. 이들은 주로 양반자제들이나 중인계급 출신의 지식인들이었다.

실학의 거두 연암 박지원의 손자 박규수, 베이징을 드나들며 통역을 했던 오경석, 한의사 유홍기 등을 꼽을 수 있다. 조선이 일본과 강화도 조약을 맺으면서 먼저 근대화 된 일본이라는 나라를 알게 된 이들 사이에서는, 일본을 모델로 하여 우리나라도 일본 같이 부국강병한 나라로 만들자는 구체적인 움직임이 일어났다.

개화파들이 일본과 연관을 가질 수 밖에 없는 이유는 이 때문이다. 김옥균, 박영효, 홍영식, 서광범 등은 우리나라도 일본의 메이지유신明治維新 같은 개혁을 해야 한다고 주장했다. 이들은 우리의 개화를 막는 것은 청나라 때문이며 청나라에 기대어 권력을 지키는 세력을 사대당, 자신들은 개화당이라 불렀다. 그들은 일본 자체를 숭상한 것이 아니었지만 우리도 일본 같이 부국강병한 나라로 만들자는 것이었기 때문에, 즉 롤 모델을 일본으로 삼았기 때문에 자연스럽게 일본 친화적으로 될 수밖에 없는 형편이었다. 이들은 청나라에 매달려 집권하던 세력을 몰아내고 새로운 정권을 세우려 하였다. 그것이 갑신정변1884이다. 서재필徐載弼도 김옥균이 주도하는 갑신정변에 참여한 인물이었다.

서재필의 생애

서재필 개인을 살펴보기로 하자. 서재필은 조선 양반의 자제로 1863

민족을 깨우치고 쓸쓸하게 조국을 떠난 서재필

년 11월에 태어나 18살에 장원급제한 수재형秀才型 인물이었다. 그의 아버지는 군수였고, 양어머니는 안동 김씨의 딸, 외삼촌은 판서를 지냈다. 이런 배경으로 그는 김옥균 등 당시 개화를 꿈꾸는 양반자제들과 교유하기 시작했다. 물론 김옥균 등은 서재필보다 10여살 연배가 위였으나 그가 총명한 관계로 그들의 눈길을 끌었다.

그가 장원급제 하자 김옥균은 조선을 위해서는 국방을 튼튼히 해야한다는 생각으로 그에게 일본 군사학교로 유학을 권하였다. 그는 유학기간 동안 당시 일본에 머물던 김옥균을 자주 만났다. 그는 김옥균을 끝까지 존경했으며 그의 애국심을 믿었다. 그의 자서전을 보면 김옥균은 서재필 등 유학 온 사관생도들에게 "일본이 동방의 영국 노릇을 하려하니 우리는 우리나라를 아세아의 불란서로 만들어야 한다."고 말했다.

1여년의 유학을 마치고 귀국하여서는 신식 군대의 제복을 입고 고종 앞에서 제식훈련 받은 대로 시범을 보이기도 했다. 고종이 그 모습을 보고 매우 신기해하면서 기뻐했다고 그는 술회했다. 그는 사관학교를 세울 것을 건의 했으나 청나라 위안스카이袁世凱와 수구대신들의 반대로 이루어지지 않았다. 김옥균의 갑신정변에 참여하게 된 계기도 이러한 신식 군사교육을 받은 사관생도 출신이라는 점이 크게 작용했다.

3일 천하로 끝난 이 궁정 쿠데타의 실패로 그는 박영효, 서광범과 함께 일본으로 망명했으나 일본이 홀대하자 다시 미국으로 건너갔다. 그 사이 부인을 비롯한 온 가족은 역적으로 몰려 자살하거나 처형당했다. 그는 1885년 5월에 미국으로 망명하였다가 만10년이 지나 조선에서 갑오경장으로 정세변화가 일어나자 1895년 12월 귀국하였다.

그의 미국생활을 잠시 살펴보자. 이정식이 쓴『서재필: 미국 망명 시절』에 따르면 샌프란시스코에 도착한 그는 가구점 광고물을 배달하거나 막노동을 하여 생계를 유지했다. 휴일에는 샌프란시스코 해변가에 나가 쉬기도 했을 것이다. 나는 얼마 전 캘리포니아 해변에 서서 그 때의 20여살 청년 서재필을 떠올려보았다. 그는 태평양의 파도와 함께 밀려오는 바다의 부유물들을 보고 마치 자신도 그 부유물처럼 조선에서 밀려와 샌프란시스코 해변에 흘러들어온 신세라고 한탄했다.

얼마나 절망적이었겠는가. 조선의 엘리트로 앞길이 창창했던 그가 이제는 역적이 되어 가족은 모두 죽고, 믿었던 일본으로부터는 배신을 당했다. 그는 그 후 평생 동안 일본을 믿지 않았다. 그리고 외세를 등에 업고 개혁을 하려 했던 자신과 동료들의 어리석음을 한탄했다. 그는 회고록에서 갑신정변을 영국 인권헌장 마그나 카르타가 탄생한 것1215년과, 일본의 다이묘大名들의 개혁1876년과 비교하며 거기서 영감을 받았다고 했다. 갑신정변이 실패한 이유를 민중의 성원이 없었고, 너무나도 일본에 의존하려했기 때문이었다고 술회했다.

그에게 미국은 하나의 문화적 충격을 주었을 것이다. 서재필이 머무르던 기간의 미국은 남북전쟁 후 20여년이 지난 시점으로, 역동적 팽창기였다. 벨이 전화를 발명하고, 에디슨이 전구를 발명하여 일반에 보급을 시작하는 시점이었다. 이미 대륙횡단철도가 완성된 시기이기도 했다. 은둔의 나라 조선에서 간 청년이 이런 미국을 보고 무엇을 느꼈을까? 그는 정치적으로 야심만만해 궁정 쿠데타까지 일으킨 청년이 아니었던가. 그가 미국에서 보는 것과 태평양 건너 조선의 상황을 비교하면서 얼마나 좌절했겠는가. 이때 우연히 샌프란시스코의 한 신문에 동방의 나라 조선에서 망명 온 20세의 청년 서재필에 대한 기사가 실리게 되었다.

김도태의 『서재필 박사 자서전』에 따르면 그는 발이 부르트는 배달을 하는 동안에도 공부의 꿈을 버리지 않았다. 미국에 도착하자 제일 먼저 산 것이 영어사전이었다. 그는 일요일이면 교회에 나갔다. 여기서 우연히 동부에서 여행 왔던 한 독지가를 만났다.

　　이 독지가 존 홀렌백John Wells Hollenbeck은 서재필이 똑똑한 청년이라는 데 마음이 끌려 도와주겠다고 약속했다. 펜실베이니아에서 탄광을 경영했던 그의 후원으로 서재필은 늦은 나이에 고교를 졸업하고 의대에 입학하여 의사가 되었다. 홀렌백은 그에게 신학을 권유하였다. 그를 선교사로 만들어 조선에 보내고 싶었기 때문이다. 서재필은 크리스천이었지만 선교사에는 관심이 없었다. 그는 조선의 개혁에 대한 꿈을 버리지 않았던 것 같다. 후원자의 지원이 끊어지자 서재필은 워싱턴으로

서재필의 콜롬비안 의과대학 졸업사진(맨 뒷줄 왼쪽 세 번째가 서재필).

내려가 미 육군 군의관 총감부의 도서관 사서로 취직했다.

그것이 인연이 되어 의과대학으로 진학했다. 그는 조선 사람들이 땀 흘려 일하지 않는 것을 가장 경멸했다. 유추하건데 혈혈단신인 그가 자신의 생계를 스스로의 힘으로 책임지기 위해서는 의사라는 직업이 가장 바람직하다고 판단하여 전문 직업인인 의사를 택한 것으로 보인다. 이렇게 해서 그는 한국인 최초의 서양의사가 되는 기록을 세웠다.

〈독립신문〉의 탄생

정치에 관심을 가졌던 그는 미국의 정치사상, 사회제도 등에 심취했다. 그는 미국에서 언론의 역할을 보았을 것이고, 당시 미국에서 대기업들의 독점 상황에 대항해 새로 태어나던 개혁파의 민중운동도 지켜봤을 것이다. 1894년 동학운동이 일어나자 청일전쟁이 발생했고, 조선은 일본의 영향력 아래 들어갔다. 1894년 12월 갑오경장 개혁을 주도할 내각이 구성됐는데, 서재필과 함께 미국으로 망명했던 박영효가 내부대신으로, 서광범이 법부대신으로 내각에 참여했다.

그러나 8개월이 못되어 박영효는 쫓겨나 다시 워싱턴으로 왔다. 서재필은 박영효의 권유로 1895년 12월 귀국하였다. 그는 중추원 고문이라는 자리를 맡기는 했으나 대신과 같은 관직에는 관심을 갖지 않았다. 망해 가는 나라의 대신을 한들 무슨 소용이 있었겠는가? 그는 이미 조선의 지위가 너무 초라한 것임을 바깥세상을 보고 깨달았을 것이다. 그는 그런 지위를 얻으려 하느니 나라 전체를 위해 일해야 하겠다는 사명감에 젖어 있었다.

그가 원한 것은 제일 먼저 조선의 독립이었다. 그 독립은 청나라로부터의 독립이었다. 그래서 그가 만든 신문이 〈독립신문〉이요, 그가 사람을 모아 조직한 단체도 독립협회였다. 그래서 중국 사신을 접대하던 모화관慕華館을 개수해 독립관으로, 영은문을 헐고 독립문을 세운 것이다.

〈독립신문〉 창간호. 한글판과 영문판을 따로 발간했다

갑신정변 때 왕궁을 점령했을 당시 그는 고종이 있는 왕궁을 수호하는 임무를 맡았다. 그가 동원한 군인은 사관생도 출신을 포함하여 1백 50명이었다. 왕궁으로 반격해 들어온 청나라 군대는 1천5백 명이었다. 그는 자서전에서 이때를 회상하며 "최후까지 싸우자. 우리의 독립 개혁을 위해 무도한 청군을 섬멸시키자. 한 사람이 천명을 당할 만한 기세를 가졌다"고 했다.

그는 독립을 쟁취하기 위한 수단으로, 즉 국민을 깨우는 수단으로 신문을 생각했다. 자신의 갑신정변이 소수의 엘리트가 주체가 되고 민중

〈독립신문〉 창간호 영문판

의 뒷받침이 없어 실패했던 점을 뼈저리게 반성했다. 또 미국생활 10여 년에서 그는 민주주의를 배웠고, 민주주의의 운영에 신문만큼 중요한 수단이 없다는 점도 알게 됐다.

당시 미국은 신문 전성기로 접어드는 중이었다. 윤전기의 발명으로 신문 보급이 기하급수적으로 늘어나고, 소위 대중신문이 탄생하는 시점이었다. "그래, 신문 발간을 통해 민중을 일깨우자!" 그는 새로운 사명감에 불타올랐다. 물론 1882년 개화당이 주축이 되어 〈한성순보〉라는 신문이 조선에서 처음 발간되었다. 그러나 〈한성순보〉는 한문漢文으로 된 신문이었다. 그는 한글로만 쓰는 신문을 만들겠다고 결심했다. 한글의 가치가, 언어의 가치가 무엇이라는 걸 이미 알았다. 그는 생각했다.

언어는 독립의 근원이다. 내 글과 내 말이 없이 민족주의를 지켜내기란 참으로 어렵다. 우리는 우리말과 우리글을 가지고 있었음에도 사대주의 때문에 그 글을 언문이라고 업신여기고 중국 글인 한문을 숭상해 오지 않았는가. 세종 때 최만리崔萬理 등 성리학자들이 왜 한글창제를 반대했는가? 그들은 한문만이 진서眞書, 즉 참된 글자라고 생각했다. 그래서 새 글자인 한글을 만드는 것은 야만인이 하는 짓이라고 여겼다. 이들은 세종에게 "왜倭나 여진족도 글자가 있지만 그것은 야만인들이나 하는 짓"이라고 했다. 세종은 이에 대해 "말이 중국과 다른데 중국의 한문을 빌어 우리말을 표현하는 것은 오장육부가 둥글둥글한데 네모난 그릇에 담는 것과 같다"고 했다.

중국과는 다른 나라, 다른 민족이 바로 우리라는 것을 인식한 민족주의적인 시각이었다. 한문은 사대주의의 또 다른 표현이었다. 〈독립신문〉이 한글을 썼다는 사실은 단순히 한글전용이라는 문자적 측면에만 의미가 있는 것이 아니었다.

그것은 바로 이 나라 주인이 누구인가 하는 문제의식이 발동된 것이었다. 서재필에게는 갑신정변의 쓰디쓴 추억이 있었다. 이 나라의 개혁은 밑에서부터 일어나야 하며, 그들은 바로 일반 민중이라는 것을 깨달았다. 그의 미국생활은 그에게 분명히 나라의 주인이 누구인가를 바로 보게 만들었다. 왕의 신민臣民이 아니라 자유로운 시민市民이 무엇이라는 것을 미국을 통해 안 것이다.

어떤 사람은 〈독립신문〉이 한글을 사용한 것은 마치 마틴 루터가 라틴어 성경을 독일어로 번역한 것에 버금가는 획기적인 일이라고 평가했다. 독일어 성경이 종교개혁을 이루었듯이 한글 신문은 당시 민중에게 의식혁명의 촉매 작용을 한 것이다. 그가 바란 새로운 사회는 상하, 귀천, 빈부, 남녀 차별이 없이 모든 계층이 동참하는 그런 나라를 만드는 것이었다. 신민의 불평등한 사회로부터 시민의 평등한 사회로 만들자는 꿈이었다.

그가 특히 신문으로 개혁을 꿈꾸었다는 사실은, 근대적인 언론매체를 이용하여 비판과 토론을 통해 평화롭고 질서 있는 변화를 추구했다는 점에서 의미가 있다. 그는 자유 언론이라는 민주적인 방식으로 개혁을 꿈꾸었다. 그는 신문에 대해 "신문은 나라의 등잔불이요 인민의 선생이라. 만일 선생이 마음을 천하고 비루하게 먹든지 사정私情의 욕심에 걸려 종노릇 하면 밝혀 주는 힘도 없고, 해·육군 같이 의리를 보호할 힘도 없으니 신문이 그 지경이 되면 차라리 없는 것만 못하리라….

신문은 인민을 위하여 언제든지 그 마음 하나를 가지고 의논하며, 사람을 칭찬하되 실상을 가지고, 시비할 때 실상을 가지고 하여야 시비를 하여도 징계가 아니 되고 칭찬을 하여도 찬양이 아니 될 터이다."〈독립신문〉 1887년 4월 12일자라는 생각을 가지고 있었다.

〈독립신문〉을 통해 그는 조선 백성이 어떻게 변해야 할지를 주장했는데, 그 내용을 보면 1백 년 뒤인 지금의 우리에게도 똑같이 적용될 수 있는 것들이었다. 〈독립신문〉은 1백년의 시간적인 간극을 뛰어 넘는 주장을 하고 있다. 이것은 무엇을 의미하는가? 〈독립신문〉이 그때 추구했던 가치들이 고스란히 우리에게도 그대로 넘어 왔다는 사실이며, 바로 우리의 정체성이 되어 이제는 주장이 아니라 '우리의 것'이 되었다는 사실이 아니겠는가?

길 고치는 일

"길 고치는 것이 부국의 근본이고 백성의 병을 없애 주는 길이다… 길을 넓게 하거나 정하게 해 대소변을 길에서 누지 못하게 하고 더러운 물건을 내버리지 못하게 하여…."1896. 5. 9

길을 깨끗하게 만들자는 말은 공공의 개념을 가르쳐주는 것이고, 길을 넓게 하자는 것이 바로 근대의 시작임을 가르쳐주는 것이다. 앞에서 보았듯이 임진왜란 때 부산에 침범한 왜적 소식을 5일만에야 한양에서 알았다. 우리는 한반도에 웅크리고 앉아 외적의 침입만 걱정하여 길을 넓힐 생각을 못했다. 그저 짐꾼과 짐바리 소가 지나갈 정도면 족했다.

길이 없는데 무슨 산업을 일으킬 수 있을까? 미국생활을 하고 온 서재필은 미국의 철도와 도로를 생각했다. 지금 우리의 도로망을 보자.

정말 방방곡곡에 포장 안 된 도로가 없을 정도이다. 고속도로 건설 능력은 아마 세계 최고일지 모른다. 굴을 뚫고 오버패스를 걸쳐 산골짜기에 고속도로를 만들어 냈다. 우리는 서울올림픽 전까지만 해도 화장실이 더러웠다. 그러나 고속도로 휴게소에 가 보면 어디나 경쟁적으로 깨끗한 화장실을 유지하고 있다. 이것이 이미 1백 년 전 서재필이 꿈꾸었던 나라가 아니겠는가?

남녀차별

"세상에 불쌍한 인생은 조선의 녀편네니 오늘날 이 불쌍한 녀편네를 위해 말하노라. 녀편네가 사나이보다 조금도 낮은 인생이 아닌데 사나이들이 천대하는 것은 사나이들이 문명개화 못되고, 자기 팔심만 믿고 압제하려는 것이니 어찌 야만에서 다르리요. 조선 부인네도 차차 학문이 높아지고 지식이 열리면 부인의 권리가 사나이의 권리와 같은 줄 알고 무리한 사나이들을 제어하는 방법을 알리라." 1896. 4. 21

남녀평등은 그의 꿈이었다. 그것이 바로 인권이다. 그는 남녀가 똑같이 하늘로부터 총명함을 받았다고 했다. "하나님이 인생을 낳으실 때 사나이나 여편네나 사람은 다 한가지라. 천지만물 가운데 오직 사람이 귀하다고 함은 총명이 있는 연고인데, 총명이 한갓 남자에게만 있는 것이 아니라 여자 또한 총명한 재질인즉, 여자도 학문과 동등권을 가져 남자를 더욱 이롭게 도울지라. 남녀 간에 고락을 같이하고 사업을 같이하여 생애를 고르게 하면 나라가 부강하고 집안이 더 태평할 터이니, 그럴 지경이면 어찌 아름답지 아니 하리요." 1898. 1. 4

그는 축첩제도 폐지, 과부 재가再嫁 금지관습 폐지, 기생제도 폐지 등 가정제도에 대해서도 여러 차례 다루었다. 지금 우리가 생각하는 가정관을 그대로 가지고 있다. 가정이 바로 서지 않고 사회가 바로 설 수 없고, 바로 서지 않은 가정들이 많은 가운데 나라가 바로 설 수 없다는 것이다.

구태여 미국 공화당의 모토였던 패밀리 밸류Family Value를 말할 필요가 없다. 가족이 붕괴되고 가정교육이 제자리를 못 잡으면 나라는 쇠퇴해질 수밖에 없다. 지금 우리에게 가족의 가치는 살아 있는가? 우리가 지금 반성을 하며 다시 세워야한다고 믿는 가족의 가치가 1백 년 전 서재필이 꿈꾸었던 것이 아니겠는가?

지방자치

"세계에서 제일 불쌍한 백성은 조선 백성인데, 그 중에서도 조선 시골 백성이 제일 불쌍하다."1896. 6. 9

외국인들이 '서울이 곧 조선'이라고 보았듯이 그는 서울 중심의 조선에서 이미 지방분권을 말했다. "외국에서는 관찰사, 원 같은 관료를 백성을 시켜 뽑게 만든다. 내각대신과 협판은 임금이 친히 뽑는 것이 마땅하고, 외임外任은 그 도道와 그 고을의 백성으로 시켜 인망이 있는 사람들을 투표하여 관찰사와 군수를 시키면 백성이 정부를 원망함이 없을 것이요."1896. 4. 14라며 지방자치를 소개하기도 했다.

전제 왕권 시절 입헌군주만도 언감생심인데 그는 원님, 관찰사를 백성이 뽑는다고 했다. 그렇게 무서운 원님을 우리 손으로 뽑는다? 이런 것을 과연 조선 사람들이 상상이나 했을 수 있을까? 하늘에서 벼락 치는 소리로 들었을 것이다.

교육의 중요성

"학교를 지어 인민을 교육하는 것이 정부의 제일 중요한 직무다…. 자녀를 교육하는 것은 봄에 씨를 뿌리는 것과 같다."1896. 5. 12

개화사상은 계몽주의와 분리할 수 없다. 그들은 우리 국민이 미개하기 때문에 외국에 당하고 있다고 믿었다. 그들이 가장 중요하게 생각한 것이 바로 국민의 교육이었다. "배워야 산다, 실력이 있어야한다"가 모토였다. 조선말 가장 큰 운동으로 벌어진 것이 교육운동이었다. 지금 우리가 이만큼 살 수 있는 이유도 바로 그들의 교육에 대한 열의와 헌신 덕분이었다. 이화여대, 고려대, 연세대… 이런 최고의 교육기관이 바로 이들의 열정에 의해 뒷받침된 것이다.

오바마 미국 대통령은 기회가 있을 때마다 한국 부모들의 교육열을 배워야 한다고 외치고 있다. 물론 그는 한국의 교육열이 잘못된 방향으로 가는 것은 모르고, 그저 과외를 시키며 온 수입과 열정을 자식들에게 쏟는 겉모습을 보고 한 말이리라. 서재필이 강조했던 교육이 지금 이 나라에서 이미 이루어진 것이 아니겠는가.

근면에 대해

"무엇이든지 배워서 자기 손으로 벌어먹을 도리를 하고, 자식들을 아무쪼록 학교에 보내라…. 아무 일도 아니하고 남에게 청하여 벼슬할 생각만 하는 사람들을 벼슬을 시키지 말라."1896. 4. 30

그는 놀고먹는 일에 대해 7번이나 질타했다. 앞 장에서도 말했듯이 외국인 눈에 비친 조선인은 게을렀다. 그는 게으름을 미워했다. 지금 우리를 보자. 우리는 세계에서 으뜸가는 근면한 국민이 되었다. 그 근면 덕분에 우리는 세계의 10위권 국가가 되었다. 우리는 밤을 새우며 일했다. 보따리 가방을 들고 아프리카 구석구석까지 찾아가 수출을 했기 때문에 오늘의 무역국가가 되었다. OECD국가 가운데 근로시간이 2위로 많은 나라로, 아직도 우리는 열심히 살고 있다. 물론 나라가 어느 수준에 오르면 우리도 자연스럽게 여가시간을 많이 가질 것이다. 서재필이 게으른 우리 민족을 답답하게 여기던 그 시절과 비교하면, 우리는 이미 근면의 꿈을 이룬 나라이다.

애국심과 자강원리

"조선의 독립을 즐거워하자. 왕위와 정부를 보호하자. 국민을 사랑하면서 국기를 높이 들자. 국가를 보호하자. 국가를 항상 생각하자. 국가의 평화와 편의를 위해 주저 없이 목숨을 아끼지 않고 희생하

영은문을 헐고 지은 독립문

자."_{1896. 4. 11}

〈독립신문〉은 근대 민족주의를 각성시켰다. 영은문을 철거하고 독립문을 설치하는 캠페인을 벌였다. 조선이 청나라의 속방이 아니라 독립국임을 선포하는 것이다. 중화에 매달려 살던 조선사람의 의식에 독립정신을 불어 넣어 준 것이다.

이 건립기금을 위해 왕실에서 서민까지 6천 원을 모았다. 〈독립신문〉은 조선을 대한제국으로 개칭하는 캠페인, 애국가 만들기, 국사연구 등민족을 자각시키는 운동을 벌였다.

서재필은 한글을 언문이라고 부르지 말고 국문, 국어라고 부르는 운동을 펼쳤다. 『대동역사大東歷史』편찬을 뒤에서 도왔다. 중국을 더 이상중화라고 칭하지 않았다. 외국이 부르는 것과 똑같이 '지나China'로 표기했다.

그는 외국의 침략으로부터 나라를 지키는 일은 스스로 강해지는 수밖에 없다고 했다. 외국의 힘을 빌려 독립을 유지하려는 것은 어리석은생각이라고 했다. 자강自强의 길 밖에는 없다고 했다.

"남의 나라 권리를 빼앗기 좋아하는 나라도 많이 있는지라… 한 두번 빼앗아 본 사람과 나라는 언제든지 욕심이 점점 자라 그칠 날이 없는지라. 이런 무리한 일을 못하게 하는 방책은 암만 저 사람이 빼앗으려 하더라도 내가 빼앗기지 아니하면 그 사람이 무리한 일을 못하는 법이라. 도적의 당과 도적의 병장기를 헤아려 도적의 무리보다 내가 무리를 더 많이 만들고, 도적의 병장기보다 더 편리한 병장기를 준비하여 두어야 도적이 오더라도 방어할 터이요, 도적도 그 집에 이로운 병장기가 많고 사람이 많이 있는 줄 알면 가지 아니할 터이라."_{1897. 8.12.}

또 애국심과 민족의식을 고양하기 위해서는 나라 역사를 공부하고 배워야한다고 가르쳤다.

"우리 역사를 자세히 모르는 고로 대한 사람이 스스로 업수이 여겨 대한사람 가지고는 중흥하는 사업을 못할 줄 알되, 우리 역사를 알면 우리도 영특하고 굉장한 인물들이 없는 것이 아니라…. 대한 역사에 유명한 충신인 충무공 이순신, 조중봉, 임경업의 업적을 배워 당나라 명나라 장상보다 더 공경하고 본받게 하는 것이 마땅하니라."1898. 3. 8

서재필과 정체성

민주주의에 대해

민주주의 사상의 발전은 민족주의 발전과 연관되어 있다. 전제 군주 하에서 중하층의 일반 백성은 나라를 자기 나라로 생각하지 않는 것이 보통이다. 그 나라가 자기 나라라는 일체감이 없는 것이다. 그러나 시민이 되어 나라 일에 직접 참여하게 되면 바로 '나의 나라'라는 인식이 생겨나게 된다. 그래서 민주주의 운동은 단지 정치제도의 문제가 아니라 민족의 자각 운동과 직접적인 연관이 있는 것이다.

인권이 보장되고 참정권이 확보되어 전제 군주의 신민으로부터 근대적 시민으로 다시 태어나면, 그 속에서 나라가 무엇이라는 의식이 생겨나고 나라사랑하는 마음이 생긴다. 즉 정체성이 생긴다. 인권운동과 민주주의는 '나'라는 개인의식을 싹트게 만들고, 이것이 민족주의를 통해 '우리'라는 개념과 함께 어우러질 때 온전한 국민이 탄생하게 된다. 애국심은 시민의식과 직접 연결되는 것이다.

〈독립신문〉은 민중을 온전한 시민으로 만들기 위해 민권운동을 벌였으며, 국민 참정권을 위해 독립협회와 함께 의회원을 설립하는 운동을 벌였다. 1898년 정부와 독립협회 합의하에 중추원을 의회원으로 바꾸기로 황제의 결의를 선포했으나 수구세력의 반발로 불발로 그쳤다. 당시 친 러시아 수구세력은 이 운동을 개혁파들이 박영효를 대통령으로 만들기 위한 것이라고 헛소문을 퍼트렸다. 그로 인해 독립협회는 해체되었다.

서재필은 입헌대의제 정부에 대한 긴 사설을 썼다. 1898. 4. 30 그 내용을 요약하면 ▲의회와 행정부를 엄격히 분리하고 ▲의회가 설립되면 학문과 지혜와 좋은 생각이 있는 이들이 의원으로 선출되어 좋은 정책과 법률이 만들어지고 ▲찬성과 반대라는 의론이 있은 후에 결정되니 황제의 수고가 덜어지고, 황제의 총명을 어지럽게 하는 전제군주의 폐해가 없어지며 ▲찬반 토론을 거치므로 국민 여론이 충분히 반영된다고 말하고 있다.

초기의 이러한 운동은 그 자체의 모순을 안고 있었다. 황제와 시민의 관계 설정이 문제였다. 서재필은 황제체제를 보호했다. 당시 황제라는 존재가 나라를 상징하고 있었다는 점에서 황제를 폐기한 공화주의로서 조선의 변화를 생각하지 못했다. 그는 입헌군주제 정도를 조선에서는 최선의 체제라고 상정했던 것 같다. 그것이 현실과 타협할 수 있는 마지노선이라고 생각했다. 그렇기 때문에 황제를 보호하자는 주장을 하고, 황제를 보호하는 것이 국가를 보호하는 것이라고 했다. 그는 거기서 한발 더 나아가 공화제를 주장하지 못함으로서 어정쩡해질 수밖에 없었다. 그러나 3.1운동 후 미국에서 독립운동을 벌이던 시절 그가 바라던 새나라의 정체는 공화주의였다.

근대화 정책

그는 나라를 근대화시키기 위한 구체적인 정책도 피력했다. 정부 예산제도에서부터 산림녹화까지 모든 분야를 섭렵하였다. 예산은 흑자예산을 편성하여 예산의 3분의 1만 인건비로 쓰고, 나머지 3분의 2는 근대화를 위해 써야 한다고 했다. 공업을 일으켜야 한다고 했다. 그는 산업별 인구 비율까지도 말했다. 농업이 50%, 상공업이 30%, 관리 및 자유업이 20%가 되도록 해야 한다고 말했다.

증기기관과 기계를 도입하여 방직공업, 철공업, 목재공업, 제지공업, 유리공업, 피혁공업 등 근대 공업을 일으켜야 한다고 했다. 한국에서도 산업혁명이 일어나야 한다고 말했다. 한국 사람이 돈을 모아 철도를 부설하고, 함께 돈을 모아 지하자원으로 광업을 발전시켜야 한다고 했다. 농업을 위해 농기구 개량, 품종 개량, 선진 농업기술 도입을 주장했다. 우리나라 해안에서 중국, 일본 어부들이 막대한 액수의 고기를 잡아가고, 동해에서는 러시아가 고래를 잡아 수출한다며 어업을 개발해 수출하여 국부를 쌓아야 한다고 주장했다.

우리 국토의 72%가 산이므로 이 산에 소나무만 심지 말고 참나무, 호두나무, 밤나무, 단풍나무, 피나무, 전나무를 심어 수출하자고 했다. 도량형을 통일하고, 금강산을 개발하여 관광으로 외화를 벌자고 했다.

1백 년 뒤 우리가 그대로 따라 한 것이 바로 조국 근대화, 산업화 아니 겠는가?

그는 수출의 중요성을 말했다. 이 역시 지금의 대한민국을 말해주고 있다. "지금 조선에서 쓰는 옷감의 3분의 2가 외국 것을 사 입고, 켜는 기름이 외국 기름이요 쓰는 성냥이 외국성냥이요…. 만일 인민이 물건을 제조하고 상무무역에 힘써 외국 사람과 세계 저자시장에서 겨루지 못하면 나라가 언제든지 가난할 터이요, 언제든지 약하여 외국 절제지배를 받을 터이요"1897. 8. 7라고 말했다. 그가 강조한 수출은 대한민국에서 성취되어 세계7위의 무역국이 되었다.

다시 조국을
떠나다

〈독립신문〉과 독립협회가 민중을 일깨우는 일에 성공할 기미가 보이자 사방에서 이를 훼방하기 시작했다. 우선 한국을 침탈하려는 러시아와 일본의 훼방이 심했다. 러시아는 부산의 절영도영도를 남하정책의 일환으로 조차租借하려다가 독립협회가 상소를 올려 반대하여 실패로 돌아갔다. 러시아는 이 절영도에 자기 나라 군함들의 연료인 석탄 보급기지를 만들 계획이었다. 일본도 표면적으로는 독립협회에 우호적인 척하면서, 조선 침략 시 독립협회와 서재필이 가장 두려운 세력이 될 것으로 보고 미국정부에 서재필을 소환하라고 공작했다.

어찌 외국세력 뿐이겠는가. 나라 안에는 외국세력과 붙어 자신들의 영달을 노리는 세력이 항상 있게 마련이다. 당시 이 땅의 엘리트라는 사람들은 친일파, 친미파, 친러파, 친중파로 갈갈이 찢어져 그들에게 붙어 자신의 권력과 부귀를 누리려 하였다. 친러파 대신 조병식趙秉式은 1년 전부터 미국공사 알렌에게 서재필을 추방하려고 교섭하였다. 서재필의 말을 들어보자.

"나는 친러, 친일 할 것 없이 두 편의 정당을 모두 매도하였다. 그 까닭은 그 두 편이 너나없이 외적 세력의 괴뢰 노릇을 하기 때문이었다. 조선의 민리민복만을 위하여 일하고 남의 굿에 놀지 않음이 조선 위정자의 의무라고 역설했다. 이런 종류의 설교가 효과를 내기 시작했다. 서대문밖 독립관에서 내가 연설할 때는 청중이 구름 같이 모여들었다. 이 민중이 각성되어 가는 것을 보고 황제와 고루한 신하들과 각국의 사신들이 놀랐다. 사교적으로는 그네들과 별 충돌이 없었으나 정치적으로는 모두 나를 증오하였다… 어느 날 미국공사가 신변에 위해가 미치기 전에 미국으로 다시 돌아가라고 권하였다… 얼마동안 계속하여 보다가 '내가 씨를 뿌렸은즉 내가 떠난 뒤라도 거둘 이가 있으리라'는 생각을 품고 다시 미국으로 건너가기로 했다."

서재필은 주변의 압력으로 1898년 5월 14일 다시 미국으로 출국하게 된다. 서재필은 독립협회 간부들의 눈물의 환송을 받으며 인천을 떠났다. 그는 조선에 새 바람을 몰고 와 조선민족을 깨우고, 아무 대가도 못 받은 채 조국을 떠났다.

황제를 둘러싼 기득권 세력의 반발을 이기지 못하고 그의 개혁운동은 끝나고 말았다. 그는 미국으로 돌아간 뒤에도 나라의 독립과 개혁의 꿈을 버리지 않았다. 한국에서 3.1운동이 일어나자 미국에서 이를 지지하기 위한 한인연합대회를 열었다. 그는 대회 마지막 날에는 미국 독립선언문이 발표되고 헌법이 서명되었던 필라델피아 독립기념관에서 회의를 열었다. 미국이 영국에서 독립한 것 같이 한국도 일본으로부터 독립할 것을 다짐하기 위해서였다. 그는 앞으로 세워질 새나라 한국에서는 민주공화주의를 채택해야 한다는 확실한 좌표를 제시했다.

이런 그를 역사적으로 어떻게 평가하는 것이 올바른 역사관일까? 좌파에서는 그를 숭미주의자라고 한다. 그가 미국생활에서 얻은 지식으로 자연히 그의 개혁 모델은 미국으로 기울어질 수밖에 없었다. 그렇다면 그에게 친미, 숭미라는 딱지를 붙이기 전에 과연 그의 생각이 틀린 것이었느냐고 우리 스스로 자문해봐야 한다. 당시 조선의 엘리트로서 미국은 그가 알고 경험한 나라 중 본받을 모델 국가라고 생각했음은 너무나 당연하다. 그 미국을 모델로 조선을 바꾸어보려고 한 노력을 친미나 숭미의 딱지로 매도할 수는 없는 것이다.

북한의 김용일은 서재필과 윤치호을 한데 묶어 숭미 사대주의이자, 친미 매족분자로 비판했다. 그 근거로 그는 서재필이 "세계에서 제일 불쌍하고 더러운 백성은 조선 백성"이라고 했다는 점을 들었다. 또 〈독립신문〉 1896년 11월 14일자 영문판에 "서양 문명이 출현한 나라마다 완전히 변했다. 우리는 서양문명이 아시아 대륙 방방곡곡에 퍼지는 날이 다가오기를 바라며 그 문명이 인류 복지를 위해 온 지구 땅을 이용하기 바란다"는 구절을 예로 들었다. 그러나 그 시대로 돌아가 보면, 서재필이 그러한 눈을 가진 것은 너무 자연스러운 일이 아니었겠는가?

4장
우남雩南 이승만

건국 대통령 이승만은 참으로 파란만장한 생애를 살다간 위대한 한국인이었다.

반드시 재평가
이뤄져야

이승만李承晩처럼 대한민국 현대사에서 합당한 평가를 받지 못하는 사람도 드물 것이다. 그로 말미암아 대한민국은 태어났고, 그로 인해 대한민국은 공산화가 안 되었다. 그는 대한민국의 터전을 닦은 인물 중 한 사람이고, 그 터전 위에 대한민국을 세운 사람이다.

그가 역사에서 제몫의 평가를 받지 못하는 이유는 두 가지일 것이다. 첫째, 그가 말년에 영구집권을 시도했다가 4. 19혁명으로 권좌에서 물러남으로서 인생 마무리를 잘못한 지도자였기 때문이다. 이런 비판은 받아 마땅한 면이 있다. 두 번째는 그에 대한 알 수 없는 미움과 비판이다.

첫 번째 독재 부분에 대해서는 비판을 하더라도 그가 일생 동안 나라를 위해 몸을 바친 업적만은 마땅히 평가를 받아야 하는데도, 독재라는 이유 때문에 나머지 모든 업적도 폐기해버리려는 시도들이 꾸준히 있어 왔다는 점이다. 이것은 우리가 분명히 짚고 넘어가야 할 대목이다. 그를 비판하는 사람들의 대부분은 독재라는 점보다는 그가 대한민국을 세웠다는 것을 더 밉게 여기는 사람들이 많은 것 같다.

물론 이런 사람들의 명분은 통일국가를 세워야했다는 것이다. 그러나 통일국가로 만들 수 없는 여건인데 통일국가를 주장하는 것은 불가능한 일을 이루지 못했다고 비판하는 것이다. 그래서 그 비판은 정당하지 못하다. 조심스런 얘기지만 그런 사람들의 마음속에는 대한민국 말고 다른 나라가 태어났어야 한다는 전제가 깔려 있는 게 아닐까? 말하기 좋아 중립적 국가를 만들었으면 통일을 할 수 있었다고 한다.

아시아 대륙이 대한민국 말고는 모두 공산화 돼버린 시점에서, 붉은 대륙에 달랑 붙은 내장의 맹장처럼 남쪽만 흰색이었던 그 상황에서, 우리가 자유체제를 못 지키고 중립적 체제를 가졌다면 그 중립체제가 제대로 유지될 수 있었겠는가? 그것은 공산주의 대對 자유주의의 싸움이었다. 이 본질을 명확히 인식하지 못하면 우리는 역사를 제대로 볼 줄 아는 안목을 가졌다고 말할 수 없다. 따라서 이승만에 대해서 잘못은 잘못이라고 말하고, 그가 이룩한 업적은 업적대로 평가해주는 재평가 작업이 있어야 한다.

이승만의 생애

이승만은 양녕대군讓寧大君 17대 손으로, 족보상 조선 왕족의 말미쯤에 위치한 사람이어서 사실 조선의 수구성을 그대로 물려받을 뻔했던 인물이다. 그는 당시 양반들처럼 과거시험을 보아 출세하고자 했다. 만일 그가 그 길을 걸었다면 오늘의 대한민국이 있을 수 있었을까? 그는 과거科擧에 몇 차례 떨어졌다. 동학농민운동이 벌어지고 청일전쟁이 일어나면서 조정은 갑오개혁으로 과거제도를 폐지했다. 그는 모든 꿈이 사라지는 것 같았다. 그러나 그에게는 또 다른 길이 열리고 있었다.

어릴 때 그는 안질眼疾에 걸려 실명할 위기에서 양의洋醫를 찾아감으로서 서양의 의술을 접하게 됐다. 로버트 올리버Robert T. Oliver의 이승만 전기『이승만: 신화에 가린 인물』에 나오는 일화 한 토막.

이승만이 아홉 살 되던 해 전국을 천연두가 휩쓸었다. 이 때 이승만은 눈병이 나서 시력을 잃을지 모를 불상사가 생겼다. 그의 부모는 6대 독자가 맹인이 될까 노심초사하여 백방으로 한의원을 찾아다녔으나 소용이 없었다. 그 때 양의가 처음으로 한국에 올 무렵이었다. 당시는 미개하여 서양 귀신이 아이들을 잡아간다는 소문이 무성했다.

어머니는 최후의 수단으로 양의를 찾아갔다. 물약을 얻어 눈에 넣던 중 사흘 만에 이승만의 눈에 부엌에서 일하는 어머니가 어렴풋이 보였다. 이승만이 "어머니가 보여요" 하고 외쳤다. 이승만의 어머니는 감사하는 마음에서 계란 한 줄을 들고 그 양의를 찾아갔다. 양의는 받지 않고 "당신 아들에게 먹이시오"라며 돌려보냈다.

그것이 그로 하여금 서양 문물과 문화가 무엇이라는 것을 깨우치게 해주었고, 늦은 19세의 나이에 배재학당을 찾게 만들었다. 배재학당은 서재필이 미국에서 귀국하여 교편생활을 한 곳이었다. 서재필의 〈독립신문〉, 독립협회, 그리고 만민공동회가 바로 배재학당에서 이승만과 연결되는 것이다.

이승만은 이곳을 통해 서양사상을 처음 접하게 된다. 그는 미국의 독립전쟁, 프랑스혁명, 영국의 민주주의에 대해 알게 되고 토마스 제퍼슨Thomas Jefferson, 에머슨Ralph Waldo Emerson, 존 로크John Locke 등 사상가의 책을 읽게 된다. 그 당시 배재학당은 '조선 근대화를 발효시키는 이스트' 같은 존재였다. 그는 세계가 넓고 조선은 우물 안 개구리였다는 것을 알게 됐다.

이승만은 "내가 배재학당에 가기로 한 것은 단지 영어를 배우기 위해서였다. 그러나 그곳에서 영어보다 훨씬 더 중요한 것을 배웠는데 그것은 정치적 자유에 대한 사상이었다. 기독교 국가 시민들은 그들의 통치자들의 억압으로부터 법적으로 보호를 받고 있다는 사실을 생전에 처음 들은 나의 가슴에 어떠한 변화가 있었는지 상상할 수 있을 것이다. 우리가 이런 정치원리를 채택할 수만 있다면 고통에 처한 동포들에게는 대단한 축복이 될 것이다"라고 말했다.

이승만은 두각을 나타냈다. 졸업식 때는 「한국의 독립」이라는 제목으로 영어 연설을 하여 큰 박수를 받았다. 그의 연설은 서재필이 발행하는 〈독립신문〉 영문판에 크게 보도됐다. 이런 인연으로 그는 졸업 후 독립협회에 가담하게 되고, 독립협회가 이끄는 토론회에 연사로 참가했다. 〈독립신문〉은 통상회로 불리는 이 토론회를 잡보란雜報欄에 공고했다. 그 토론회의 소개를 보자.

"돌아오는 토요일 통상회에서 토론할 문제는 '신信과 의義를 튼튼히 지키는 것은 나라를 다스리는 데와 외국을 사귀는데 제일 긴요함'으로 결정하고 토론자로 이승만과 장태환, 그리고 이상재와 방한덕 네 사람으로 선정했다…. 긴요하고 재미있는 말이 많을 터이니 관민 간에 모두 가서 들으시오." 1898. 11. 29

이와 함께 독립협회는 요즘 식의 대중 정치집회인 만민공동회를 소집했다. 최초의 만민공동회는 서울 백목전 다락 앞에서 1만 명이 모였는데, 이름 없는 나무꾼과 콩나물장수, 병사, 기생, 신기료 장수, 승려 등 말 그대로 각계각층이 모였다. 이슈는 앞서 이야기한 러시아의 절영도 조차문제였다.

아관파천俄館播遷 이후 조정은 러시아 세력이 좌지우지 할 때였다. 러시아는 그들의 남하정책을 뒷받침하기 위해 절영도를 군함 연료인 석탄 공급기지로 만들고자 했다. 이 만민공동회 때도 이승만은 연사로 참여했다. 이를 계기로 대대적인 대규모 시위가 일어나 러시아는 결국 이를 포기하고 요동반도로 해군기지를 옮기기로 했다.

만민공동회는 관민공동회로 발전되어 의회 설립까지 이어지게 된다. 일단 중추원을 의회원으로 바꾸어 의관의원을 선출키로 했다. 민간 쪽 의관은 독립협회가 추천키로 했는데, 이승만이 이 의관 중 한 명으로 선출됐다. 의회원은 결국 불발로 끝나고 말았지만, 그는 한국 최초의 국회의원이 될 뻔 했던 것이다.

개혁의 힘이 밀어붙이면 당연히 저항의 힘도 나오게 되어 있다. 당시 집권 수구세력은 독립협회가 황제를 폐위시켜 공화국을 만들려한다고 모함하여 독립협회 해체와 간부 체포령이 내려졌다. 시민들은 다시 모여 독립협회 복원, 간부 석방을 요구하며 철야 투쟁을 하였다.

수구파의 지원세력인 황국협회는 보부상 2천 명을 동원하여 군중을 강제 해산시켰다. 마치 4.19 때 깡패를 동원하여 데모 학생들을 해산시킨 것과 비슷하다. 이미 지도자로 부상한 이승만은 해산명령을 거부하고 계속 대중운동을 벌임으로서 체포당하게 된다. 그는 다른 동료와 탈옥을 시도했다가 다시 붙잡혔다. 그 동료는 처형되고 이승만은 살았다. 그는 이것을 하나님의 섭리로 받아들였다.

그는 상상할 수 없는 고문을 받았고, 차라리 죽는 것이 낫다는 생각까지 하게 됐다. 고문이 얼마나 심했던지 그것이 트라우마가 되어 그는 죽을 때 까지 손을 호호 부는 습관이 생겼다. 하도 고문을 심하게 받아 글씨를 쓸 수 없을 지경이 되어 글을 쓸 때는 먼저 호호 하고 손을 불었기 때문이다. 그가 사형언도를 받을 것으로 모두 생각했다. 그러나 무슨 연유에서인지 그는 태형 1백 대와 종신징역으로 사형을 면했다.

그가 왕족의 일원인 점이 감안되었다고도 하고, 선교사들의 청탁 때문이라고도 했다. 근 6년이라는 감옥 생활에서 그는 새로운 자기 세계를 만들었다. 감옥은 그에게 고통을 주었으나 동시에 그를 숙성시켰다. 감옥은 그에게 학교가 되고 도서관이 되었다. 그는 선교사들이 넣어주는 미국의 정기 간행물『The Outlook』,『Independent』를 읽고 세계사상에 대해 섭렵했다. 그가 읽은 책은 기독교 서적이 주로 많았고 역사, 법률, 외교 시사, 문학 등 전방위였다. – 유영익,『젊은 날의 이승만』

특히 그가 읽고 또 읽은 책은 신약성서와 존 번연John Bunyan 의『천로역정天路歷程』이었다고 한다. 그는 감옥 시절 소위 영어 몰입교육을 했다. 영어사전을 다 외우다시피 했다. 감옥에서 그는 한국 최초로 한영사전을 집필했다. 이 사전은 끝내 완성을 보지 못했지만 지금도 그 초고가 그대로 보존되고 있다.

감옥은 그에게 많은 사람들과 사귈 수 있는 기회를 만들어주었다. 감옥에는 독립협회 간부 등 개혁을 꿈꾸는 사람들 수십 명이 함께 수감되어 있었다. 이상재李商在, 이준李儁, 양기탁梁起鐸 등 우리에게 친숙한 이들이 이승만과 함께 감옥에서 보냈다. 우리는 고난이 축복이라는 사실을 이승만의 생애를 통해서도 분명하게 알 수 있다. 감옥은 현재로 볼 때는 고난이요 고통이지만, 결국 그 고난은 나중에 보면 축복이었다는 것을 깨닫게 되는 것이다. 젊은 시절 이러한 감옥 생활의 단련이 없었

감방 동료들과 기념촬영했다. 왼쪽 세 번째가 이승만

다면 이승만이라는 인물은 탄생할 수 없었을 것이다.

이승만은 감옥에서 비로소 기독교 신앙을 갖게 된다. 물론 그는 배재학당에서 선교사를 통해 기독교를 배웠다. 그러나 영혼의 구제보다 나라의 구제가 더 절박했던 그로서는 신앙에 대해 그리 심각하게 생각하지 않았다. 하지만 죽음의 공포와 고문의 두려움 앞에서 그는 신앙을 갖게 되었다.

그는 어느 날 배재학당 시절 선교사의 설교가 귀에 들리는 듯했다. "하나님, 내 나라와 내 영혼을 구하옵소서"라는 기도가 저절로 나왔다. 마음 깊숙한 곳에서 평안이 찾아왔다. 지금까지 느껴보지 못한 평화가 그 마음속에서부터 흘러넘치는 것을 깨닫게 되었다. 그는 신앙을 갖게 된 것이다. 이차돈異次頓이 불교를 위해 목숨을 바칠 수 있었던 것도 바로 이런 마음 상태였는지 모른다. 이것이 바로 신앙의 힘이다.

이때부터 이승만은 성경을 열심히 읽었다. 그가 소리를 내어 성경을 읽을 때 같이 어려움을 겪던 동료 죄수들도 주의 깊게 들었다. 그는 성경을 가르치기 시작했다. 그 시간이 되면 죄수들은 물론 감옥의 간수까지 와서 들었다는 일화가 있다. 감옥 안에서 40여명을 개종시켰다. 그는 평생 기독교 정신을 소중하게 생각했다. 서양문화는 곧 기독교 정신으로부터 이어져온 것임을 알게 됐다. 그는『독립정신』말미에 "기독교를 근원으로 삼아 우리나라를 영국과 미국에 동등한 수준에 이르도록 최선을 다해야한다"고 말하고 있다.

그가 세우고자 했던 나라는 '기독교 민주국가'였다. 그는 죽는 날까지 신앙생활을 했다. 경무대에서 노부부가 잠자리에 들기 전 서로 성경 구절을 읽어 주는 것을 습관으로 삼았다. 그가 워싱턴D.C.에 살면서 다녔던 파운드리 감리교회의 브라운 해리스Frederic Brown Harris 목사는 "내가 알고 지낸 가장 풍류가 있는 진정한 크리스천"이라고 평했다. 그가 즐겨 읽던 성경은 마태복음이었는데, 특히 좋아하는 구절은 "내가 세상에 화평을 주러 온 것이 아니요 검劍을 주러 왔노라." "누구든지 제 목숨을 구하고자 하면 잃을 것이요." "모래 위에 지은 집은 서있지 못하리니." 등이었다고 한다. 로버트 올리버, 한준석 옮김『이승만의 대미투쟁』

제헌국회가 기도로 시작한 것은 바로 그의 그러한 신앙심 때문이었을 것이다. 당시 국회의원 가운데 기독교인이 10%도 안 되는 상황에서 의장인 이승만은 "대한민국 독립 민주국 1차 회의를 열게 된 것을 우리가 하나님께 감사해야 할 것입니다. 종교, 사상을 무엇을 가지고 있든지 누구나 오늘을 당해 사람의 힘으로 된 것이라 자랑할 수 없으니 하나님께 감사를 드리지 않을 수 없다”고 했다.

그가 감옥에 있는 동안 러일전쟁이 터졌다. 청일전쟁 후 10년 만에 한반도가 다시 한 번 요동치고 있었다. 그는 답답했다. 감옥 안에서 틈틈이 전에 활동했던 〈제국신문〉에 기고를 할 수는 있었지만, 그에게는 이 민족을 깨우치지 않으면 안 된다는 절박감이 생겨났다.

옥중에서
『독립정신』을 집필하다

이승만은 러일전쟁이 발발한 직후부터 『독립정신』을 집필하기 시작했다. 본문 47장으로 된 이 책은 조선에서 햇빛을 보지 못하고, 1910년 미국에서 발행된다. 그는 국가의 독립을 강조했다. 국민이 중요함을 깨우쳤다. 나라가 부강해져야 함을 강조했다. 교육의 중요성을 가르쳤다.

그는 국민 개개인의 책임을 역설하는 자유주의적인 생각과, 나라의 존재는 국민을 위한 것이라는 주권재민의 사상을 가르쳤다. 미국 정치사상의 핵심이 되는 독립선언문을 그대로 인용하기도 했다. 그는 조선도 민주국가가 될 것으로 확신했다.

“우리는 온 힘을 합쳐 우리나라를 부강하고 개명한 나라로 만들어야 한다. 우리 마음속에 독립을 간직해야 한다. 각자의 노력은 튼튼한 국

옥중에서 집필한 『독립정신』의 표지

가를 이루는 씨앗이다." "통치자가 아무리 현명해도 백성의 도움 없이
다스리는 일은 불가능하다. 그러므로 백성의 책임은 막중한 것이다."
"백성들이 함께 협력하지 않는 가장 큰 원인은 이 나라가 누구의 나라
인지 인식하지 못하기 때문이다. 사람들은 흔히 나라를 위한 일을 남을
위하는 일로 생각한다. 집에 불이 났는데 남들이야 돕든 말든 당장 달려
들어 불을 끄고, 가재도구 한 가지라도 더 구하는 것이 낫지 않겠느냐."

그는 미국 독립선언문을 인용했다.

"모든 사람은 평등하게 태어났으며 조물주는 몇 개의 양도할 수 없는 권리를 각자에게 부여했다. 그 권리 중 생명과 자유와 행복추구가 있다. 정부의 권력은 인민 동의로부터 나온다. 어떤 정부든 이 목적을 파괴할 때 정부를 변혁, 폐지할 수 있다. 새로운 정부를 만드는 것은 인민의 권리이다."

전제왕조 조선에서는 벼락같은 말이었다. 그는 국민 각자의 역할을 강조했다.

"이 나라에 사는 것은 사나운 바다를 건너는 배를 타고 있는 것과 마찬가지다. 어떻게 조국에서 일어나는 일에 무관심하고 그런 일들은 나라의 고관들이나 신경 쓸 문제라고 하겠는가…. 통치자가 아무리 현명해도 백성의 도움 없이는 다스리는 일이 불가능하다. 그러므로 백성의 책임은 막중한 것이다."

흡사 요즘의 우리에게 외치는 소리 같다. 그는 전제정치를 미워했다.

"전제정치는 백성의 마음을 압제로 결박하여 시비곡직을 드러내어 말하지 못하게 하며…. 백성은 나라 일에 상관없다 하매 백성이 나라를 남의 것으로 알아 보호코자 아니하매, 남이 와서 몇몇 집권한 이를 뇌물로 꼬이거나 위력으로 장악해 잡으면, 모든 백성을 총 한 방을 아니 놓아도 스스로 딸려 들어올지니 전제국의 위태한 근본이라."

그는 독립정신 실천 6대 강령을 제시했다. 이 강령은 지금 우리에게 적용해도 전혀 어색하지 않다. 1백 년이라는 세월의 차이가 전혀 느껴지지 않는다. 그렇다면 이 강령의 정신이 우리의 정체성으로 체화된 것이라 말할 수 있지 않을까?

첫째로 "세계와 마땅히 통하여야 할 줄로 알 것"이라고 했다. 우리는 세계에 대해 개방해야 한다. 세계와 교류해야 한다. 통상은 서로에게 이익이 된다. 통상은 나라를 부강하게 하는 근본이라는 것이다. 이는 지금 우리나라가 걷고 있는 길이다. 우리는 통상을 통해 세계 10대 무역국이 되었다. 수출로 먹고 사는 나라가 되었다. 개방은 우리의 정체성이 되었다. 반면 북한은 마치 조선 말기처럼 폐쇄의 길을 걸었다. 조선이 그런 폐쇄 때문에 망했듯이 북한 역시 고립함으로서 스스로 무너지는 길로 갈 수밖에 없다.

둘째는 "새 법으로써 각각 몸과 집안과 나라를 보전하는 근본을 삼을 것"이라고 했다. 그가 말하는 새 법이란 근대국가의 기본 원리인 경쟁의 원리였다. 그는 경쟁은 발전의 동력인 점을 분명히 깨달았다.

"경쟁이라는 것은 다른 사람과 겨룬다는 뜻으로, 한걸음이라도 남보다 앞서고자 하며 남보다 먼저 얻으려는 것이다. 공부를 하거나 장사를 할 때도 경쟁에서 이기려는 마음이 없다면 성공할 수 없다. 지금 세상에서 어떤 일이든 그러한 마음이 없으면 살아남을 수 없다."

우리는 언제부터인가 경쟁을 미워하며 경쟁 없는 나라가 마치 좋은 나라인 것처럼 말하는 풍조가 퍼졌다. 각 개인은 모두 제 나름의 장점을 갖고 있다. 1백 명의 사람이 모이면 1백 가지 장점이 나오는 것이다. 이 장점을 제각각 힘껏 계발하면 그것이 모여 공동체는 발전하게 된다. 이런 과정에서 서로간의 경쟁은 불가피하다.

물론 그 경쟁이 서로를 파괴하는 경쟁이 되면 안 된다. 서로 선의의 경쟁을 하여 능력을 최대화 시키는 것이다. 지금은 글로벌한 세상이다. 우리가 먹고 살 수 있는 길은 세계 시장에서 우리 상품이 경쟁을 하여 이겨야 한다. 경쟁 자체를 경원시한다면 우리는 세계에서 살아남을 수 없다.

그는 경쟁을 하려면 먼저 사실을 알고 사리에 맞아야 한다는 점을 강조했다. 경쟁심 자체를 찬양하기보다 먼저 실력과 명분이 있어야 한다. 그래서 신학문을 배워야 한다는 것이다. 우리는 문물을 배워 외국인과 대등하게 경쟁해야 한다.

"외국인들에게 당당하게 대응할 수 있다는 마음만으로 그들과 경쟁하는데 충분한 것이 아니다. 우리가 우리의 의지를 효과적으로 관철하기 위해서는 관련된 사실을 제대로 알고 있어야 한다. 그렇지 않으면 사리에 맞지 않는 것을 가지고 상대방에게 억지를 부리는데 그치고 말 것이다."

셋째는 "외교를 잘 할 줄 알아야 할지라"라고 했다. 강대국 사이에 위치한 나라는 국가를 보전하기 위해 외교가 중요하다. 그러기 위해서는 모든 나라를 공평하게 대해야 한다. 그는 우리가 청나라의 속국이 돼서도 안 되고, 고종처럼 러시아 대사관에 숨어 그들의 특별보호를 받아서도 안 된다고 믿었다.

그는 우리나라의 지정학적 약점을 잘 알고 있었다. 강대국에 둘러싸인 우리는 이웃나라들과 잘 지내야 하며, 그러기 위해서는 외교가 중요하다는 점을 깨닫고 있었다. 그가 외교를 통해 독립을 얻어야 한다는 신념을 가진 것도 바로 이런 소신 때문이었다.

대한민국을 세운 후에도 그는 한국의 지정학적 위치를 철저하게 인식하여 미국이 떠나지 못하도록 붙잡았다. 6.25전쟁 휴전 협상 때 그가 한미상호방위조약에 그토록 매달린 이유도 바로 여기에 있었다. 공산권인 중공, 소련에 둘러싸인 우리는 미국이 없이는 곧바로 공산화 될 수밖에 없는 위치였다. 미국이 철군했다면 우리는 어쩔 수 없이 공산화의 길로 갈 수밖에 없었다. 한미상호방위조약 덕분에 우리는 공산화가 안 되고 자유 민주국가를 유지할 수 있었다.

북한을 추종하는 좌파가 왜 유독 이승만을 미워하느냐? 그 핵심은 바로 이승만 때문에 이 나라가 공산화되지 않았기 때문이다. 그가 미국을 붙잡는 바람에 공산화를 못 시킨 것이다. 이승만만 없었다면 이 나라를 자기들 뜻대로 휘둘렀을 텐데, 그걸 막았기 때문에 미운 것이다.

넷째는 "국권을 중히 여길 것이라"고 했다. 국권은 나라의 주권이다. 그는 근대국가의 개념인 주권에 대해 눈을 떴다. 주권이 없는 나라는 독립이 없는 나라이기 때문이다. 외국에 치외법권을 허용하는 것을 수치로 알아야 한다. 국기를 존중하고 사랑해야 한다고 말했다. 국기를 사랑하는 것이 곧 애국심을 기르는 것이라고 했다.

"외국인들은 다른 나라를 여행한다거나 바다를 항해하다가 자기나라 국기를 보면 어린아이가 잃었던 부모를 만난 듯이 기뻐서 눈물을 흘린다. 사람들이 이처럼 국기를 사랑하기 때문에 국기로 대표되는 자기나라 백성과 영토와 재산을 보호하기 위해 수많은 사람들이 피를 흘리고 목숨까지 바친다."

그는 우리 조상들이 그런 것을 가르쳤다면 우리도 태극기를 사랑하게 되었을 것이라고 말했다. 그는 경제적 독립도 소중하게 생각했다. 그래서 외채를 빌리는 것을 삼가야 한다고 말했다. 백성이 국채를 사서 외국 돈 빌리는 것을 막아야한다고 했다.

"주권을 잘 보호하는 나라는 다른 나라에서 돈을 빌리지 않고, 높은 이자를 주더라도 자기 나라 백성으로부터 빌린다. 백성들 또한 나라 사정을 깨달아 국채를 사서 국가재정을 도와야 한다. 여러 사람이 힘을 합쳐 철도, 광산 등 경제에 이로운 기업도 경영하며, 학교와 병원도 설립해야 한다."

그가 강조한 이런 정신은 IMF사태 때 금 모으기 운동으로 이어져 내려왔다.

다섯째로 "의리를 중히 여길 것"을 강조했다. 여기서 의리라는 것은 나라에 대한 국민의 공적 의무를 말한 것이다. 그는 공공의 이익, 공동체와 나라의 소중함을 가르쳤다. "임금이 백성을 해치고 영토를 팔아넘기고 나라를 위태롭게 한다면 임금의 뜻에 순종하는 것이 나라를 위한 것이 아니다."

공적 의무를 소홀히 하면 안 된다. 공적의무에 해가 된다면 그게 바로 의리를 다하지 못한 것이다. 이를 실천하기 위해서는 용기가 필요하다고 했다. "태평스런 시대에는 충성스런 신하나 용기 있는 영웅이 나오지 않았다. 역사상 유명한 업적을 남긴 사람들도 특별한 재능을 타고 났기 때문이 아니라 기회가 왔을 때 놓치지 않고 확고한 결심을 가지고 노력했기 때문이다."

언제부터인가 우리에게 공공이라는 단어는 사라지고 있다. 공공보다는 사익, 집단이익, 지역주의 등이 더 기세를 부린다. 민주주의가 집단과 파당의 이익에 봉사하는 도구가 되면 그 민주주의는 공동체를 무너뜨리게 만든다.

여섯째로 "자유와 권리를 소중히 여길 지라"고 했다. 그는 자유를 강조했다. 두 가지 부류의 인간이 있다. 스스로 문제를 해결하는 사람과 다른 사람의 지배를 받거나 의지하는 사람이 있다. 자기 문제를 스스로 해결하는 자는 자신의 지혜와 손발을 이용하여 자립된 생활을 한다. 그렇지 못한 사람은 지혜도 개발하지 않고 기술도 배우지 않는 게으른 사람이다. 그런 사람은 다른 사람이 시키는 대로 하며 가난하게 사는 것을 부끄럽게 여기지 않는다.

"한 사람이 할 수 있는 것은 다른 사람도 할 수 있고, 남들이 하는 것은 나도 할 수 있다는 것을 명심해야 한다. 문명한 나라의 학교에는 '다른 사람이 하는 것은 나도 할 수 있다'고 써 붙여 놓고 학생들을 일깨운다. 다른 나라 사람들이 할 수 있는 것은 우리도 할 수 있다. 독립심을 가지고 지식과 기술을 배워 높은 사람들이 하는 것을 본받으려 한다면, 그들과 같은 지위를 얻게 될 것이다."

그는 다른 사람의 권리를 존중해야 한다고 가르쳤다. "나의 권리를 주장하고자 한다면 다른 사람에게 같은 권리를 허용해야 한다. 법 앞에서, 그리고 우리의 마음속에서 모두 평등하게 대하여 각자가 자립심을 가지고 각자의 일을 하는 국민이 되어야 한다."

나라나 개인이나 모든 기초는 자유이다. 우리가 자유 민주주의를 추구하는 것은 바로 그런 자유의 소중함을 알기 때문이다. 이 자유 속에는 사람의 소중함이 당연히 내포되고 있다. 그것이 바로 천부의 인권이다. 우리 각 사람은 소중하기 때문에 각자의 의견을 존중받는 것이다. 우리를 자유롭게 만드는 가장 기본의 정신은 우리가 평등하다는 것이다. 민주주의가 1인 1표를 신봉하는 것도 바로 어떤 사람이든 소중하다는 전제를 깔고 있는 것이다.

그러나 평등을 외치며 자유를 허물려는 사람들이 있다. 이런 사람들은 개인을 중요시하지 않고 사람을 계급의 한 구성원으로, 집단의 한

명으로 보는 경향이 있다. 우리는 계급의 한 사람, 집단의 일원이기 전에 소중한 존재이고 존엄성을 인정받는 귀한 존재이다. 그래서 민주주의가 좋다는 것이다.

평등을 주장하는 사람들은 그런 고귀한 인간보다는 경제적 동물로서의 인간, 집단구성원으로서의 인간만 생각한다. 인간의 존엄은 경제를, 집단을 뛰어넘는 것이다. 평등을 주장하다보면 기계적 평등을 주장하기 쉽다. 튀는 사람을 눌러 앉혀야 하고, 키가 큰 사람은 눌러 작게 만들어야 한다. 자연히 강제력이 따를 수밖에 없다. 평등을 외치는 사람들은 이런 강제력이 필요하기 때문에 자연적으로 큰 권력을 요구하게 되어 있다. 공산주의가 필연적으로 독재국가로 변할 수밖에 없는 이유이다.

이승만의 『독립정신』에 대해 그의 전기를 쓴 올리버 박사는 "이 책이 한국인들에게 기여한 것은 톰 페인Tom Paine이나 토마스 제퍼슨의 저술이 미국 독립에 기여한 것만큼 컸다"고 했다. 언론인 이한우李翰雨는 『우남 이승만 대한민국을 세우다』에서 김구金九의 『백범일지』는 국민의 필독서로 되어 있는데, 이승만의 『독립정신』이 외면당하는 현실을 아쉬워했다. 그가 독립운동을 할 때 그를 이끈 것이 이 책의 정신이었고, 대한민국을 세울 때의 정신도 이 책의 정신이었다. 대한민국의 정체성은 바로 이 책에서 나왔다고 해도 지나치지 않을 것이다.

5년 7개월의 감옥생활 끝에 1904년 8월, 그는 나이 서른에 감옥에서 나왔다. 조선은 그가 감옥에 들어갔던 1899년과는 다른 나라가 되어 있었다. 중국에서는 1900년 의화단 사건이 일어나 열강들이 출병하여 난을 진압했다. 러시아도 만주에 들어가 난이 진압된 뒤에도 철군

하지 않고 있었다. 조선의 지배를 놓고 러시아와 일본은 더욱 팽팽한 대결을 벌였다.

마침내 1904년 2월 10일, 일본의 뤼순에 대한 기습 공격으로 러일 전쟁이 시작되었다. 조선에서는 일본의 영향력이 다시 노골적으로 커지고 있었다. 5년 사이에 나라의 분위기도 바뀌었다. 독립협회 활동이 한창일 때는 그 기운이 나라를 바꿀 것 같았지만, 일본의 득세로 인해 이제는 일본에 붙으려는 사람들이 더 많아지고 있었다. 일진회 등 친일 단체들도 발족됐다.

이승만은 장래의 진로를 고민했다. 연동교회 제임스 게일James Gale 목사는 그에게 미국 유학을 권유했다. 감옥에서 나온 직후 이승만은 상동교회에서 운영하는 상동청년학원의 교장을 맡았다. 상동교회는 지금도 남대문시장 큰길 쪽에 있는데, 당시 상동교회 청년회는 민족운동의 요람지였다. 김구도 을사늑약이 체결된 11월, 이를 반대하는 구국기도회에 참석코자 황해도 청년 대표로 상동교회에 와서 기도회와 상소 투쟁에 참여했다.

이승만은 교장을 맡은 지 3개월 만에 미국으로 떠난다. 고종의 특사로 갔다는 얘기도 있으나 맞지 않는 것으로 보인다. 그는 자신을 감옥에 보낸 고종에 대한 원망과 분노가 있었다. 이승만은 당시 정부 고위층이던 한규설韓圭卨과 민영환閔泳煥이 주한 미국공사를 지낸 친한파 딘스모어Hugh A. Dinsmore 하원의원에게 보내는 서신을 가지고 미국행을 했다. 그들은 이승만을 동원해 미국을 설득할 방법을 모색했던 것이다.

당시 시어도어 루즈벨트Theodore Roosevelt 대통령의 외교노선은 이미 친일로 바뀌고 있었다. 일본이 미국의 필리핀 권리를 인정하는 대신 미국은 일본의 한국에 대한 권리를 인정하는 가쓰라-테프트 조약이 무르익고 있었다. 따라서 미국을 후원자로 삼고자 한 그의 밀사 임무는 애당초 성공하기 어려웠다. 이승만은 밀서를 딘스모어 의원에게 전달했고, 그는 존 헤이John Hay 국무장관 면담을 주선했다. 헤이는 "미국과 조선 사이에 맺은 조약상의 의무를 다하기 위해 최선을 다 하겠다"고 답변했다.

이 때 미국은 뉴햄프셔의 포츠머스에서 러일전쟁의 중재를 시작하여 한국의 독립의 기회가 오지 않나 하는 기대들이 교민 사이에 퍼졌다. 이승만은 하와이의 윤병구 목사와 함께 독립을 청원하러 루즈벨트 대통령을 만났다. 그의 답변은 "청원서를 공식 채널을 통해 접수하라"는 말뿐이었다.

미국은 이미 일본과 가쓰라-테프트 조약을 비밀리 맺은 뒤였던 것이다. 청원서는 이미 일본에 협조하던 워싱턴 주재 한국공사가 "본국의 훈령 없이는 협조할 수 없다"고 거부하는 바람에 접수조차 하지 못한 채 흐지부지되고 말았다. 이승만은 마침 공사관에서 마주친 공사의 자녀들을 향해 "지금 네 아버지는 너희들이 누릴 자유를 팔아먹고 있다. 너희들은 아버지 때문에 노예가 될 것이다. 네 아버지는 조국을 배반하고 너희들을 포함해 모든 민족을 배반하고 있는 것이다"고 절규했다.

이 광경을 상상해 보면 당시의 지배층과 독립을 원했던 선각자들의 각각 다른 마음자세를 살펴볼 수 있다. 워싱턴에서 국제정치가 돌아가는 판을 읽고 읽던 워싱턴 공사는 일본이라는 나라가 엄청나게 커 보였을 것이다. 그들에게 협조함으로서 일생이 편안할 수 있다고 느꼈을지 모른다. 실제 그는 일본의 조선통치에 공헌했다는 이유로 조선총독부 중추원 참의까지 지냈다.

이승만의 말처럼 특히 집권 엘리트층에 그런 사람들이 많았던 탓으로 우리는 나라를 빼앗긴 것이다. 물론 그가 청원서를 국무부에 보냈다 해도 나라 운명이 달라지지 않았을지 모른다. 그렇지만 지배층이 나라를 지키려고 조금이라도 애를 썼다면 상황은 달라졌을 수 있다. 나의 안일, 내 가족의 안전만을 생각하여 선택한 길이 결국은 나라를 잃게 만든다는 사실을 적어도 엘리트들은 명심해야 한다. 나라를 운영하는 사람들의 책임이 그래서 큰 것이다.

이승만의 또 하나의 목적은 유학이었다. 1905년 조지 워싱턴대학 2학년에 편입하여 1907년 졸업한 이승만은 하버드대학 석사과정에 입학하였다. 그는 미국을 설득하면 독립을 얻을 수 있다고 믿었다. 소위 외교를 통한 독립이다. 때문에 그는 무장투쟁이나 일본 요인 암살 등을 통한 저항을 달가워하지 않았다. 그런 방법은 오히려 미국인들에게 좋지 않은 인상만 준다고 믿었다. 당시 대한제국 외교고문이던 친일인사 스티븐스Durham W. Stevens가 샌프란시스코에서 장인환張仁煥과 전명운田明雲에게 암살당하는 사건이 일어났는데, 이승만은 이들의 재판의 통역을 거부하였다. 이 때문에 이승만은 오해를 사기도 했다.

1908년 그는 프린스턴대학의 박사과정에 입학하여 총장인 우드로 윌슨Thomas Woodrow Wilson 가족과 가까워질 기회를 얻었다. 이승만은 1910년 윌슨 총장으로부터 박사학위를 수여 받았다. 그의 박사학위 논문은 「미국의 영향을 받은 중립」Neutrality As Influenced by The U. S.으로, 해상무역의 중립성에 관한 논문이었다. 그는 만국공법, 소위 국제법에 관심을 가졌다. 조선이 일본에 침탈당하는 사태가 벌어진 것도 바로 만국

프린스턴대학에서 박사학위를 받은 뒤 찍은 사진

공법에 어긋난 짓이라는 생각이었다. 안중근 역시 이토 히로부미의 죄상 15개 조목을 들면서 그중 하나가 만국공법을 어겼다고 주장한 것을 보면, 우리 선각자들은 처음 접하여 알게 된 국제법에 대한 믿음이 컸던 것 같다.

　제국주의가 판을 치던 시절, 이에 대한 반발로 국제정치도 국제법에 따라 움직인다면 국제평화가 유지된다는 이상주의가 태동하고 있었다. 윌슨의 민족자결주의 주창, 국제연맹 구상 등이 이런 사상에서 나온 것이다. 미국을 중심으로 하는 이 사상은 국제연맹, 국제연합을 탄생케 만들었다. 하지만 당시 국제정치의 현실은 힘에 의해 지배됐고, 우리의 선각자들은 이 사실을 간과하고 있었던 것이리라.

이승만이 박사 학위를 받은 1910년, 우리는 나라를 일본에 빼앗기고 말았다. 미국에 머물러도 여러 기회가 있을 수 있었으나 그는 일본의 탄압을 예상하면서도 귀국을 선택했다. 그의 인생목적은 독립된 나라와 번영하는 민족을 만들고 싶은 것이었다.

당시 서울에는 이상재를 비롯한 선각자들에 의해 YMCA가 조직되어 있었다. 나라는 빼앗겼지만 기독교를 통해 젊은이들을 교육시켜야 한다는 각성 때문이었다. 이는 이승만의 생각과도 일치하는 것이었다. 그는 서울의 YMCA 간사라는 자리로 귀국하였다. YMCA는 기독교 선교사들과 같이 하는 기관이므로 일본의 탄압에서 비교적 안전을 보장받을 수 있다는 생각을 하게 됐다.

이승만은 젊은이의 모범으로 떠올랐다. 당시 YMCA 학생부에 다녔던 사람들은 "나도 이승만처럼 훌륭한 사람이 되기 위해 유학을 가야겠다"고 다짐했다는 것이다. 인생의 모델을 누구로 삼을 것이냐에 따라 인생이 달라진다. 이승만은 조선 젊은이의 인생을 바꾸게 만드는 존재로 부상했다.

하와이에서 집필한 『한국교회 핍박』

일본은 한반도를 병탄한지 1년이 지난 시점에서 굴복하지 않는 기독

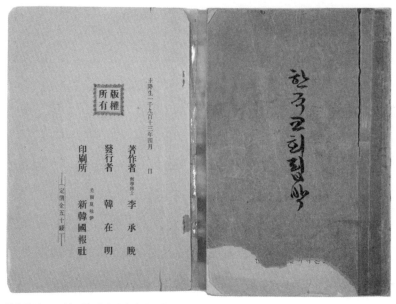

이승만이 1913년 4월 하와이에서 펴낸 『한국교회핍박』

교 인사들을 제거하기 위해 '105인 사건'을 조작한다. 이승만은 이 사건 후 더 이상 국내의 활동이 불가능해지자 망명길에 나설 수밖에 없었다. 하와이 망명 생활이 시작되었던 것이다.

그가 하와이에 도착하여 쓴 『한국교회 핍박』은 105인 사건의 진실을 알리고자 쓴 책이었다. 그는 이 책에서 "한국은 기독교를 통해 문명을 발전시키고 독립도 쟁취해야 한다"는 지론을 펼치고 있다. "하나님이 한국 백성을 이스라엘 백성같이 특별히 택하여 동양에 처음 기독국가를 만들어 아시아에 기독교 문명을 발전시킬 책임을 맡긴 것"이라는 기독교 입국론을 밝힌 것이다.

아울러 105인 사건은 일본이 조선에서 기독교의 힘이 무서워 기독교인을 탄압하기 위해 꾸민 조작극이라는 폭로 내용을 담았다. 이승만은 일본이 조선을 국제적으로 고립시켜 자신들의 만행을 감추려 하지만 기독교가 있으므로 불가능하다고 했다. 한국을 사랑하는 선교사들의 활동으로 그런 외교술책이 성공할 수 없다는 것이다.

또 한국 내의 상황도 기독교가 있기 때문에 일본은 결코 한국을 영구히 복종시킬 수 없다고 말하고 있다. 일본이 칼과 포크무력로 고깃덩이조선를 삼켰지만, 고깃덩이가 목으로 넘어간 뒤에는 칼과 포크가 소용없다는 예화例話를 들고 있다. 그 이유가 바로 기독교가 있기 때문이라는 것이다. 그는 이를 조목조목 설명했다.

첫째 교회는 '사람들이 자유롭게 모일 수 있는 장소'이므로 더불어 모임을 갖게 되면 공론公論이 생기게 된다고 했다. 그는 교회가 독립사상을 나눌 수 있는 공개된 장소를 제공한다고 믿었다. 일본이 태극기를 못 걸게 하니 교회에서는 경축일에 적십자기를 높이 달았고, 애국가를 못 부르게 하니 "믿는 사람들은 군병 같으니 앞에 가신 주를 따라 갑시다"라는 찬송가389장를 불렀다고 했다.

둘째 "교회 안에 왕성한 활동력생명력이 있다"고 했다. 그는 "기독교는 한량없는 활력을 스스로 충만시킬 수 있는 능력이 있다"면서, 기독교를 믿는 사람들은 "우리에게 군함과 대포가 없을지라도 '예수 안에서 능치 못할 일이 없으리라' 능력을 가지신 하나님만 의지하면 세상에 두려울 것이 없다고 한다"고 말하고 있다. 또한 "비록 우리의 육신은 죽더라도 영혼은 죽일 수 없으므로 두려울 것이 없다"면서, 로마제국의 힘으로도 기독교를 어떻게 하지 못했다고 밝혀 놓았다.

셋째 "교회는 합심하는 능력이 있다"고 했다. 그는 어느 나라나 당파와 논쟁은 있으나 그 큰 목적이 나라에 유익을 주고 공동의 이익에 있으므로 그런 나라에서는 논쟁이 격해져도 문제가 안 된다고 전제하고, 우리는 오랜 세월 동안 문을 걸어 잠그고 서로 조그만 이해 다툼으로 음해해온 습관 탓으로 단결하여 외국인과 싸워나갈 생각은 전혀 못한다고 했다.

그는 우리나라 사람들은 세력에 따라 각국의 공사관을 찾아다니며 은밀히 보고하고 서로 음해하니 외국인들은 가만히 앉아서 이익을 거둬들인다면서 "한국은 언제나 자기들끼리 다투는 중에 외국인을 개입시켜 내 나라에서 전쟁하게 하여 백성을 고난 중에 몰아넣었다"고 주장했다. 그는 "예수는 참 포도나무요 우리는 다 가지니, 우리는 모두 하나님께 속한 한 몸의 지체"라면서, 기독교가 모두를 한 마음 한 몸 되게 하여 일하게 만든다고 했다.

넷째 "교회 안에서는 국민의 원기도덕심가 유지 된다"고 했다. 그는 "국가 원기가 쇠하여 지면 인심이 사특邪慝하고, 품행이 부패하여 음란 방탕한 것에 빠져 결국 쇠잔한 지경에 이른다"면서, 성현들이 도덕으로서 원기 배양을 강조한 이유가 이 때문이라고 강조했다. 이승만은 교회가 이러한 타락을 막고 있다면서 "평양 장대현 교회의 길선주吉善宙 목사는 교인들에게 담배는 몹시 해로운 것이니 자식들이 피우지 못하게 하고, 담배회사에서 일도 하지 못하게 하라"고 했다는 이야기를 소개했다.

다섯째 "교회는 청소년 교육에 힘쓰고 있다"는 것이다. 선교사나 기독교 선각자들이 백성을 깨우치기 위해 학교 세우는 것을 첫째의 임무로 생각하여 많은 학교들이 생겨났다는 점을 밝히고 있다.

여섯째 "기독교인들은 우상을 섬기지 않는다"는 것이다. 일본이 천

왕을 숭배하는 신도神道를 강요하지만, 기독교인들은 그것을 우상숭배로 보고 거부하고 있으니 일본이 우리나라 사람들의 정신을 빼앗아 갈 수 없다고 했다.

일곱째 "선교사들의 덕성과 정의를 지닌 세력이 한국에 확장되었다"는 것이다. "기독교 선교사들은 환경이 좋은 자기 나라와 집을 버리고, 자기 나라 돈을 가지고 와 위험을 무릅쓰고 우리나라에 왔다. 자기들이 제일 좋아하는 것을 우리에게 주고자 하니 어찌 우리의 친구가 아니겠는가? 그들은 적어도 대학교를 졸업해야만 파송派送을 받으므로 이 시대에 모두 우리의 교사가 될 만한 이들"이라는 것이다. 이들의 영향을 받아 한국에도 그와 같은 사람들이 늘고 있으니 한국에 힘이 된다는 것이다.

여덟째 "혁명 사상의 풍조가 동양에 전파되기 때문이다"는 것이다. 그는 동양에 혁명이 없었던 이유는 인종이 다르기 때문이 아니요 종교의

이승만의 운구행렬이 지나는 서울시청 앞. 영웅의 마지막을 지켜보기 위해 모여든 수많은 군중들

성질에 기인한 것이라면서, 기독교의 사상이 정치적 혁명을 가져와 모든 사람이 동등한 자유를 누리고 인간행복을 추구하고 있다고 말했다. 기독교가 "모든 사람이 다 하나님의 자녀 되는 이치와 자유롭게 활동하는 이치를 밝혀 가르쳤으니, 성경은 진리를 가르치고 진리가 사람의 마음을 자유롭게 만든다. 그러니 일본은 한국교회가 독립사상을 배양하는 곳이요, 한국 교인은 장래 혁명을 주창할 자라고 여긴다"면서, 이런 이유들로 인해 일본이 한국의 기독교를 탄압한다는 것이다. 실제 일본은 1919년 3.1운동 때 만세 부르기에 앞장섰던 교회들을 불살라 수많은 교인을 학살하고, 천왕을 향해 절하지 않는다고 감옥에 보내는 박해를 했다.

이런 그의 생각은 오늘날의 기독교인들에게도 많은 시사示唆를 던진다. 개인의 축복만을 생각하는 크리스천인지, 아니면 이 땅에서도 이웃과 공동체를 사랑하고 평화를 가져오는 그리스도의 정신을 이어받을지 고민하고 있는지 스스로에게 물어야하는 것이다. 이승만은 감옥에서 하나님을 일 대 일로 경험 한 뒤, 개인의 축복보다는 나라와 공동체에 몸을 바치기로 한 인물이었다.

이승만은 3.1운동 후 상하이上海 임시정부의 대통령으로 추대되고, 하와이와 워싱턴에서 해방이 될 때까지 청장년의 생애를 독립운동을 위해 바쳤다.

大韓國人 安重根 謹拜

불멸의 영웅으로 한국인의 가슴 속에 살아 있는 안중근

안중근의 일생

이승만은 평생을 독립을 위해 살다가 자신의 꿈대로 독립된 나라를 세워 거기서 대통령이 된 사람이다. 어찌 보면 자기 소원을 푼 사람이다. 그러나 여기 전혀 다른 인생길을 걸은 사람이 있다. 그는 불과 32살의 나이로 자기 몸을 던져 우리 민족의 원수 이토 히로부미의 가슴을 세발의 총탄으로 뚫어 우리의 분노와 한을 풀어준 분이다.

안중근은 탄 재처럼 사그라져 가는 민족의 가슴에 불덩어리를 품게 만들었고, 자포자기의 굴종으로 끌려가던 우리 민족의 가슴에 파도를 일으켜 출렁거리게 만들었다. 그가 있었기에 우리는 독립민족으로서의 자긍심을 가질 수 있었고, 세계만방에 한민족은 결코 깔볼 수 없는 기개 높은 민족이라는 사실을 알게 만들어주었다. 그의 짧은 인생은 그렇기 때문에 우리에게 나라가 얼마나 중요한가를 가르쳐주는 정체성을 형성하는 데 결정적인 역할을 하고 있다.

안중근이 없었다면 우리는 얼마나 꾀죄죄한 나라가 되었을까. 나라의 엘리트, 지배집단이라는 작자들이 자기 나라를 외국에 팔아넘긴 나라, 아 얼마나 부끄러운가. 그런 나라에서 홀연히 나타난 안중근! 그 이름만 들어도 우리의 가슴을 뛰게 만든다. 우리의 어깨를 펴게 해준다. 그가 있었기에 우리는 자긍심을 지킬 수 있었다.

그의 인생은 짧았지만 그는 대한민국 역사와 함께 영원히 살아갈 영생의 삶을 누릴 것이다. 그렇기 때문에 그는 불멸의 영웅이다. 그는 단순히 나라를 빼앗긴데 저항한 테러리스트가 아니었다. 그는 평화를 사랑한 사람이었다. 동양 평화라는 명분을 가지고 그는 거사를 했다. 그는 우리에게 나라가 내 목숨보다 소중함을 몸으로 보여 주었다. 그는 기개와 대의를 지킨 사람이다. 그는 범죄자가 아니라 대한의병의 군인으로서 나라를 위해 전투를 했음을 재판에서 분명히 밝혔다. 그런 그의 대의를 훼손시키려 일본은 옥안에 있는 그를 회유하려 들었다. 안중근은 단호히 거절하고 표표히 형장의 이슬로 사라졌다.

초대 한국통감 이토 히로부미

　그의 어머니 역시 영웅을 낳기에 충분한 어머니였다. 사형언도가 내려지자 그에게 목숨을 부지하려고 공소控訴를 하지 말라고 했다. 어머니는 아들 안중근이 이 민족의 가슴에 지핀 불이 얼마나 소중한지를 알고 있었다. 일본 〈아사히신문朝日新聞〉은 '그 어머니에 그 아들是母是子'이라고 했다. 안중근은 "내가 죽은 뒤 나라가 독립되거든 내 몸을 조국의 땅에 묻어 달라. 나는 천국에 가서도 우리나라 독립을 위해 힘쓸 것이다"는 유언을 남겼다. 그처럼 이 나라를 사랑한 사람이 다시 있을까.

　그는 두 동생과 신부 앞에서 우리 민족에게 마지막 당부의 말을 남겼다. "너희들은 돌아가서 동포들에게 각각 모두 나라의 책임을 지고 국민 된 의무를 다하며, 마음을 같이하고 힘을 합하여 큰 뜻을 이루도록 일러다오. 대한 독립의 소리가 천국에 들려오면 나는 마땅히 춤추며 만세를 부를 것이다."

이 말은 지금 우리 가슴에도 울려 퍼지고 있다. 우리는 안중근 의사 말 대로 나라에 책임의식을 가지고 있는가? 국민 된 의무를 다하고 있는가? 마음을 같이 하고 힘을 합치고 있는가?

부끄럽습니다. 당신이 목숨 바쳐 되찾은 이 나라에 살고 있는 저희들은 뵐 낯이 없습니다. 저희는 나라에 대한 책임의식도 부족하고, 국민 된 의무도 다하지 못하고, 분열되어 서로 싸우고 있습니다. 그는 죽어서라도 이 대한민국의 품에 안기고 싶었다. 그만큼 이 나라를 사랑했다.

우리에게 그러한 나라 사랑이 있는가? 우리는 아직도 그 시신의 한 조각도 찾지 못하고 있다. 지금 우리 가슴에 손을 얹고 그가 당부한 마지막 말 대로 살아가기를 다짐해야 한다. 우리가 지금 부끄러운 것은 그의 말이 우리의 정체성이 되어 우리 가슴을 치고 있기 때문이다.

안중근은 1879년 황해도 해주부서 수양산 아래서 태어났다. 그는 조선 양반의 자손이었다. 할아버지는 진해 현감을 지냈고, 아버진 진사로 개화파와 연관을 가져 갑신정변 때 박영효가 뽑는 일본 유학생에 들었으나 정변의 실패로 유학은 이루어지지 않았다. 세상이 어지러워지자 그의 부친 안태훈은 출세의 꿈을 접고 황해도 신천군 청계동으로 들어갔다. 안중근은 9년여 서당공부를 했으나 글공부보다는 나라를 구하는 영웅으로 살기를 원했다.

아마 그런 마음이 그로 하여금 영웅의 길을 걷게 만들었나보다. 어린 시절 친구들이 글공부를 왜 안하느냐고 묻자 그는 초패왕 항우項羽의 예를 들며 "옛날 초패왕 항우가 말하기를 글은 이름이나 적을 줄 알면 그만이다. 그런데도 만고영웅 초패왕의 명예가 오히려 천추에 남아 전한다. 나도 학문으로 세상에 이름을 드러내고 싶지 않다. 저도 장부요, 나도 장부다"라고 했다. 그는 무인武人이었다. 사냥과 말 타기를 즐기고 의인을 만나 친구로 사귀는 것을 소중하게 여겼다.

동학군과의 싸움: 동학운동이 일어나자 양반이었던 그의 부친은 고향에서 의병을 일으켜 동학군 진압에 나섰다. 안중근은 그 때 16세로 아버지를 도와 동학군에 대항해 싸웠다. 이때 황해도 동학군에 애기접주로 김구가 활동하고 있었다.

안태훈 진사는 김구를 소문으로 알고 있었다. 김구가 다른 동학 무리들과는 다르다는 것을 알고 그를 보호해주고 싶었다. 안 진사는 사람을 보내어 김구에게 서로 싸우지 말 것과, 위기 시에 서로 도와주기로 약조를 맺었다. 김구는 결국 동학에서 떨어져 나오게 되었고, 안 진사를 찾아가 몸을 기탁했다.

그 인연으로 김구는 안 의사 가문을 끝까지 보호하는 의리를 지켰다. 일제를 피해 임시정부를 이곳저곳으로 옮기면서 안중근의 동생 안공근과 늘 함께 다녔고, 안 의사 부인을 함께 모시고자 애썼다. 안 의사 아버지 안 진사는 당시 그 지방의 유지로서 매우 존경을 받는 사람이었다. 안중근이라는 인물이 날 수 있었던 것도 바로 그 같은 가문의 맥이 작용하고 있었다.

안중근과 김구, 일본에 나라를 빼앗긴데 대해 저항하는 생을 똑같이 살았지만 한 때는 서로 총을 겨누는 사이였다. 양반 가문인 안중근과 상놈 출신의 동학도인 김구의 신분 차이에서 오는 나라를 지키는 방식이 달랐기 때문이다. 역사에서 이런 것을 어쩔 수 없는 아이러니라 할 수 있을 것이다. 우리는 그것을 역사적 사실로 인정하고 두 분의 생각

모두를 우리의 것으로 받아들여야 한다. 동학이 옳고 의병이 그르다, 혹은 의병이 옳고 동학이 그르다고 할 것이 못된다. 그것이 합쳐져서 대한민국이 된 것이다.

안중근은 어느 날 새벽, 불과 몇 명만을 데리고 동학군 진영을 급습하여 대대적인 승리를 거두고 많은 전리품을 얻었다. 이 때 동학군이 보관하던 쌀 1천 가마를 빼앗았는데, 후에 그 쌀이 어윤중魚允中 탁지부 대신과 세도가 민영준閔泳駿의 것이라며 돌려주라는 협박을 받았다.

이때 그의 부친은 천주교 성당으로 몸을 피했는데, 이것이 인연이 되어 독실한 천주교 신자가 되었다. 아버지를 따라 안중근도 천주교 신자가 되었다. 19세 때 프랑스 신부 빌렘Nicolas Joseph Mare Wilhelm에게 영세를 받아 도마라는 세례명을 가졌다. 안 의사는 사형 직전 그에게 마지막 고해성사를 받았다. 당시 대부분의 개화파들이 개신교를 믿었으나 안의사는 천주교인이었다. 그러나 다른 개화파 인사들과 똑같은 생각을 갖고 있었으니 나라를 구하는 길은 교육을 통해서 서구의 신지식을 받아들여야 한다는 것이었다.

그는 빌렘 신부와 함께 서울 천주교 최고 책임자인 뮈델Mutel 주교를 만나 한국에 대학 등을 세울 것을 건의했다. 이때 뮈델로부터 "학문이 오히려 신앙에 방해가 될 뿐 아니라 한국에서 대학교육은 아직은 시기상조"라는 대답을 들었다. 그는 천주교 신부에 대해 실망했다. "교의 진리는 믿을지언정 외국인은 믿을 것이 못 된다"며 불어를 배우는 것조차 중단했다.

1904년 일본은 러시아와 전쟁을 선포하면서 "동양평화를 유지하고 한국의 독립을 굳건히 하겠다"는 약속을 저버리고 결국 을사5조약으로 한국의 외교권을 빼앗았다. 안중근은 이것이 바로 이토 히로부미의 계략이며, 그가 이 민족의 원수라고 믿었다. 안중근이 이토를 처단한 이유도 바로 이 같은 배신 때문이었다고 재판에서 밝히고 있다.

당시 많은 개화파 인사들이 일본에 대해 처음부터 악감정을 품은 것은 아니었다. 일본을 우리나라의 개화 모델로 삼고자 했던 것이 개화파의 공통된 생각이었던 만큼 일본의 도움으로 개화를 하려고 했다. 이승만도 『독립정신』에서 일본에 대해 "그 독한 성품은 칭찬할 바가 아니나 남에게 지기 싫어하는 기운은 본받을 만하다"면서 "일본이 속히 변혁함은 세계사에 드문 일이라 족히 부러운 마음을 이기지 못하리로다"며 일본이 개화 개혁에 성공한 것을 부러워하였다.

을사늑약이 체결되자 안중근은 나라를 떠나기로 마음먹고 산둥반山東半島도와 상하이를 방문했다. 그곳에 망명하여 머무는 한국인 유명 인사들을 만나서도 시원한 방책을 얻지 못할 즈음 안면이 있던 프랑스 신부를 만나 귀국할 것을 종용받았다. 그 신부가 "모두 나라를 떠나면 나라가 비어 버릴 것이고, 그것은 원수들이 바라는 것"이라며 "교육을 발달시키고 사회를 확장 시키고 민심을 단합케 하고 실력을 양성할 것"을 권유했다.

귀국한 그는 그 말에 따라 재산을 털어 진남포에서 삼흥학교, 돈의학교를 세워 후진을 양성했다. 이때까지 그의 궤적은 당시 개화사상을 가진 선각자들과 비슷했다.

그러나 고종이 폐위되고 군대가 해산되기에 이르자 그는 북간도北間島행을 결심했다. 그는 "백년대계는 교육으로 가능하되 당장 망해가는 나라를 구할 수는 없다"며 무장투쟁을 결심했다. 이때는 이미 일본병사들이 북간도에 주둔해 있었으므로 그는 러시아 땅 연해주로 들어갔다. 그는 무장 투쟁을 결심하고 의병에 가담했다. 그에게는 실력양성도 중요했지만 나라를 빼앗긴 이 지경에서는 무력으로 투쟁하는 길 밖에 없다고 생각했다.

앞에서도 밝혔듯이 그는 일본을 한 때 믿었다. 을사늑약 때 일본이 대한의 독립과 동양평화를 약속했기 때문이다. 그러나 일본은 배신했다. 1907년 일본은 헤이그 밀사사건을 이유로 마침내 고종을 폐위시켰다. 옥중에서 쓴 『동양 평화론』에서 그는 동양 3국이 서로 힘을 합쳐 서양의 제국주의 침탈을 막아야했는데, 일본이 이를 저버렸다고 주장하고 있다.

일본이 약속을 배반하고 조선을 침탈하자 그 주범 이토 히로부미를 민족의 원수로 간주했다. 그가 이토를 겨냥했던 이유는 바로 여기에 있었다. 그는 근대의 국가관계를 국가이익이라는 측면보다는 의리 관계로 보는 시각을 가지고 있었다. 일본이 그런 약속을 지키는 의리를 가지고 있을 것이라고 믿었기 때문이다.

연해주에 근거지를 잡고 그는 흑룡강 성을 돌며 강연회를 개최했다. 그는 "조국의 강토를 빼앗겼다. 나라가 망한 인종은 참혹한 생활을 할 수밖에 없으며 학대를 받는다. 청나라 신세가 되는 것이다. 이제 남은 일은 한번 의거를 일으켜 적을 치는 수 밖에 없다. 지금 의거를 일으켜 통쾌한 싸움 한바탕으로써 후세에 부끄러움이 없어야한다"고 했다.

그는 비록 현재는 힘이 없어 패하더라도 그런 전투정신을 후세에 이어주면 언젠가는 독립을 쟁취할 수 있다고 믿었다. 이것이 무장 투쟁론의 정신이다. 지금 힘이 있어서 무장투쟁을 하는 것이 아니라, 투쟁을

안중근은 '대한국 의병 참모중장'으로서의 자긍심이 충만했다.

함으로써 그 정신을 후세에게 이어주어야 한다는 것이다. 안중근의 무장투쟁론의 논리도 "한 번의 의거로써 성공할 수 없는 것은 뻔한 일이다. 첫 번에 이루지 못하면 두 번 세 번 열 번에 이르고, 백 번 꺾여도 굴함이 없이 금년에 못 이루면 다시 내년에 도모하고, 내후년 10년 100년이 가도 좋다. 만일 우리 대에 목적을 못 이루면 아들 대, 손자 대에 가서라도 반드시 대한국의 독립권을 회복한 다음에야 그만둘 것이다."

그의 말대로 우리는 40여년 뒤에야 독립을 얻었다. 그러므로 무장투쟁론을 비현실적이라고 무조건 평가절하 할 수 없는 것이다. 그것은 방법론의 차이이다. 그러한 실천을 통해 우리의 저항정신, 독립정신이 계승되는 것이다. 그 방법론의 차이를 인정해야 한다. 근본은 같은데 방법이 다르다면 방법에는 서로 조율할 여지가 있는 것이다. 이 점에서 우리 독립투쟁 노선들은 서로 힘을 합쳐야 했다. 그 점이 지금 아쉬운 것이다.

그는 선각자적 지혜를 가지고 있었다. 앞으로 일본이 큰 전쟁을 일으킬 것으로 내다보았다. "일본이 5년 사이에 러시아, 청나라, 미국을 상대로 큰 전쟁을 일으킬 것이니 한국으로는 큰 기회가 올 것"이라며 "한국인이 아무 준비도 안한다면 일본이 져도 한국은 다시 도둑의 손에 들어갈 수밖에 없다"고 했다. 앞을 내다보는 선견지명先見之明의 견해였다.

그는 자력자강自力自强을 외쳤다. "자기 스스로 할 수 없다는 것은 만사가 망하는 근본이요, 자기 스스로 할 수 있다는 것은 만사가 흥하는 근본이다. 앉아서 죽기를 기다리겠는가, 분발하여 힘을 내겠는가?"고 외쳤다. 그러면서 의병을 일으켜 계속 끊이지 않고 싸워 기회를 잃지 말아야한다고 했다.

그는 언제나 당당한 인생을 살았다. 그는 독립군을 이끌고 두만강을 넘어 경흥 등지에서 일본군과 교전하였다. 이 때 붙잡은 일본군 포로 몇 사람을 처형하지 않고 석방했다. 국제공법과 인도주의를 내세웠다. 그는 그만큼 국제공법이라는 것에 대한 믿음이 컸다. 안 의사는 "현재 만국공법에 사로잡은 적병을 죽이는 법은 전혀 없다. 어디 가두어 두었다가 뒷날 배상을 받고 돌려보내 주는 것이다. 그 포로들이 말하는 것이 진정에서 나온 말이니 놓아주지 않고 어쩌겠는가?"고 동료를 설득했다. 그는 이토 처단 후 재판 때 "나는 대한국 참모중장으로 전쟁을 하다 잡혔으니 국제공법으로 다스려라"고 요구했다. 그가 이미 스스로 국제공법을 지켰던 일이 있었기 때문이다.

그는 국제법보다 더 넓고 공정한 큰 눈을 가지고 있었다. 따뜻한 마음도 지니고 있었다. 한 나라를 되찾자는데 말단 일본군 한두 명을 처단하는 것이 무슨 유익함이 있을까. 그는 옳음과 명분을 소중하게 생각했다. 동료 독립군들은 일본군이 우리 의병을 잔혹하게 죽이는 것을 예로 들면서 포로를 처단할 것을 주장했다. 그들은 "그렇게 애써서 사로잡은 놈들을 몽땅 놓아 보낸다면 우리들은 무엇을 목적으로 싸운단 말이요?"라고 항의했다.

안 의사는 "적들이 그렇게 폭행하는 것은 하느님과 사람들을 다 노하게 만드는 것이다. 이제 우리마저 야만의 행동을 하고자 하는가. 또 일본의 4천만 인구를 모두 다 죽인 뒤에 국권을 회복하려는 계획인가… 충성된 행동과 의로운 거사로써 일본의 포악한 정략을 성토하여 세계에 널리 알려서 열강의 동정을 얻은 다음에라야 국권을 회복할 수 있을 것이니, 그것이 이른바 약한 것으로 강한 것을 물리치고 어진 것으로써 악한 것을 대적한다는 것이다"고 대답했다. 그의 무장 투쟁은 싸움 자체에 목적이 있는 것이 아니라, 의로운 싸움을 통해 세계 열방의 지원을 받자는 것이었다.

1909년 그는 동지 12명과 함께 약지藥指를 끊어 그 피로 태극기에 '대한독립'이라는 글씨를 함께 쓴 약지 동맹을 맺었다. 안중근은 옥에서 글씨를 많이 남겼는데, 약지가 없는 손으로 낙관을 대신하여 찍었다.

블라디보스토크로 거처를 옮긴 후 이토가 하얼빈으로 온다는 소식을 접했다. 을사늑약의 주범인 이토는 그 후 한국 통감으로 있다가 일본으로 돌아가 국회 격인 추밀원의 의장이 되었다. 그는 하얼빈에서 러시아 재무장관 코코프체프Kokovsev, V.N와 만나 만주를 둘러싼 문제를 놓고 회담할 예정이었다.

안중근은 이 소식을 듣고 기뻤다. "늙은 도둑이 내 손에서 끝나는구나." 거사를 결심했으나 차비조차 없었다. 동지 몇 사람을 구해 실패할 경우를 생각해 제2선까지 준비해놓고 하얼빈으로 갔다. 그는 이토의 얼굴조차 모르고 있었다. 그는 열차에서 수행원들과 함께 내리는 수염 기른 늙은이를 발견했다.

그는 3발을 명중시키고 혹시나 해서 다른 이를 향해 3발을 쏘았다. 그러고는 '코레아 우라!'대한만세!를 세 번 외치고 순순히 체포되었다. 너무나 짧은 시간에, 너무나 빛나는 일을 해냈다. 안중근의 담력, 안중근의 애국심, 안중근의 총 솜씨가 아니면 누구도 해낼 수 없는 일이었다.

그는 영웅이었으므로 하나님이 그를 그 자리로 불렀다. 그는 체포되어 재판을 받으면서 더욱 빛났다. 그가 한낱 테러리스트가 아니었기 때문이다. 그의 논리는 당당했고 명분은 충분했다. 그는 이토의 죄상 15

개조를 조목조목 밝혔다.

1. 명성황후를 시해한 죄요, 2. 고종황제를 폐위시킨 죄요, 3. 을사5조약, 정미7조약을 강제로 체결한 죄요, 4. 무고한 한국인을 학살한 죄요, 5. 정권을 강제로 빼앗아 통감정치를 한 죄요, 6. 철도 광산 산림 천택川澤을 강제로 빼앗은 죄요, 7. 제일은행권 지폐를 강제로 사용한 죄요, 8. 군대를 해산시킨 죄요, 9. 교육을 방해한 죄요, 10. 한국인들의 외국유학을 금지시킨 죄요, 11. 교과서를 압수하여 불태워버린 죄요, 12. 한국인이 일본인의 보호를 받고자한다고 세계에 거짓말을 퍼뜨린 죄요, 13. 현재 한국과 일본 사이에 경쟁이 쉬지 않고 살육이 끊어지지 않는데, 한국이 태평무사한 것처럼 위로 천황을 속인 죄요, 14. 동양의 평화를 깨뜨린 죄요, 15. 천황의 아버지 태황제를 죽인 죄라고 했다.

그는 싸움만 할 줄 아는 무인이 아니라 용맹과 지혜와 겸손을 겸비한 완벽한 인물이었다. 안중근은 "나는 당당한 대한국의 국민인데 왜 일본 감옥에 갇혔는가. 왜 일본 법률로 재판을 받아야 하는가? 내가 언제 일본에 귀화하기라도 했는가?"고 반문하면서 "나는 개인으로 사람을 죽인 것이 아니라 대한국 의병 참모중장의 의무로써 하얼빈에서 전쟁을 일으켜 포로가 되어 이곳에 온 것이다. 나를 국제공법에 따라 판결하라"고 주장했다.

그는 사형 받는 순간 "나의 유일한 죄는 어질고 약한 한국 인민이 된 죄我爲仁弱韓國人民之罪也임을 알았다"고 했다. 나라가 약하면 아무리 어질어도 그 국민까지 종노릇하게 만든다는 뼈저린 사실을 최후의 진술에서 밝힌 것이다. 힘을 논리로 하는 그 때의 국제정세 속에서 힘이 없다는 것은 바로 죄인이 된다는 것, 이것은 부당한 논리이지만 국제사회의

냉엄한 현실이라는 것을 우리는 알아야 하고, 안중근은 우리에게 그것을 가르쳐 주고 있는 것이다.

『동양 평화론』, 그리고 정체성

그는 무인뿐만이 아니라 비전을 가진 지도자였다. 옥중에서 『동양평화론』을 준비하다가 일본이 처형을 서둘러 집행함으로서 미완성품을 남겼다. 서문만 쓰고 완성을 못했으나 쓰고자 했던 내용이 뤼순 고등법원장과의 면담 등에 포함되어 있다가 뒤늦게 알려졌다. 그는 러일전쟁에서 일본이 이기기를 바랐다고 밝혔다. 그 이유는 일본이 한국의 독립을 지켜주겠다는 약속을 믿었기 때문이라고 말했다. 특히 당시는 서양의 제국주의가 동양을 침탈하던 시절이었던 만큼 일본은 인종적으로도 동양인이라는 점에 대해 동질감을 느꼈다. 따라서 먼저 근대화를 이룬 일본을 중심으로 한·중·일 동양 3국이 힘을 합치자는 구상이었다.

그 구체적인 내용은 ▲청국 땅인 뤼순을 러시아가 빼앗고 이를 다시 일본이 빼앗았으니 3국이 얽혀 언제 분쟁이 다시 일어날지 모른다. 이 지역을 영세 중립지대로 만들자. ▲아시아 평화를 위해 3국의 각 정부로 아시아 평화위원회를 만들자. ▲3국의 각 나라가 재정을 내어

일본인 간수에게 써준 휘호

은행을 만들어 각국이 공용하는 화폐를 만들어 금융, 경제면에서 공동발전을 도모하자. ▲3국의 청년들로 군단을 편성하여 최소한 2개 국어로 교육하여 평화군軍을 양성하자. ▲일본 지도 아래 한·청 두 나라의 상공업을 발전시켜 공동으로 경제발전에 힘쓰자. ▲한·청·일 세 나라 황제가 국제적으로 신임을 얻기 위해 로마 교황으로부터 대관을 받자―는 것 등이다.

요즘으로 말한다면 아시아 3국이 EU처럼 경제 통합을 이룰 것을 말하고, 이것이 평화군 창설로까지 이어지게 하자는 큰 뜻이었다. 그의 거사가 이토 히로부미 개인에 대한 원한에서가 아니라 동양의 평화라는 더 큰 뜻으로 이루어졌음이 밝혀짐으로서 그가 평화주의자였음이 뒤늦게 알려졌다.

그는 동시에 인격자였다. 그를 감시하던 간수는 감명을 받아 일본으로 귀국하여 평생 안중근을 위해 불공을 드렸다. 일본인 사이토 다이켄齋藤泰彦이 쓴 『내 마음의 안중근: 일본헌병의 존경과 참회의 생애』를 보면 뤼순 관동도독부 일본 헌병 상등병 지바 도시치千葉十七는 5개월간 그를 지키는 간수로 있으면서 안중근의 인품을 다시 보게 되었다고 한다.

처음에는 자기 나라의 대大정치인을 암살한 범인이라는 선입견으로 그를 미워했지만 감옥에서 그의 인품에 감복되어 그의 거사를 다시 한 번 곰곰이 생각하게 되었고, 안중근을 충분히 이해할 수 있었다고 했다. 그는 안중근에게 글 한 편을 받고 싶었다. 안중근이 처형 직전 어머니가 보내주신 흰 비단 한복을 갈아입고 그에게 써준 글이 바로 「위국헌신군인본분爲國獻身軍人本分」이라는 글이다. 그 아래에 '대한국인 안중근 근배'라고 쓰고 약지가 없는 손도장을 찍었다. 약지가 없는 손도장… 동지 12명과 함께 대한독립까지 변치 않고 독립에 몸을 바친다는 약속의 증거였다.

안중근은 비록 지바가 일본 군인이지만, 자신이 대한의 군인이어서 나라를 위해 몸을 바쳤듯이 군인은 나라를 위해 몸을 바쳐야 한다는 글을 써준 것이다. 안중근은 지바를 보고 "친절하게 대해주셔서 진심으로 감사합니다. 동양에 평화가 찾아오고 한일 우호가 재현되는 날 다시 태어나서 만나고 싶습니다"고 했다. 지바는 "안중근 씨 당신에게 진심으로 사죄하고 싶습니다. 지금부터는 좋은 일본인이 되도록 전력을 다하고 싶습니다"고 진심으로 참회했다.

그의 생각은 지금도 우리 가슴속에 전수되고 있다. 나라는 소중한 것이며 목숨을 바쳐서라도 나라를 지켜야 한다는 것이다. 그의 마음은 나라사랑 애국심으로 충만했다. 그 애국심은 나라의 안전을 지키고 보호하는 것으로 승화되었다. 나라의 안보가 중요하다는 점을 우리의 정체성으로 심어주신 것이다. 그는 한 개인에 대해 테러를 하는 인물이 아니었다. 일본군 포로를 석방했듯이 사람의 목숨을 누구보다 소중히 여겼다.

전쟁을 하더라도 명분 있는 전쟁을 하여야 하며, 국제법을 지켜야 한다는 인물이었다. 평화를 소중히 여기는 사람이었다. 특히 동양 3국의 평화를 강조한 사람이었다. 1백 년 후인 지금 한 · 중 · 일 세 나라의 평화가 어느 때보다 절실한 지금, 그의 경륜을 다시금 돌아보게 만든다. 안중근이 소중하게 여겼던 가치는 문명되고 독립된 나라 혹은 국민, 백성의 인권이 보장된 민권, 그리고 누구에게도 종노릇하지 않는 자유였다. 이것은 지금 우리의 가슴 속에도 그대로 전승되고 있는 것이다.

그의 용기는 우리 모두의 가슴 속에 살아있다. 마치 다윗이 골리앗을 쓰러뜨리듯, 그는 일본의 거인 이토를 쓰러뜨렸다. 그가 용기와 담력이 없는 인물이었다면 손이 떨려 명중시킬 수 있었겠는가. 다윗이 물매돌 하나로 골리앗을 쓰러뜨릴 때 가슴이 떨렸다면 그 이마를 명중시킬 수 있었겠는가? 우리 가슴 속에 나라가 위급할 때 용기를 가지고 나가 싸우라는 명령을 정체성으로 남겨주었다. 나라의 독립평화와 자유를 지키라고….

6장
백범白凡 김구

김구가 보여준 애국심은 후손들이 따라야할 영원한 빛이다.

현실주의와
이상주의

백범 김구 선생은 우리 현대사에서 독특한 위치를 차지하고 있다. 그는 한국 현대사에서 이승만의 대척점에 위치한 인물이다. 한국의 정치지형은 이승만과 김구를 어떻게 평가하느냐에 따라 갈라진다. 일반적으로 현재의 보수진영은 대한민국의 건국과정에서 이승만의 기여를 절대적인 것으로 평가하는 반면, 진보진영에서는 김구의 통일의지에 대해 훨씬 높은 점수를 준다. 누구를 더 존경하느냐의 문제도 이런 기준에서 갈릴 수밖에 없다.

우리는 해방 후 국제정치의 상황 때문에 남북이 갈렸다. 이런 분단과정에서 김구는 분명히 공산주의에 반대하는 편에 섰다. 물론 이승만은 남한만의 단독정부가 불가피함을 깨닫고 대한민국을 건국했다. 반면 김구는 끝까지 통일의 기대를 버리지 않고 당시 국제정치의 힘의 관계로 볼 때 불가피했던 분단 상황을 역전시키고자 노력하다 흉탄에 쓰러졌다. 평양을 다녀 온 뒤 김구는 자신의 꿈이 불가능하다는 것을 깨닫고 대한민국의 건국에 반대하지 않았다. 이승만이 현실을 인정하는 입장에서 최선의 방법을 추구했다면, 김구는 그러한 현실을 극복하고자 몸으로 부딪치다 산화한 인물이다.

역사는 현실주의와 이상주의의 어느 한 편만 손을 들어주는 것은 아니다. 정치가 힘을 기본으로 하기 때문에 역사는 현실의 힘이 늘 승리하는 듯이 보일 수도 있다. 그렇다면 이 세상은 오늘날처럼 발전이 없었을 것이다. 힘을 가진 제왕이, 혹은 전제 통치자가 늘 승리하여야 함에도 불구하고 역사는 그렇게 펼쳐지지 않았다.

때로는 현실적 힘은 없었지만 미약한 민초들의 열정이 폭발하여 현실을 바꾸어 놓는 역사를 우리는 종종 보아왔다. 우리는 현실을 인정해야 하는 겸손도 있어야 하지만, 그 현실을 뛰어넘으려는 열정도 품고 있어야 한다. 따라서 정치는 현실주의와 이상주의가 늘 나란히 걸어가야만 건강할 수 있다.

그런 점에서 김구의 중도하차는 우리 정치의 비극이었다. 북한 공산주의는 아예 논외로 친다하더라도, 남쪽 내부에서 끊임없는 갈등이 지속되고 있는 이유는 바로 이상과 현실을 건강하게 소화시킬 수 있는 우리의 능력이 부족한데서 비롯된 것이라고도 볼 수 있다. 따라서 이승만을 존경하는 사람들은 김구를 받아들이고, 김구를 존경하는 사람은 이승만을 받아들일 때 이 나라 정치는 비로소 정상화 될 수 있다.

김구의 생애

조선말 쓰러져가는 나라를 구하기 위해 위정척사 사상, 동학사상, 계몽 개화사상 등 세 가지 조류가 뒤섞여 파도를 일으킬 때, 이 세 물결 모두에 몸을 던졌던 인물은 김구가 유일하지 않을까 생각된다. 그것은 그의 출생이 다른 선각자들과는 달리 상민 출신이었다는 점 때문이었을 것이다.

김구의 조상은 인조반정의 공신 김자점金自點의 후손이었다. 그러나 효종孝宗 때 김자점이 역적으로 몰려 그의 방계 자손들은 이를 숨기기 위해 양반 행세를 단념하고 군역전軍役田을 경작하는 상놈의 신분이 되었다. 군역전 제도는 땅 없는 가난한 사람들이 관아에 속한 땅을 붙이다가 징병령이 내리면 병역에 응해야 하는 제도이다.

김구는 자신의 출신이 상민이었음에 대한 자의식이 매우 강했다. 그의 『백범일지』에는 곳곳에 상민 출신에 대한 자학 같은 것을 발견할 수 있다. 삼촌이 술을 마시고 행패를 부리는 것을 바로잡기 위해 집안 어른들이 발뒤꿈치를 베어 버린 것에 대해 그 가혹함을 말하면서 "지금 생각해보면 이것이 상놈의 본색이요 소위라 하겠다"고 서슴없이 상놈의 행태를 비판했다.

그가 1926년 임시정부의 수반인 국무령國務領에 천거되었을 때도 "해주 서촌의 일개 도존위都尊位, 동네 세금을 걷는 말단 직책 아들인 나 같은 미천한 사람이 한 나라의 원수가 된다는 것은 국가와 민족의 위상에 큰 관계가 있다"고 겸손히 사양한 바 있다.

어린 시절 그는 상민이라는 신분에 절감하여 어떻게 해서든 신분을 탈피해야겠다고 작정했다. 그래서 과거를 보기로 마음먹고 서당에 다닐 수 있도록 해달라고 아버지를 졸라 어려운 생활 가운데 서당에 다녔다. 그는 17세에 해주에서 치른 경과慶科에서 낙방했다. 1892년 당시 과거장은 수험생 대신 답안지 써주기, 뇌물로 합격시키기 등 과거 질서가 문란해질대로 문란해져 있는 상태였다. 백범은 "내가 심혈을 다하여 장래를 개척하기 위해 공부하는 것인데 과거장의 꼬락서니가 이 모양이니… 나도 이제 다른 길을 연구하리라 결심하였다"고 『백범일지』도 진순 주해에 쓰고 있다.

과거를 포기한 그는 아버지의 권유대로 실용적으로 쓸 수 있는 관상, 풍수를 시작했다. 관상공부를 하면서 스스로 자기의 관상을 본 백범의 얘기를 들어 보자. "다른 사람의 상相보다 내 상을 잘 볼 필요가 있다고 생각하여 석 달 동안 내 상을 관찰하였다. 그런데 어느 한 군데도 귀격貴格이나 부격富格 같은 좋은 상은 없고, 온몸에 천격賤格과 빈격貧格과 흉격凶格 밖에 없었다. 앞서 과거장에서 얻은 비관에서 벗어나기 위해 상서相書를 공부하였는데 오히려 그보다 더 비관에 빠지게 되었다"고 술회했다.

그런데 그는 상서에서 "상 좋은 것이 몸 좋은 것만 못하고, 몸 좋은 것이 마음 좋은 것만 못하다相好不如身好 身好不如心好"는 것을 보고 "나는 상 좋은 사람好相人보다 마음 좋은 사람好心人이 되어야겠다고 결심했다… 종전에 공부를 잘하여 과거하고 벼슬을 하여 천한 신세에서 벗어나보겠다던 생각은, 순전히 허영이요 망상이요 마음 좋은 사람이 취할 바가 아니라고 생각되었다"고 했다. 김구가 어떤 사람이 되기를 추구하였는가를 짐작할 수 있는 대목이다.

청소년기의 김구는 마음씀이 달랐다. 소위 큰 나무는 떡잎부터 알아본다는 말이 있듯이 그가 추구한 인생은 화려함보다도 진지함이었다. 좋은 마음을 가져 인생을 변화시키자는 그것이었다. 시류에 영합하기보다는 바른 길을 가고자 했던 그 마음밭을 읽을 수 있다. 그는 관상, 풍수책 외에 『손무자孫武子』, 『삼략三略』 등 병서兵書도 읽었다. 그가 동학농민군의 선봉장이 되었을 때 이 병서의 탐독이 많은 도움을 주었을 것이다. 병서에서 그가 깨우쳤다고 말하는 대목 역시 그의 마음을 읽을 수 있다.

* 태산이 앞에서 무너져도 마음이 흔들리지 않는다泰山覆於前 心不妄動
* 사병들과 더불어 고락을 함께 한다與士卒 同苦樂
* 나아가고 물러섬을 호랑이처럼 한다進退如虎
* 적을 알고 나를 알면 백번 싸워서 지지 않는다知彼知己 百戰不敗

그가 임시정부를 이끌며 고난을 이길 수 있었던 힘도, 윤봉길尹奉吉 의사 등을 길러 일본의 간담을 서늘하게 만들었던 힘도 이러한 병서의 영향도 있었을 것이다.

동학에
들어간 김구

이즈음 그는 동학에 대한 소문을 들었다. 상민의 설움을 이기고자 했던 그, 새로운 세계를 갈망했던 그는 당연히 동학에 빠져들게 되었다. 그가 동학에 감명을 받았던 점은 평등사상이었던 것 같다. 그는 동학도의 집을 찾았을 때 양반 차림의 동학도가 존대를 하며 자신을 맞아준 것에 먼저 감동을 받았다. "저는 어른이 되었더라도 당신께 공대를 받지 못할 상놈입니다. 하물며 아직 아이인데 어찌 공대하십니까?"고 물었다. "나는 동학 도인이기 때문에 빈부귀천에 차별대우를 하지 않습니다"는 대답을 들었을 때 김구는 "이 말만 들어도 별천지에 온 듯한 느낌이 들었다"고 회고했다.

그는 동학에 가입하면서 아명인 창암을 창수로 바꿀 정도로 동학에 감명을 받았다. 그는 스스로 동학도를 포교하는 사람이 되었다. 몇 달 새 수백 명을 모았다. 자연히 그는 인정을 받아 중앙본부가 있는 보은을 찾아가 2대 교주 최시형을 직접 만나 접주지역책임자로 임명받았다. 어린 나이에 접주가 되었다하여 '애기접주'라는 별명을 얻게 된다.

이 무렵 전국적으로 동학농민군이 일어날 때여서 그도 황해도 해주에서 군사를 일으켜 해주성을 공략하는 등 접주로서 전투에 앞장섰다. 그러나 해주성 공략 등에 실패하면서 쫓기게 되었다. 이 과정에서 안중근의 가족과 만나는 인연을 갖게 되었다. 안중근 의사의 부친 안태훈은 진사로 동학군을 토벌하는 의병을 일으켜 주변 동학군은 그를 두려워했다.

안중근이 동학군 토벌에 앞장선 것은 부친을 돕기 위해서였다. 김구의 됨됨이에 대해 듣고 있던 안태훈은 사람을 보내 나이 어린 김구에게 서로 싸우지 말자는 제안을 했다. 이것이 인연이 되어 동학군이 패퇴한 시점에 김구는 안태훈의 집을 찾아가 그의 식객이 되기도 했다.

김구는 척양척왜斥洋斥倭를 외치는 동학도였던 만큼 한편으로는 위정척사와 맥을 같이 한 면이 있으나 이때는 오히려 동학도의 평등주의, 민중주의에 더 마음이 끌렸던 시기라 말할 수 있다. 동학 무리에서 나온 그는 안태훈의 집에서 유학자 고능선高能善을 만남으로서 위정척사의 사상을 더 깊게 갖는 기회가 되었다. 고능선은 화서華西 이항로李恒 老의 학맥을 잇는 화서학파로, 위정척사를 철저하게 신봉하는 전통 유학자였다. 그는 위정척사를 몸으로 실천하여 서양 물건이라면 성냥 한 개비도 쓰지 않는 사람이었다.

김구는 "고 선생님을 하늘 같이 숭배하던 때에는 나 역시 척왜척양이 우리의 당연한 천직이라고 생각하였다. 이에 반대하는 자는 사람이 아니고 짐승이라 여겼다"고 회상했다. 고능선의 영향은 지대했다. 당시 개화파들은 일본이나 미국으로 유학하는 것이 보통이었다. 그러나 고능선은 김구에게 청나라로 건너가 청나라 사람들과 사귈 것을 권하였다. 청일전쟁에서 패배했으나 반드시 청나라가 다시 일어난다는 확신에서 그렇게 권했다. 청나라와의 제휴는 외세 의존이 아니라는 위정척사파의 생각과 일치하는 대목이다. 그는 실제 만주지역을 찾아가 청나라 장수를 만나기도 했다.

민비 시해사건과 단발령에 반대해 의병이 일어났을 때 김구도 산포수山砲手를 모아 의병을 일으킬 계획을 세웠다. 그는 먼저 안중근의 아버지 안태훈과 상의했으나 안태훈은 거절했다. 단발령에 대한 입장이 달랐기 때문이다. 안태훈은 그 때 천주교에 입문한 시기여서 서양문물을 흡수해야 한다는 입장이었다. 그래서 단발령으로 의병을 일으키자는 제의에 찬성할 수 없었다. 김구는 단발령에 응하겠다는 안태훈을 이해할 수 없었다. 그만큼 그가 위정척사에 매달리고 있었다고 볼 수 있다. 이 의병거사는 시작도 못하고 실패로 끝났다.

치하포 사건

김구가 요즘 말로 셀리브리티celebrity, 유명인가 되는 계기를 만들어준 사건이다. 그가 황해도 치하포에서 우연히 만난 일본인을 민비 살해범으로 인식하여 살해한 사건이다. 김구는 그가 변복한 일본군 중위였다고 『백범일지』에서는 적고 있으나, 피해자는 일본 상인이었을 것이라는 주장이 유력하다. 아무튼 그는 민비 시해에 원수를 갚겠다는 국모보수國母報讎 일념으로 주막집 현장에서 그를 살해했다. 이는 명분 있는 일이므로 숨기기를 거절하고 집으로 돌아가 있다가 체포되어 인천에서 신문을 받았다.

일본인에 대한 반감이 크던 시절이어서 그의 행동은 의거로 간주되어 감리서 직원은 물론 인천 주민으로부터 일종의 영웅 대접을 받았다. 재판 과정에서 참관인으로 나와 있던 일본 관리에게 호통을 치고, 사건을 심리하는 재판관에게도 천민인 자신이 국모시해한 역적을 죽였는데 당신들은 무엇을 했느냐는 식으로 나무랐다. 이런 식이 되자 그의 재판은 하나의 구경거리가 되었다.

어머니 곽씨 부인은 아들 옥바라지를 위해 인천으로 함께 와 식모살이를 하는데, 주변에서 어머니에 대한 대접도 달라졌다. 그는 사형소식을 신문을 보고 알았다. 그럼에도 불구하고 마음이 떨리지 않았다. 사형을 집행하느라 교수대로 끌고 가기 직전 사형집행 정지명령이 내려왔다. 국모보수라는 일념에 살인했다는 대목에 고종이 감명을 받아 일단 그를 살려놓으라고 인천감리서에 알려왔다.

감옥생활은 그의 인생에 새 전기를 마련해주었다. 그는 감옥에서 죄수들에게 『대학大學』을 가르쳤다. 국민들을 교육시켜야겠다는 열의에서 비롯된 것이리라. 이런 소식이 〈독립신문〉에 보도되었다. "인천항 감옥서 죄수 중 해주 김창수김구는 갇힌 지가 3년인데 옥중에서 학문을 독실히 하며 다른 죄인을 권면하여 공부를 시키는데… 감옥 순검의 말이 인천감옥서는 옥이 아니요 감리서가 학교라고들 한다니 죄수들을 그렇게 대접하여 학문에 힘쓰게 하는 그 개명한 마음을 우리는 깊이 치사하노라."『독립신문』 1898년 2월15일자, 재인용 『이승만과 김구』

매일 『대학』을 읽고 있는 그에게 한 감리서 직원이 신서적을 읽어보라고 권하였다. 이것이 그의 사상의 변화를 가왔다. "청계동에서 오로지 고 선생만 하나님처럼 숭배할 때에는 나 역시 척왜척양이 우리의 당연한 천직이라 생각했다… 그런데 『태서신사泰西新史』 책만 보아도… 오랑캐로 여겼던 서양인들이 도리어 나라를 세우고 백성을 다스리는 좋은 법규가 사람답다는 느낌이 들었다"고 했다. 이 『태서신사』는 교육을 강조했다. 김구가 탈옥을 한 뒤 고향에서 교육에 힘쓴 이유도 이 책의 영향 때문이었다.

기약 없는 감옥생활을 더 이상 견딜 수 없어 김구는 탈옥을 결심했다. 몇 몇 죄수와 함께 탈옥한 김구는 삼남지방을 돌며 전국의 민심을 몸으로 체험할 기회를 갖게 됐다. 아산의 충무공 이순신 기념비를 구경하고, 금산에 있는 조헌의 칠백의총七百義塚도 돌아보았다. 삼남지방의 인심도 체험하는 기회였다.

그는 삼남지방이 서북지방보다 반상양반과 상놈의 차별이 더 심하다는 것을 깨달았다. 그는 "내가 상놈으로 해주 서촌에서 태어난 것을 한탄했으나 이곳에 와 보니 양반의 낙원은 삼남이요 상놈의 낙원은 서북이로다. 내가 해서에서 상놈이 된 것이 큰 행복이다"고 적고 있다. 감옥에서 만났던 지인들을 찾아 유랑생활을 하던 중, 공주 마곡사를 찾았다가 아예 삭발하고 중으로 입적했다. 불안한 도피생활을 청산하고 싶었을 것이다. 그는 그때의 심정을 이렇게 적고 있다.

"망명객탈옥수이 되어 사방을 떠돌아다닐 때에도 내게는 영웅심과 공명심이 있었다. 평생 한이던 상놈의 껍질을 벗고, 평등하기보다는 월등한 양반이 되어 평범한 양반에게 당해온 오랜 원한을 갚고자 하는 생각도 가슴속에 품고 있었다. 그러나 중놈이 되고 보니 이 같은 생각은 허영과 야욕에 불과한 것이었다."

이러한 불자 생활은 김구를 만족시킬 수 없어 1여 년 만에 승려 생활을 청산했다. 따라서 그의 사상에 불교의 흔적은 크지 못했다.

기독교 입문과
교육 활동

3년 만에 고향에 돌아온 그는 김창수라는 이름을 김구金龜, 나중에 金九로 바꿈로 고치면서 본격적인 신학문 배우기와 교육활동에 들어갔다. 그는 이 시기부터 위정척사에서 개화사상으로 전환하게 된다. 그는 스승인 고능선을 찾아 자신의 사상적 변화에 대해 논쟁하였다. 서양을 오

평등사상에 매료된 김구는 동학에 빠져들기도 했다.

랑캐로 배척하는 위정척사 사상은 잘못된 것이라고 주장하였다.

"우리나라 탐관오리는 비록 사람의 얼굴을 가졌으나 금수의 행실이 많으니 그들이 참으로 오랑캐입니다. 임금이 매관을 하니 그것이 오랑캐 임금이 아니겠습니까? 내 나라 오랑캐도 배척하지 못하면서 어찌 남의 나라 오랑캐를 배척할 수 있겠습니까? 저 대양 건너에 사는 각 나라에는 제법 국가제도가 잘 갖추어져 있고 문명도 발달되어 있습니다. 그들은 공맹의 그림자도 보지 못했지만 공맹의 법도 이상으로 발달된 법도를 가지고 있습니다. 그럼에도 불구하고 계속해서 오랑캐, 오랑캐 하고 배척만 한다면 무슨 소용이 있겠습니까?"

당시 정부는 잠업을 발전시키기 위해 뽕나무 기르기를 권장하고 있었다. 고향에서 김구는 잠업을 진흥시키는 업무를 맡는 권상勸桑위원에 위촉되었다. 그는 해주에 가서 뽕나무 묘목을 받아오라는 군수의 명령을 받았다. 해주에서 나누어준 묘목은 시들어 죽게 된 것 뿐이었다. 김구는 항의하면서 수령을 거부했다. 배포하던 관리가 하는 수 없이 살아 있는 묘목을 골라가라고 허용했다.

김구는 여비 2백 냥 중 남은 130냥을 반환했다. "우리나라 관리가 다 김 선생 같으면 백성의 고통이 없겠습니다. 박가나 신가가 갔다 왔다면 몇 백 냥 더 신청했을 겁니다"라고 했다. 그만큼 김구는 청렴한 지도자의 싹을 보였다.

그 무렵 평안도와 황해도 서북지방에는 선교사들에 의해 빠르게 기독교가 전파되고 있었다. 서북인은 조선에서 천대를 받았다. 따라서 누구나 하나님의 자녀라는 평등 인권사상을 기초로 하는 기독교가 서북지방에서 번성하기 좋은 조건이었다. 1903년경 김구도 선교사로부터 세례를 받았다. 그는 예수교에 대해 『백범일지』에서 "평안도는 물론이고 황해도에도 신교육 풍조는 예수교로부터 계발되었다…. 선교사의 말을 들은 사람들은 신앙심 이외에 애국사상도 갖게 되었다. 당시 애국사상을 지닌 대다수의 사람들이 예수교 신봉자임은 숨길 수 없는 사실이다"고 적었다. 김구는 이 기독교를 바탕으로 신교육 운동을 하였고, 민족운동의 지도자로 부상하였다.

그는 황해도 북부 장련에서 주변의 도움으로 광진학교를 열었다. 1904년 11월 일본이 강제로 을사늑약을 체결하자 전국적으로 조약파기 운동이 벌어졌다. 이에 앞장선 것이 기독교인들이었다. 서울에서는 상동교회를 중심으로 구국기도회가 열렸다. 김구는 황해도 기독청년 대표로 서울에 올라와 구국기도회와 조약무효 상소투쟁에 참여했다. 김구는 "그 때 각도에서 청년대표가 모여 토의하는 것이 겉으로는 교회사업처럼 보였으나 속으로는 순전히 애국운동이었다. 먼저 의병을 일으킨 산림학자들을 구舊사상이라 하면 예수교는 신사상이라 하겠다"고 했다.

김구는 을사조약 무효운동을 하면서 민중의 각성이 절실함을 깨달았다. 그는 이때부터 본격적인 교육사업을 시작하게 되었다. 그는 환등기를 가지고 각 군의 학교나 교회를 돌며 새 문명과 애국심 고취를 위한 강연 등을 하게 되었다. 그 후 그는 황해도 교육의 중심지인 안악의 양산학교 교사로 초빙 받았다. 그러면서 황해도 전체의 교육 연합체인 해서海西교육총회의 학부총감으로 일했다. 이 시기 안중근의 이토 히로부미 저격사건이 발생하여 김구는 사건과 관련이 없었지만 1개월 동안 구금생활을 하기도 했다.

또 다시
감옥으로

양산학교 교장으로 있으면서 김구는 비밀결사체인 신민회에 가입하여 활동했다. 신민회는 안창호가 중심이 되어 1907년 결성된 후, 일제에 나라를 빼앗기자 서간도에 독립군 기지를 결성키로 결의하는 등 전국적 규모의 비밀 독립운동 조직체였다. 김구는 해서교육회 총감으로 있으면서 신민회 황해도 총감도 맡았다. 그는 독립군 기지를 세우기 위한 황해도 모금책이 되었다.

이런 와중에 안중근의 사촌동생 안명근安明根이 김구를 찾아왔다. 안은 신민회와는 별개로 단독으로 반일투쟁 계획을 세우고 황해도 부자들을 협박해 자금을 거둘 뜻을 밝혔다. 김구는 이에 반대하여 가담치 않았는데, 안명근이 체포되면서 김구도 뒤늦게 체포됐다. 이는 일본이 안명근 사건을 계기로 이를 확대하여 서북지방의 반일 인사들을 뿌리

뽑겠다는 의도로 신민회 간부들도 체포했다. 이 사건은 더욱 확대 조작되어 105인 사건으로 비화되었다. 그러므로 안악 사건, 105인 사건은 서로 연계가 된 것이다.

김구는 모진 고문을 받았다. 그는 일본 헌병경찰이 철저하게 고문하는 자세를 보면서 오히려 스스로를 부끄러워했다. "처음에 이름부터 신문을 시작하던 놈이 불을 밝히고 밤을 새우는 것과, 그 놈들이 온 힘을 다해 사무에 충실한 것을 생각할 때 자괴감에 견딜 수 없었다… 나라를 남에게 먹히지 않게 구원하겠다는 내가, 남의 나라를 한꺼번에 삼키고 되씹는 저 왜구와 같이 밤을 새워본 적이 몇 번이었던가 스스로 물어보니 온몸이 바늘방석에 누운 듯이 고통스럽고, 내가 과연 망국노의 근성이 있지 않은가 하여 부끄러워 눈물이 눈시울에 가득 찼다."

면회 온 어머니 곽씨 부인은 김구를 보고 "나는 네가 경기감사나 한 것보다 더 기쁘게 생각한다… 우리 걱정은 말고 네 몸이나 잘 보중하기 바란다"고 했다. 이런 어머니를 보고 김구는 "우리 어머님은 참 놀랍다고 생각된다… 일단 만나면 울음을 참기가 지극히 어려울 것인데, 어머님은 참 놀라우신 어른이다"고 적었다.

그는 감옥생활에서도 극일을 실천하려 애썼다. "표면으로는 나도 붉은 옷을 입은 복역수이지만 정신상으로는 결코 죄인이 아니다… 정신으로는 죽으나 사나 당당한 대한의 애국자이다. 될 수 있는 대로 왜놈의 법률에 복종치 않는 실제의 사실이 있어야만 내가 살아 있는 본뜻이 있는 것이다." 이런 생각에서 그는 감옥 규칙을 일부러 어겨가며 자신의 식사를 다른 사람에게 주기도 했다.

감옥생활은 그를 더욱 단단하게 만들었다. 그의 일본에 대한 적개심은 더욱 불타올랐다. "태산처럼 크게 상상되던 왜놈이 그때부터 겨자씨 같이 작아 보였다. 무릇 일곱 차례나 매어 달려 질식된 뒤 냉수를 끼얹어 회생시킴을 당하여도 마음은 점점 강고해지고, 왜놈에게 국권을 빼앗긴 것은 우리의 일시적인 국운 쇠퇴요, 일본으로는 조선을 영구통치할 자격이 없음이 불 보듯 확연한 일로 생각되었다"고 했다.

김구가 일인 경찰에게 자신은 죄 없는 모범교사임을 강조하자 일인은 "네가 그런 줄은 안다마는 전답을 사들인 지주로서 그 전답에 있는 뭉우리돌을 골라내는 것이 상례 아니냐?"며 그를 밭에 박혀있는 돌에 비유했다. 그는 이때부터 "왜놈이 나를 뭉우리돌로 인정하는 것이 참 기쁘다. 나는 뭉우리돌 정신을 품고 죽겠고, 살아도 뭉우리돌 책무를 다하고 말리라"고 다짐했다.

그는 뭉우리돌이 석회처럼 풀리지 않을 것을 맹세하며 자신의 이름을 구龜에서 구九로, 호를 연하蓮下에서 백범白凡으로 고쳤다. 백범은 가장 천한 직업인 백정白丁에서 백 자를, 범 자는 범부凡夫에서 따왔다. 김구는 이에 대해 "우리나라 하등 사회, 즉 백정 범부들이라도 애국심이 지금의 나 정도는 되어야 완전한 독립국민이 되겠다는 원망을 가지자는 것이다"고 설명했다. 15년형을 받은 김구는 감형 덕분에 형기가 5년으로 줄었고, 1915년 8월 가석방으로 4년 7개월 만에 자유의 몸이 되었다. 고향에 돌아온 그는 아내가 근무하던 안신학교安新學校에서 일하게 되었다.

그의 귀향을 축하하는 연회에서의 일화: 고향의 젊은이들이 그를 환영하는 석상에 기생을 불러 노래와 춤판이 벌어지자 어머니 곽씨 부인이 김구를 불러 "내가 여러 해 동안 고생한 것이 오늘 네가 기생을 데리고 술 먹는 것을 보려고 한 것이냐?"고 꾸짖었다. 김구는 부끄러웠다. 훌륭한 백범 뒤에는 마치 안중근의 어머니처럼 그의 어머니가 있었다.

그 후 동산평이라는 농장의 감독으로 일하면서 농장 농부들의 도박 등 폐습을 뜯어고쳤다. 3.1운동이 일어난 1919년까지의 시기가 김구로서는 가장 평온한 나날들이었다. 김구는 동산평에서 3.1운동을 맞았으나 시위에는 적극 나서지 않았다. 그는 3.1운동을 겪으며 상하이로 망명을 결심했다. 상하이에서 임시정부가 결성된다는 소식을 들었기 때문이다.

이때부터 김구의 임시정부 시절이 시작되는 것이다. 백범 김구가 임시정부에 들어가게 된 이야기를 들어보자. 『백범일지』에 따르면 김구가

중국 중칭(重慶) 시절의 모습

옥중에서 나와 1919년 상하이로 망명하여 내무총장으로 임시정부 수립을 위해 애쓰고 있는 안창호를 찾아갔다. 그는 안창호에게 정부의 문지기를 시켜줄 것을 부탁했다. 그 많은 자리 중에 문지기를 시켜달라는 이유가 있었다. 그가 국내에 있을 때 스스로 실력을 알기 위해 순사시험을 테스트해보니 합격이 어려우리라는 것을 알았다. 안창호는 국무회의를 통해 그에게 경무국장 자리를 주기로 했다. 백범은 "순사 자격조차 못되는데 어찌 경무국장이 된단 말이요?"라며 사양했다는 것이다.

그는 임시정부가 흐지부지 되어가는 와중에서도 끝가지 이를 지켰다. "나는 최초에는 정부의 문지기를 청원하였으나 노동총판, 내무총령, 국무령, 주석을 역임하였다. 이렇게 된 것은 나의 문지기 자격이 진보된 것이 아니라 임시정부가 인재난, 경제난이 극도에 달했기 때문이다. 그것은 마치 명성이 쟁쟁하던 인가가 몰락하여 그 고대광실이 걸인의 소굴이 된 것과 흡사하다… 이승만 대통령이 취임할 때는 중국은 물론 눈 푸르고 코 큰 영, 불, 미의 친구들도 더러 임시정부를 방문했다… 그러나 이제 서양친구라고는 한 사람도 찾아오는 이가 없다… 그렇지만 매년 크리스마스에는 적어도 몇 백 원어치 물품을 사 불란서 영사와 그전의 친구들에게 선물하였다. 어떠한 곤란 중에도 14년 동안 연중행사로 실행한 것은 우리 임시정부가 존재한다는 흔적을 그들에게 인식시키려는 방법이었다."

그는 우리 임시정부의 간판을 거의 혼자 붙들고 해방을 맞았다. 윤봉길, 이봉창李奉昌 의사 의거도 그의 작품이었다.

김구와 정체성

    김구의 생애는 조선말의 사상적 배경과 그 궤도를 같이 했다는 생각을 갖게 만든다. 김구는 상민으로 태어나 신분의 상승을 꿈꾸며 과거를 위해 한학공부를 하다가, 과거에 실패한 후 동학도로 변신한다. 동학농민전쟁의 실패를 겪고 나서 그는 한동안 위정척사를 고수하던 스승을 만나 위정척사 사상에 빠져든다. 그 때까지 그는 개화사상을 경원시 한 사람이었다.

    그는 민비 시해에 대한 원수를 갚는다는 생각에서 일본인을 살해하여 감옥생활을 하면서 비로써 개화사상을 접하게 되었다. 위정척사의 일념으로 척양척왜를 외치던 그가 서양나라에 대한 눈이 비로소 떠진 것이다. 오랑캐로 여겼던 서양 국가들이 백성을 더 잘 살게 다스린다는 사실을 알고 난 뒤 그는 교육의 중요성을 깨달았다.

    감옥에서 나온 후 그는 교육자로 변신했다. 이때부터 그는 개화사상의 전도자가 되었다. 그는 동학사상에서 위정척사로, 그 후 개화사상으로 사상적 변화를 겪은 것이다. 그는 개화사상을 받아들이면서 기독교를 믿게 되었다. 그는 암살당한 일요일에도 교회를 가려다 차편이 없어서 가지 못하고, 경교장에 머물다가 방문객을 가장한 안두희에게 저격당했다. 그는 탈옥 후 한 때 마곡사 승려를 지냈다. 그런 점에서 볼 때 그는 유교, 동학교, 불교, 기독교를 다 섭렵한 셈이다.

    그는 일생을 국권회복에 바친 사람이다. 그는 나라를 소중하게 여겼다. 국권을 빼앗기면 백성은 종이 되고 만다는 사실을 절감했다. 조선이라는 나라를 빼앗기고 난 후 모든 조선 사람은 일본의 종이 되었다는 생각이 절절했다. 그가 상민 출신으로의 설움을 겪었듯이, 온 나라 백성이 일본 놈의 종이 되었다는 점이 그를 분개케 만든 것이다. 그는 나라의 독립이 무엇보다 소중하다는 것을 알았고 그렇기 때문에 고난 속에서도 임시정부를 지킬 수 있었다.

그는 나라 사랑으로 일생을 바친 사람이다. 감옥에서도, 학교에서도, 그 후 임시정부 시절에도 목표는 오로지 나라의 독립을 찾는 것이었다. 그런 점에서 그는 철저한 민족주의자였다. 그의 민족주의는 일본에 저항한 민족주의라는 점에서 저항적 민족주의자라고 평가하기도 한다.

그는 공산주의에 대해 반대했다. 그래서 민족진영에 섰다. 아쉬운 점은 그가 대한민국 탄생에 소극적이었다는 점이다. 그는 통일된 민족국가를 꿈꾸었다. 그러나 그 시절 그것은 이미 불가능한 꿈이었다. 그가 1948년 봄, 남북협상을 위해 북한에 갔을 때 북한은 이미 단독정부를 위해 준비를 끝냈음을 그는 보았다. 그는 실망하여 돌아올 수밖에 없었다.

그 후 그는 대한민국 정부에 적극적으로 반대하지 않았다. 아쉬움을 말한다면 그가 이승만과 협력하여 나라를 세우지 못했다는 점이다. 물론 한동안 둘이 협력했지만, 결국 권력은 나눌 수 없다는 그 본성 때문에 둘은 협력을 못한 것이다. 이승만도 그를 인정하여 협력의 길을 모색했다면 그 이후 전개된 우리의 정치가 그토록 분열적이지는 않았으리라. 하지만 그것이 역사요, 정치현실이라는 한계를 인정하지 않을 수 없다. 김구가 현실정치에서는 패배했지만 그가 보인 애국심은 우리 후손들이 따라가야 할 영원한 빛이 되었다. 우리는 김구의 민족주의 정신

광복 직후의 한 시절에 이승만과 김구는 가까웠다.

을 이 시점에서 어떻게 구현할 것인가? 물론 우리는 통일된 나라를 세우기 위해 노력해야 한다. 그러나 통일 이전에도 할 일이 있다. 북한 주민이 우리와 같은 민족이라는 점을 절감한다면, 우리는 통일 이전에라도 북한 주민만큼은 같은 대한민국의 국민이라 여기고 행동해야 한다.

첫째 그들의 삶을 도와주어야 한다. 그렇다고 이것을 통해 북한 지배층의 통치를 더 공고하게 만들어주어서는 안 된다. 인도적인 지원만 하자는 것이다. 같은 하늘을 이고 살고, 우리의 국민이라는 점에서 그들의 굶주림과 헐벗음을 외면해서는 안 된다는 것이다. 전쟁물자가 될 수 있는 것, 지배층에게만 혜택이 돌아갈 수 있는 지원은 제외해야 한다.

더 중요한 것은 북한 주민의 인권을 외면해서는 안 된다는 것이다. 그들은 김일성, 김정일金正日, 김정은金正恩 유일체제의 희생양들이다.

유엔위원회가 왜 북한의 지도자들을 국제사법재판소에 회부토록 결의안을 통과시켰는가? 북한의 인권문제는 이제는 남북문제가 아니라 세계문제가 됐다. 왜 한국에서 이 문제가 외면당하고 있는가?

더욱이 진보라고 하는 사람들이 이 문제를 외면하는데 앞장서고, 야당은 북한 인권법 제정을 반대하고 있으니 세계인에게 부끄럽지도 않은가. 김구 선생이 살아계신다면 이런 사태를 어떻게 보겠는가? 오죽하면 외국인들이 북한 인권문제를 위해 평양으로 갈 것이 아니라 서울로 가야한다고 말할까? 서울에 가서 마비된 한국인의 의식을 깨워주어야겠다는 뜻에 다름 아니다.

우리는 다양성을 장점으로 가진 자유민주주의 체제 안에 살고 있다. 그러나 다양성을 내세워서 무엇이든지 용인할 수 있는 것은 아니다. 다양성을 해치는 주장이나, 다양성과는 반대되는 전체주의를 옹호하는 주장은 용인해서 안 되는 것이다. 전후 독일 헌법이 나치와 같은 집단이나 운동을 금지한 것이 바로 이런 이유 때문이다.

헌법재판소가 최근 종북파 통합진보당에 대해 위헌결정을 내린 것은 늦었으나 잘한 일이다. 이렇게 분명한 입장 표명이 있어야 대한민국 체제를 지킬 수 있는 것이다. 물론 여러 문제가 중층적으로 물려 있는 이슈에는 한 가지 해답만이 있을 수 없다. 하지만 인간의 기본권과 같은 가장 기본적인 문제에는 답이 여러 개 있는 것이 아니다. 그것은 중층의 문제가 아니다. 옳고 그름만 있을 뿐이다. 인권을 무시하고 탄압하는 자는 용서할 수 없는 것이다.

민족 우선을 주장하면서 민족을 탄압하는 체제를 용서하자는 주장은 그래서 틀린 말이다. 김구 선생도 그런 민족주의를 원한 것이 아니다.

그러나 요즘 김구를 모신다는 사람들은 이 점에 대해 흐리멍덩하고 애매하다. 민족주의는 민족의 자유와 복리를 위해 필요한 것이다. 억압체제 속에서의 민족주의는 민족에 해만 끼칠 뿐이다.

1948년 평양을 찾아가 김일성에게 이용만 당한 김구는 체제라는 현실문제를 너무 낭만적으로 생각한 것 같다. 공산체제라는 것이 무엇을 의미하는지를 알았다면 "38선을 이고 죽겠다"는 식으로 접근하지는 않았을 것이다. 그 의미는 이해하지만 공산주의와는 타협이 불가능하다는 점을 몰랐던 것이다. 그렇기 때문에 그는 평양에서 돌아와 대한민국 수립을 반대하지 않았다. 그 점은 참으로 다행스럽고 올바른 판단이었다.

7장
도산島山 안창호

이상주의적인 현실주의자였던 안창호

현실적 판단력 갖춘
독립운동가

솔직히 나는 도산島山을 잘 몰랐다. 막연히 흥사단을 만든 분이라는 것과, 서울 강남에 그를 기념하기 위한 도산공원이 있다는 정도가 그에 대한 지식의 전부였다. 안창호 선생에 대해 무지했던 여러 이유가 있었던 듯하다. 독립운동의 세력 가운데 그의 입지는 매우 독특하여 후세에 어느 쪽에서도 그를 인물로 모시려는 열성이 부족했던 것 같다.

우선 이승만 정권 시절에는 미국에서 독립운동을 할 당시 두 사람이 일종의 경쟁적 관계였던 만큼물론 도산 선생은 임정 때 이승만을 대통령으로 추대하는데 각 파벌들을 설득했던 분이다 권력주변 인물들이 그를 의식적으로 내세우지 않은 것 같다. 또 좌파나 무장 운동파에서는 그의 철학이 개인의 도덕주의, 실력주의에 입각한 독립운동이었으므로 그를 친일파로 전향한 사람이 많던 문화 실력배양 운동파 쯤으로 치부하지 않았나 생각한다.

그러나 그는 현실적 판단력을 갖춘 위대한 독립운동가였다. 그는 장기적인 안목으로 실력배양을 주장했지만 무장투쟁에 반대하지 않았고, 이승만과 같은 외교주의파와 문화실력파 모두를 통합하려고 애썼던 인물이다.

그는 끝까지 자기 자신에 충실했던 인물이다. 독립운동을 한다는 명분으로 개인적인 삶에서는 많은 흠결이 있었던 사람들과는 달랐다. 정치를 한다며, 말로는 국민을 위해 산다면서, 실제의 삶은 국민에게 부담만 주는 삶을 사는 오늘날 정치인들의 행태와 같지 않았다. 그는 자신의 독립에 대한 소신을 끝까지 지켜 결국 감옥에서 병이 들어 돌아가셨다. 이는 문화 실력주의 운동을 했던 많은 분들이 끝에 가서 결국 변절하고 마는 인생들과도 달랐다.

그는 도덕적 품위를 지켜가는 사람들이 흔히 빠지기 쉬운 개인 지상주의에 머무르지 않고 언제나 여러 사람이 힘을 합치는 일에 일생을 바치었다. 그는 어쩔 수 없이 간극이 생기는 정치와 도덕, 개인과 집단을 일치시키는데 노력한 이상주의적 현실주의자였다. 그의 이러한 좌표로 인해 해방 후 분열과 혼란 속에서 그를 그리워하는 사람들이 많았다.

낭만적인 생각이지만 그가 살았다면 해방 후 판세가 달라졌을 것으로 보는 사람도 있었다. 그를 대통령 적임자로 평가하는 사람들도 있었다. 역사에서 가정은 의미가 없다고 하지만, 과연 그가 해방 공간의 정치 투쟁에서 성공하여 대통령이 될 수 있었을까? 나는 어려웠을 것이라고 생각한다. 그는 현실을 인정하지만 현실에 굴복하지 않는 이상주의자였기 때문이다.

지도자가 없다고 한탄하는 요즘, 완전한 인격자로서 애국심 하나로 일생을 살았던 그는 우리들의 귀감이 될 그런 지도자였다. 그는 "지도자가 없다고 한탄 말라. 스스로 지도자가 되기 위해 인격적으로 훈련하라"고 했다. 그의 말대로 우리 모두가 지도자적 소양을 갖춘다면 우리나라는 그때 비로소 원숙한 나라가 될 것이다.

지금 풍조는 인격과 직책을 분리시켜 직책에만 시선을 집중하고 그 역할만 잘 하면 된다는 것이 일반적인 생각이다. 그러나 자리나 직책은 인격과 결코 분리시킬 수 없다. 인격과 도덕을 가볍게 여기는 우리

의 풍조 때문에 능력과 기술은 있으나 지도자로 존경 받을 만한 사람이
점점 희귀해져 가는 것이다.

안창호의 일생

도산은 1878년 11월12일 대동강 하류 도롱섬에서 태어났다. 조선과
일본이 강화도조약을 맺은 2년 뒤에 태어난 것이다. 문을 꼭 걸어 잠그
고 쇄국정치를 하던 조선에 열강들이 바야흐로 몰려들기 시작하는 바
로 그 무렵이었다. 서당에 다녔던 그는 필대은畢大殷이라는 서당 선배로
부터 새로운 문물에 대해 배우기 시작하면서 나라의 사정에 눈을 떴다.

17세이던 1894년, 청나라와 일본의 평양 전투를 보면서 "왜 저들이
우리 땅에서 전쟁을 하나? 그것은 우리가 힘이 없는 까닭이다"는 점을
깨달았다. 청일전쟁 후 일본은 조선의 독립을 요구했다. 왜 그랬을까?
안창호는 일본이 한국을 탐내고 있기 때문이라는 점을 알았다. 일본은
곧 마수를 드러냈다. 1895년 8월에 일본 낭인과 군인들은 경복궁을 침
범해 왕후를 살해했다.

독립협회가 1897년 창설되어 토론회가 열리고, 그 뒤 만민공동회가
개최되었다. 춘원春園 이광수李光洙가 지은 『도산 안창호』에 따르면, 안
창호는 서울로 올라와 독립협회에 참가하면서 독립협회 관서지부의 책
임을 맡았다. 그는 1897년 평양 쾌재정에서 평양감사까지 참석한 평양

만민공동회에서 명연설을 하여 일약 전국적으로 유명해졌다.

그는 수백 명 앞에서 "힘이다. 힘을 기르자"라며 독립의 기초는 힘이라고 강조했다. 그의 실력주의 사상이 표출되는 순간이었다. 그는 "국민이 도덕이 있는 국민이 되고, 지식이 있는 국민이 되고, 단합하는 국민이 되어서 정치, 경제, 군사적으로 남에게 멸시를 안 받도록 하자는 것"이라며 "우선 나 자신이 그러한 사람이 되는 것이다. 내가 덕德이 있고 지智가 있고 애국심이 있는 사람이 되면 우리나라는 그만큼 힘을 더하는 것이다. 나 자신이 힘이 없이 남을 힘 있게 할 수 없음은 마치 내가 의술을 배우지 아니하고 남의 병을 고치려는 것 같이 어리석은 일이다. 그러니 공부하자"고 했다.

만민공동회가 해산되면서 1899년 평남 강서구 동진면 암화리에 점진漸進학교를 세웠다. 안창호는 급진과 대비되는 점진을 좋아했다. 그는 김옥균의 갑신정변, 서재필과 이승만의 독립당 운동이 급진적이었기 때문에 실패했다고 믿었다. 그는 "시급하다 하여, 백년하청이다 하여 있는 대로 아무렇게나 하면 실패한다"면서 "갑신년김옥균 등의 정변부터 단결하여 교육산업주의로 국력을 배양하였더라면 벌써 20년 축적이 있지 않았겠는가. 오늘부터 이 일을 시작하면 10년 후에는 국가를 움직일 큰 힘이 모이지 않겠는가? 이 힘의 준비야말로 독립 목적을 달성하는 첩경이다"고 말했다.

김옥균 같은 급진파는 수구세력을 몰아내기 위해 일본과 손잡을 수밖에 없다고 했는데, 외국 힘을 빌리면 밀려난 쪽에서 다시 매국적 조건으로 외부세력과 결탁하여 보복하게 된다는 점을 그는 알았다. 그래서 자력으로의 독립이 중요함을 강조한 것이다. 점진이라는 교명은 안창호가 급진주의 혁명주의를 신뢰하지 않고 조금 늦더라도 실력배양을 통해 근본을 튼튼히 만든 다음에야 무슨 일이든지 제대로 될 수 있다는 평생의 신조를 표현한 것이었다.

언더우드 학당을 졸업한 그는 언더우드 선교사의 도움으로 1899년 22살에 미국행을 결심하게 됐다. 그에 앞서 그에게는 집안 어른이 정해준 약혼녀가 있었다. 그는 약혼녀에게 10년 뒤에 보자며 혼자 도미할 생각이었다. 그런데 약혼녀 이혜련李惠練이 서울로 따라 올라오자 그녀를 정신학교에 입학시켜 배우게 한 뒤 함께 도미하게 되었다.

이렇게 결혼한 그녀는 미국에서 평생 삯바느질, 가정부 등 막일을 하며 자식을 혼자 힘으로 길러냈다. 태평양을 건너 하와이에 도착할 즈음 그는 망망한 바다에서 하와이 섬의 산들을 바라보면서 그 기상을 흠모하여 호를 도산이라 지었다. 샌프란시스코에 도착한 그는 청소부 일을 하며 22살 나이에 초등학교에 들어갔다. 6세부터 18세까지 나이 제한이 있었는데 지역신문에 그의 스토리가 실리면서 나이가 밝혀지는 바람에 퇴학을 당했다. 그의 하숙집 주인이 "키가 작으니 17세라고 속이면 되지 않느냐?"고 했다. 그는 거짓말하면 안 된다며 거절했고, 교장이 이 사실을 알게 되자 그의 정직성을 높이 평가해서 다시 입학을 허가했다.

일화 한 토막. 그는 길에서 한인 둘이서 옷을 벗어 제치고 싸우는 광경을 목도했다. 이 지역에 많이 몰린 중국인 노동자쿠리들에게 조선의 인삼은 인기가 있었다. 중국인이 가는 곳이면 조선 인삼장수가 쫓아다녔다. 싸우는 이들은 인삼장수들이었다. 이들은 서로 판매 구역을 놓고 멱살잡이를 한 것이다.

도산은 "당신들이 이렇게 싸우면 미국인들이 조선인들은 다 야만인이라고 하지 않겠느냐?"고 나무랐다. 당시 한인들이 샌프란시스코에 몇 십 명 살고 있었는데, 집을 꾸미지도 않고 청소도 하지 않아 냄새가 나고 더럽기 그지없었다. 안창호는 학업 대신 이들 교민들을 각성시켜야겠다는 사명감이 들기 시작했다. 조선인 한 사람 한 사람이 조선을 대변하는데, 이렇게 더럽고 야만스러우면 미국인들이 조선 사람들 전체를 무시하지 않겠느냐는 생각에서였다. 그는 동포들의 집을 방문하여 커튼도 달아 주고, 창밖에 미국인들처럼 화분도 내놓고 하는 환경미화 작업을 도와주었다.

한번은 미국인 집주인이 세든 조선 사람을 보고 "당신네 나라에서 위대한 지도자가 왔소? 위대한 지도자 없이 코리언들이 이렇게 변할 수 없지 않느냐?"고 했다. 아마 나이가 지긋한 백발의 지도자가 있으려니 했는데, 장본인이 20대 청년이라는 사실을 알고 깜짝 놀란 것이다. 미국에서 그의 독립운동은 이렇게 한국인들을 계몽하는 것에서 출발했다. 미국 본토와 하와이에 1903년 9월 그의 노력으로 한인 친목회가 조직되었다. 이 친목회는 공립협회로, 나중에는 대한인국민회로 발전하게 된다.

1904년 발발한 러일전쟁이 일본의 승리로 끝났다. 을사늑약을 강요당한 조선은 외교권까지 빼앗기고 마지막 숨을 헐떡거리고 있었다. 1906년 2월 1일에는 서울에 조선통감부가 설치되었다. 이러한 국내사정을 들은 안창호는 1907년 귀국했다. 귀국 도중 일본 도쿄東京에 들러 한국인 유학생들 모임에 초대되어 거기서도 감동적인 연설을 했다. 이 연설로 당시 최남선崔南善 등 조선 유학생들이 안창호를 존경하게 되었고, 후에 임시정부에서도 젊은 지식인들이 그를 믿고 따랐다.

귀국한 그는 비밀결사인 신민회를 조직했다. 이 신민회는 신민臣民이 아닌 새로운 국민新民을 의미하는 것으로, 최초로 공화제를 내건 단체였다. 그는 모임을 만들었지만 평소와 같이 앞에 나서지 않았다. 스스로 지도자의 자리에 앉지 않는 겸손함을 보였다.

양기탁梁起鐸을 총감독으로 내세웠다. 신민회는 전덕기全德基, 이동휘李東輝, 이동녕李東寧, 이갑李甲, 이상재李商在, 윤치호尹致昊, 김구, 박은식朴殷植, 신채호申采浩 등 국내의 쟁쟁한 8백여 명의 비밀회원으로 구성되었다. 이들은 독립협회와 만민공동회를 계승한 개화, 애국계몽파가 주류를 이루었다. 신민회가 군주제가 아닌 공화제를 채택한 데는 미국 정치를 본 안창호의 영향이 컸다.

신민회는 실력양성에 주안점을 두어 평북 정주의 오산학교, 평양의 대성학교 등 많은 사립학교를 세웠다. 1910년에는 '독립전쟁 전략'을 채택하여 독립군 부대를 만주지역에 설치하고, 무관학교를 세워 생도를 길러내기도 했다. 신민회는 일제가 조작한 105인 사건으로 드러나면서 붕괴된다.

그는 이미 통감부의 감시를 받는 주요 인물로 부상했다. 초대 통감 이토 히로부미는 그를 이용할 속셈으로 그에게 조각권組閣權을 주는 조건으로 협조를 부탁했다. 권력을 주겠다는 교묘한 유혹이었다. 이토는 "일본만으로는 서세동점西勢東漸을 막을 수 없다. 청과 한이 일본만한 역량을 가지어야 선린이 될 수 있다. 나는 한국 재건에 전력하고 있다. 그 다음에는 청국으로 갈 것이다. 그래서 3국이 동양평화를 확립하자"고 했다.

소위 3국일·청·한 정립鼎立이 서세동점을 막는 길이라는 그의 정견을 말했다. 일본과 청과 조선이 마치 솥처럼 세 발로 서면 동아시아가 안정을 이룬다는 것이었다. 앞 장에서 보았듯이 안중근 의사가 뤼순에서 재판을 받으면서 밝힌 이토 히로부미 저격 이유 가운데 하나 역시 바로 이토 스스로 밝힌 동양 평화론을 지키지 않은 점이었다. 을사늑약을 체결하면서 명분으로 내세웠던 동양평화를 지키지 않고 결국 조선을 병탄했으므로 그 죄를 물어 처형했다고 진술한 것이다.

이토가 조각권을 주겠다고 제의한 데 대해 안창호는 "만일 일본의 메이지유신을 미국이 하게 만들었다면 일본은 받아들이겠느냐? 그러니 한국의 혁신은 한국인이 하게 하라. 그대는 한국인을 다스리러 온 외국인이다. 청국이 지금 한국에서 벌어지는 일을 보면서 일본에 협력하겠는가?"며 조각 권유를 거절했다.

도산이 그를 만난 후 내린 결론은 첫째로 일본은 한국을 포기하지 않을 것이고, 둘째로 조선사람 가운데 이토와 겨룰만한 인물이 없다고 보았다. 이토라는 인물의 식견이 탁월하고, 그 뒤에 일본의 무력이 뒷받침하고 있으니 당장은 일본을 당해낼 수 없다고 본 것이다. 그는 "이토에게 협력한다는 것은 그의 약낭藥囊에 들어가는 것과 같다"며 협력하여 실리를 찾자는 사람들을 경고했다.

당시 이토가 내세운 동양평화론이 조선 지식인들에게 상당히 설득력을 가졌음을 간접적으로 보여주는 것이기도 하지만, 다른 한편으로 그러한 감언에 솔깃한 일부 지식인들의 순진함을 엿볼 수 있다. 20세기 초 제국주의 사상이 팽배하던 시절에 힘없이 나라를 지킨다는 것이 얼마나 허무한 일인지 알지 못한 것이다. 도산은 달랐다. 그는 힘을 기

르자는 취지로 신민회를 조직했고, 이를 통해 국민 역량을 축적해나가
자는 것이었다.

안중근에 의해 이토가 처단되자 일본은 조선에 대한 압박을 더했다.
경술국치 몇 주 전 도산은 국내에 머무를 수 없어 동료들과 망명길에
올랐다. 그는 "우리에게 남은 길은 단 하나 뿐이다. 눈물을 머금고 힘을
길러 장래를 준비하는 것이다. 힘이 없어 잃은 것을 힘이 없는데도 찾
을 수 없다. 민력을 배양하는 것이 조국을 회복하는 길이다"며 소금 배
를 타고 중국 칭따오靑島로 갔다. 그가 망명길에 오르며 부른 「거국가去
國歌」는 우리의 가슴에 나라사랑을 다시 일깨워 준다.

1. 간다간다 나는 간다. 너를 두고 나는 간다.
　잠시 뜻을 얻었노라 까불대는 이 시운이
　나의 등을 밀어내서 너를 떠나 가게 하니
　간다하니 영 갈소냐 나의 사랑 한반도야

2. 지금 너와 작별한 후 태평양과 대서양을
　건널 때도 있을지오 시베리아 만주 들로
　다닐 때도 있을지라 나의 몸은 부평같이
　어느 곳에 가 있든지 너를 생각할 터이니
　너도 나를 생각하라 나의 사랑 한반도야

3. 지금 이별할 때에는 빈 주먹만 들고 가나
　이후 성공하는 날엔 기를 들고 올 것이니
　악풍폭우 심한 이 때 부디부디 잘 있거라
　훗날 다시 만나보자 나의 사랑 한반도야

수많은 청년들이 숨어서 이 노래를 부르며 눈물을 흘렸고, 도산의 길을 따라 만주로, 시베리아로 나라를 찾으러 떠났다. 도산은 "조국을 망하게 한 것은 이완용李完用만이 아니다. 나도 그 책임자다. 우리 민족이 저마다 내가 망국의 책임자인 동시에 또한 나라를 다시 찾을 책임자라고 자각할 때가 우리나라에 광복의 새 생맥이 돌 때다"고 외쳤다.

애국지사들의 칭따오 회의는 불행하게 합의 없이 끝났다. 벌써 이때부터 독립의 방법론을 둘러싸고 급진론과 점진론으로 갈렸다. 급진론자들은 무력 독립운동을 주장했고, 점진론자들은 실력배양을 우선으로 했다. 무력투쟁의 대표주자인 이동휘 등은 "나라가 망한 이때에 산업은 다 무엇이고 교육은 다 무엇이냐? 둘이 모이면 둘이 나가 죽고 셋이 모이면 셋이 나가 죽도록 싸울 것"이라고 했다. 반면 점진론자들은 "지금은 달걀로 바위치기다. 재외동포의 경제력과 인명이 소모되며 국내에 있는 동포들이 더욱 압박을 받을 것"이라며 실력 우선을 주장했다.

칭따오 회의 실패 후 도산은 다시 미국으로 돌아왔다. 미국에서 그는 대한인국민회를 만들고, 해체된 국내 청년 조직인 청년학우회 후신으로 미국에서 흥사단興士團을 창단했다. 대한인국민회는 미주를 대표할 뿐 아니라 시베리아 등 다른 지역에도 해외 지부를 둔 대표적인 교민단체이자 독립후원 단체가 되었다. 흥사단은 해방 후 지금까지 유지되고 있다.

대한인국민회는 총회장인 안창호 명의로 이승만에게 신임장을 주어 워싱턴위원부를 만들어 활동하게 했고, 상하이 임시정부 경비를 지원했다. 일본에 나라를 빼앗긴 후 미국에 있는 한국인의 여권을 일본이 통제했으나, 캘리포니아는 국민회를 인정하여 여행증 등에 관해 국민회와 협의하여 발행했다.

그 무렵의 한 토막 미담. 그와는 노선이 달랐지만 독립운동가 이갑이 병에 걸려 운신을 못한다는 소식을 듣고 도산은 아내가 청소부를 하며 모은 돈 1천 달러를 치료비로 보냈다. 이갑은 그 돈을 받고 통곡했다고 한다. 부인이 어렵게 모은 저축을 몽땅 털어 동지에게 보내는 도산, 이 것이 그의 인간성을 대변해준다.

도산이 미국에 머물며 활동하던 1919년, 국내에서 3.1운동이 일어났 다. 곧 이어 상하이에 임시정부가 발족한다는 소식을 듣고 도산도 상하 이로 들어가면서 그의 임정시절이 시작됐다. 당시 임정 내부는 복잡했 다. 지역적으로 상하이, 만주, 러시아, 미국 등으로 독립운동 세력이 흩

중국 상하이에서 열린 임시 대통령 이승만 환영회에서 나란히 선 임정 요인들.
(꽃다발을 목에 건 이승만의 오른쪽이 안창호)

어져 있었고, 출신에 따른 지방색도 작용했다. 그는 이 여러 세력들을 임시정부 안으로 집결시키고자 노력했다.

임시정부 내부 문제는 별도로 다루어야 할 지경으로 복잡하니 여기서는 넘어가자. 도산은 처음에는 내무총장 겸 국무총리 서리로 취임했지만, 후에 통합과정에서 스스로 뒷자리로 물러앉아 노동총판노동차관을 맡았다. 청년간부들은 그가 전면에 나서기를 원했지만 그는 그의 성품대로 나서질 않았다. 그는 〈독립신문〉을 발간하고, 독립운동 사료편찬위원회를 만들어 『한일관계 사료집』 4권을 편찬했다.

국내와 연결하는 연통제를 실시하고, 『독립운동 방략』이라는 운동지침서를 발표하기도 했다. 그는 1924년 12월 다시 미국으로 돌아가 3.1운동의 실패로 사기가 떨어진 미국 교민들을 분발시키고, 흥사단 부흥운동을 하였다. 1926년 5월 다시 상하이로 돌아와 대독립당 결성운동과 순회 강연회를 가졌다. 그는 강연회에서 그의 정치 철학이라 할 수 있는 대공주의大公主義를 제창했다.

윤봉길尹奉吉 의사가 상하이 홍구공원에서 1932년 4월 29일 일본군 최고지휘관 시라카와 요시노리白川義則에게 폭탄을 던진 사건으로 그는 프랑스 조계에서 붙잡혀 국내로 압송되었다. 그때의 일화 한 토막.

도산은 김구로부터 사전에 사건 발생의 전갈을 받고도 대한교민단장인 이필유의 집에 갔다가 프랑스 경찰에 붙잡혔다. 일설로는 그 아들생일선물을 약속했었기 때문에 위험을 알고도 약속을 지키기 위해 갔다고도 하고, 한인소년동맹회 학생에게 약속한 운동회 찬조비를 주기위해 갔다고도 한다. 그는 그만큼 약속을 소중하게 지켰다. 서울로 압송된 그는 4년형을 받았다.

도산은 1935년 2월, 수감 2년 반 만에 가출옥되었다. 출옥 후 남부지방을 순회하며 20년만의 조국 상황을 눈으로 확인했다. 국민들의 생활은 20년 전과 별로 달라진 게 없었다. 그는 평양 부근에 송태산장松苔山莊을 짓고 거기서 머물렀다. 1937년 일제가 베이징 근처에서 노구교盧溝橋 사건을 일으켜 마침내 중일전쟁이 발발했다. 이에 앞서 일제는 한국에서 대대적인 검거에 나섰는데, 도산이 만든 동우회흥사단의 국내 지부격으로 수양동우회로 있다가 1931년 해외 흥사단과 합하여 동우회라 함 회원들과 도산을 함께 구속했다. 당시의 재판광경.

검사 : 조선의 독립이 가능하다고 믿는가?

도산 : 대한의 독립은 반드시 된다고 믿는다.

검사 : 무엇으로 그리 믿는가?

도산 : 대한민족 전체가 대한의 독립을 믿으니 대한이 독립될 것이요, 세계의 공의가 대한의 독립을 원하니 대한은 독립될 것이요, 하늘이 대한의 독립을 명하니 대한은 반드시 독립될 것이다.

검사 : 일본의 실력을 모르는가?

도산: 나는 일본의 실력을 잘 안다. 지금 아시아에서 가장 큰 무력을 보유한 나라이다. 나는 일본이 무력만큼 도덕력을 가지기를 동양인의 명예를 위해서 원한다. 이웃인 대한을 유린하는 것이 결코 일본에 이익이 아니 될 것이다. 원한을 품은 2천만을 억지로 포함하기보다 우정 있는 2천만을 이웃으로 두는 것이 일본에 득이 될 것이다. 대한의 독립을 주장하는 것은 동양의 평화와 일본의 복리까지원하기 때문이다.

도산은 서대문경찰서에 수감된 지 두 달 만에 위장병과 폐결핵이 악화되어 병보석으로 경성대병원에 입원했다가 1938년 3월 10일 결국 순국했다.

도산의
사상과 정체성

도산 사상의 출발점은 개인이고 나이다. 모든 일의 시작 단위는 각 개인이고, 그 개인이란 즉 자기 자신이다. 우리는 언젠가부터 남의 탓을 하기 시작했다. 무엇이라도 맘에 들지 않으면 그것이 남 때문에 빚어진 일이라고 마음속으로 핑계를 삼았다. 그래야 마음에 위안을 얻을 수 있기 때문이리라.

잘못된 것이 바로 자기 때문이라고 한다면 자신에 대한 질책을 먼저 해야 하니 얼마나 불편한 일인가. 책임이 스스로에게 돌아오니 어쩔 수 없이 자기가 먼저 잘 할 수밖에 없는 것이다. 그것은 힘든 일이다. 남의 핑계를 대면 모든 책임이 남에게로 전가되니 나는 괜찮고, 남만 잘 하면 되니 얼마나 편한 일인가.

도산의 애국심, 나라사랑은 바로 국민 각자가 각성하여 자기 일을 제대로 하자는 것이다. 우리는 지도자를 탓하고, 민족을 탓하고, 국민성을 탓하기도 한다. 도산은 바로 그 점이 잘못됐다고 하는 것이다. 그것

흥사단을 조직하여 독립의 꿈을 꾼 도산

을 탓하기에 앞서 자기부터 그렇게 하지 않으면 되는데, 왜 누구 탓만 하느냐는 것이다. "국민이 도덕 있는 국민이 되고, 지식 있는 국민이 되고, 단합하는 국민이 되면 된다."

그러기 위해서는 우선 나 자신부터 그런 사람이 되는 것이라며 "내가 덕이 있고, 내가 지혜가 있고, 애국심이 있는 사람이 되면 우리나라는 그만큼 힘을 더 얻는 것이다"고 말한다. 자기 혁신, 자기 개혁이 모든 개혁의 출발이라는 것이다. 이처럼 진실한 말이 어디 있는가.

그러나 우리 마음에는 "나는 편하게 지금 그대로 있고 다른 사람만 잘 해주었으면…" 하고 바라는 심보가 자리 잡고 있다. 지금 이 나라에서 벌어지는 잘못된 일들은 바로 이런 마음에서 비롯되는 것들이 아닐까? 정치인들은 이런 부정적인 마음을 이용한다. "너는 잘못이 없고 모든 잘못은 다른 사람 때문이다"고 다른 사람을 향해 손가락질만 하라고 부추긴다.

당연히 솔깃해져 그 사람에게 표를 찍는다. 그러면 이 세상은 모두 남의 탓만 하는 세상이 되고 말아 '누구 때문에…'라는 '때문에' 병이 드는 것이다. 도산 사상의 핵심은 남의 탓이 아니라 솔선수범이다. 잘못된 것이 있으면 나부터 고쳐가야 한다는 것이다. '남 때문에'가 아니라 '나부터'이다. 거리가 더러우면 남 때문이 아니라 나부터 쓰레기를 주우면 되는 것이다.

이런 생각은 혁명주의보다는 점진주의로 갈 수 밖에 없다. 혁명을 하자는 사람들은 그 마음의 바탕이 자기에게서 출발하는 것이 아니라 다른 대상에서 출발한다. 제도가 잘못되어, 권력자가 잘못되어, 지도자들이 잘못되어 이 꼴이니 그것을 확 뒤집어엎어야 사회나 나라가 바로 선다는 것이다. 도산은 김옥균의 갑신정변을 혁명주의 혹은 급진주의의 하나로 보았다. 그러나 그것으로 문제가 결코 해결될 수 없음을 청년 안창호는 일찍이 깨달았다.

앞에서 밝혔듯이 그가 평남 동진면에 세운 점진학교가 바로 그의 생각을 잘 말해주는 것이다. 그는 갑신정변 때 혁명을 하지 않고 국민들을 제대로 된 국민으로 가르치기 시작했다면, 그가 학교를 세울 무렵 1899년이면 근 15여년이 지났으니 국민들의 실력이 그만큼 여러 면에서 축적되어 있지 않았겠느냐는 것이다.

그의 점진주의의 목표는 힘을 기르자, 실력을 기르자는 것이다. 이는 무슨 일이든 철저한 준비가 있어야한다는 것으로 이어진다. 나라의 독립을 얻으려면 국민 모두가 독립을 얻고 지킬 수 있는 힘이 필요하며, 준비가 있어야 한다고 생각했다. 그가 평양에 대성학교를 세운 것이나, 평양 마산동에 자기磁器회사를 설립하고 서울과 대구, 평양에 태극서관이라는 서점을 만든 이유도 바로 이러한 실력을 기르기 위한 것이었다.

그가 신민회, 청년학우회, 흥사단 등을 설립한 것도 바로 독립을 준비하는 도구로 판단했기 때문이다. 그렇게 조직하여 국민을 각성시키고 때가 되면, 자연스럽게 우리의 독립은 성취될 수 있다고 믿었다. 실력을 기르고 힘을 기르는 것은 바로 독립이라는 목표를 위해서다. 인격, 도덕, 지식, 실력은 그 자체가 목표가 아니라 바로 독립이라는 꿈을 위해서라는 것이다.

그는 독립운동가들이 실력보다는 기회를 더 중요시하는 것에 반대했다. 많은 사람들은 미국 윌슨 대통령이 민족자결 원칙을 주장하니까 우리에게도 독립의 기회가 올 것으로 기대했다. 기회가 왔다는 것이다.

그러나 그는 3.1 운동이 일어났을 때 아직 우리나라는 독립을 할 실력이 쌓여있지 않다고 보았다. "실력이 있는 자에게는 언제나 기회가 오는 것이지만, 실력이 없는 자에게는 세상없는 좋은 기회가 와도 기회가 되지 못한다"고 믿었다.

그럼에도 불구하고 3.1운동이 일어나자 그는 상하이로 가서 임시정부 수립에 모든 정열을 쏟았다. 기왕에 모든 국민이 들고 일어난 이 운동이 민족독립에 새 전기를 마련해줄 것이라고 믿었다. 그는 파리 강화회의가 기회인 것은 사실이지만, 우리에게는 일본을 물리칠 실력이 아직 모자라고, 일본은 승리한 연합국 일원이므로 조선은 민족자결 원칙에서 제외될 것이라고 예견했다. 그가 독립운동에 힘을 쓰는 것은 다음 기회에 독립할 수 있는 실력을 기르는 운동이 필요해서였다.

그는 점진주의라는 방법을 택했지만 추구하는 목표는 급진주의자들과 다를 바가 없었다. 따라서 어떤 주의주장에 매몰되어 있지 않았다. 그렇기 때문에 우리 독립운동이 무장운동파와 문화운동파로 나뉘어지자 그는 이 두 세력의 통합을 위해서 언제나 애를 썼던 것이다. 그는 단결을 매우 중요시 했다. 흥사단에서 인격, 수양, 단결을 강조한 이유도 단결이 독립운동의 기반이 된다는 것을 깨달았기 때문이었다.

그는 무슨 일에든지 본보기를 보이는 것을 중요하게 여겼다. 한 사람이 모범을 보이면 다른 사람들도 자연히 따라올 것으로 믿었다. 그래서 솔선수범을 중요하게 생각한 것이다. 대성학교, 도자기 회사, 서점 등 처음 만든 것이 제대로 모범을 보이면 그 운동은 힘이 붙어 전국으로 퍼져 나갈 수 있다고 봤다. 이치가 그러하니 스스로 본보기가 되어야 한다고 믿었다.

그는 "나 하나를 건전한 인격으로 만드는 것이 우리 민족을 건전하게 하는 유일한 길이다"고 했다. "나 하나만은 내 말을 듣지 않느냐? 내 말을 들을 수 있는 나를 먼저 새 사람으로 만들어라. 그러면 내가 잠자코 있어도 나를 보고 남이 본을 받을 것이다"는 말은 마치 큰 종교인의 말과도 같다.

독립운동가나 정치인들은 정치 이전에 도덕적인 사람이 먼저 되어야 한다는 것도 그의 생각이다. 그렇기 때문에 그는 "동포가 백만 대금을 의심 없이 맡길 만하고, 과년한 처녀를 안심하고 의탁시킬 수 있는 인물이 먼저 되어야한다"고 했다. 그는 어쩌면 완전한 인간을 꿈꾸었던 이상주의자였다. 완전한 인간상을 가진 인물만이 민족의 지도자가 될 수 있다고 믿으면서, 그 완전 인간상을 추구하며 일생을 보낸 사람이 바로 도산 안창호 선생이다. 그는 해방을 8년 앞두고 병보석 중에 순국했다.

만일 그가 살아남아 이 나라의 독립을 보았다면 해방 공간에서 어떤 위치를 차지하였을까? 해방 공간은 권력투쟁의 공간이었다. 좌와 우, 우파 속의 분열, 좌파도 북쪽 공산주의자와 남쪽 공산주의자… 이렇게 권력을 놓고 갈가리 찢어졌던 해방 공간에서 이상주의자, 도덕주의자였던 그가 살아남을 수 있었을까?

그는 정치운동 대신 아마 민족 통합운동을 벌였을 것이다. 현실을 중요하게 여겼던 그로서는 한반도의 상황이 어떠했는지 올바르게 판단했을 것이다. 3.1운동 당시의 정세 판단이 정확했듯이 그는 냉전의 공간을 정확하게 판단했을 것이다. 따라서 한때 임정을 이끌었던 인물로서 그는 백범 김구와 함께 일을 했을지 몰라도, 통일정부를 세운다는 백범의 노선에 동의하지는 않았을 것 같다.

민주주의와 공화주의를 신봉했고 개인을 소중히 생각했던 그는, 대한민국 틀 안에서 현실정치는 정치인에게 맡겨 놓고 스스로는 새 나라의 먼 미래를 위해 교육과 청년운동에 헌신하지 않았을까? 모두 부나비처럼 권력의 주변으로 몰려들 때, 그는 분명히 민족의 근본을 바르게 만들기 위한 운동에 전념했을 것이다.

그가 신민회와 청년학우회를 만들 때의 생각이 바로 그러했다. 그는 정치적 독립도 중요하지만, 그보다 민족의 향상을 더 중요하게 생각했다. 그는 민력民力과 민기民氣가 흥왕하면 국가의 독립과 융성은 필연적으로 따라온다고 믿었다. 그러므로 근본적인 민족운동은 정치운동이 되어서는 안 된다고 생각했다. 그 이유로 정치적 야심을 갖게 되면 그 운동을 정치에 이용하게 된다고 보았다.

또 정권이라는 것은 갑에서 을로 이동되는 것이므로 언제나 부침이 있기 마련이라고 믿었다. 따라서 영구히 지속해야할 민족사업은 정치권력에 초연할 필요가 있다고 했다. 국민이 향상되면 정치는 자연히 향상된다. 어떤 정치도 민족이, 국민이 향상되지 않고는 좋은 정치가 될 수 없기 때문이다. 민족, 국민은 영원하나 정치는 일시적인 것에 불과하다. 그러니 민족이 원인이라 한다면 정치는 그 결과물이라고 믿었다.

지금 우리 사회는 분열이 심화되고 있다. 좌우, 지역, 세대, 파당의 대립이다. 이를 극복하지 못한다면 우리에게는 희망이 없다. 분열 속에서 결코 나라는 융성해질 수 없다. 우리가 쇠퇴의 사이클로 접어들었는지도 모른다. 그 쇠퇴의 내리막길을 다시 끌어올리기란 보통 어려운 일이 아니다. 언덕을 굴러가는 커다란 돌덩이를 막아 다시 그 언덕에 끌어 올리는 작업은 힘든 일이다.

지금의 할 일은 좌우가 서로 세력을 확장하는 정치운동이 아니라, 도산 선생의 주장처럼 우리가 민족 향상운동, 국민 향상운동을 다시 해야 할 시점이다. 민족의 품격과 역량을 향상시키는 방안이 무엇이냐에 집중할 때, 분열의 사회도 극복될 수 있는 것이다.

8장
규암圭巖 김약연

간도 땅에 조선사람들의 이상향인 명동촌을 세운 김약연

향기가 나는
인물의 삶

　몇 년 전 국립 민속박물관에서 간도의 명동마을에 관한 사진전이 열린다는 기사가 났다. 조선말의 비참한 상황은 우리가 앞장에서 이미 선교사들의 기록이나 내방자들의 책을 통해 배운 바 있다. 비숍 여사의 『조선과 그 이웃나라들』이라는 책을 보면 그때 연해주나 간도 조선 사람의 생활은 달랐다. 한반도 내의 조선 사람들은 가난하고, 더럽고, 게으르고, 자포자기한 사람들처럼 보였는데, 간도나 연해주의 조선 사람은 근면하고 깨끗하고 교육열에 불타있었다고 관찰했다. 비숍이 왜 그럴까 하는 의문을 가지고 풀어간 해답은 바로 지도층의 부패와 착취였다.

　백성이 부지런하게 일하여 무엇이든 조금 여유를 갖게 되면 관아에서 그것을 무슨 명목을 붙여서라도 빼앗아가니까 백성들이 근로 의욕을 잃었다는 것이다. 그런 착취가 없는 간도나 연해주에서는 스스로 열심히 일하면 대가가 돌아오기 때문에 누구나 부지런해졌다. 그렇게 재물이 쌓이니 집안을 깨끗하게 하고 자녀들의 교육에도 관심을 갖게 됐다고 한다.

　그런 곳이 간도라는 지식이 있었기에 나도 사진전을 둘러보았다. 1980년대 뉴욕의 어느 교포가 명동마을을 고향으로 두었던 자신의 할머니가 그렇게 명동마을의 추억을 이야기하더라고 했다. 그는 도대체 어떠했기에 할머니가 저토록 과거를 돌이킬까 하는 관심이 생겨 사진

자료를 수집했다는 것이다.

사진전은 명동마을 뿐 아니라 부근 지역인 용정의 여러 학교생활과 교회생활들의 기록을 모은 것인데, 비숍 여사의 말처럼 국내의 상황과는 상당히 달랐다. 주로 일제 강점기 사진이 많았지만 학교에서 실험복을 입은 학생들, 밴드부, 흰 유니폼을 입고 정구를 치는 학생들…. 정말 조선의 상황과는 전혀 다른 모습이었다.

이 명동마을을 일군 사람이 바로 규암圭巖 김약연金躍淵이다. 나는 그 인물에 대해 관심을 가졌다. 서대숙徐大肅 씨가 쓴 김약연 전기 『간도 민족 독립운동 지도자 김약연』을 읽으면서 그에게 홀딱 빠졌다. 향기가 나는 인물의 전기는 우리에게 기쁨을 주고 용기를 준다. "나도 저 분 같이 살아야지…"라는, 닮고 싶다는 소망이 생긴다.

그러나 나는 이미 인생을 거의 다 살지 않았는가. 그러니 저런 분의 삶을 후대에게 알려야 한다는 생각을 하게 되는 것이다. 안중근은 31살의 나이에 나라를 위해 몸을 바쳤다. 그는 죽는 순간까지 후회하지 않는 삶을 살았다. 여기서 소개하는 김약연 선생은 안중근 의사가 순국하신 나이에 솔가하여 만주 용정 부근에서 개척자의 삶을 살았다. 그는 일상의 삶을 살면서 나라의 독립을 위해, 후대를 교육시키기 위해 애쓴 분이다. 이렇게 삶의 색깔은 서로 다를지라도 두 분 모두 자신의 인생을 충실하게 사신 분들이다.

김약연의
일생

　김약연은 함북 회령의 무관 출신 전통 유교 가문에서 1868년 태어나 31살 때 인근 5가문 25세대와 함께 간도로 이주했다. 그는 무관의 후예로서 기골이 장대하고 주먹이 컸으며, 얼굴은 홍안이었으나 언행은 인자한 사람이었다. 그는『맹자孟子』등 유교에만 매달리지 않고 노자老子의『도덕경』까지 읽어 넓고 깊은 학문을 쌓았다.

　조선말 관직을 사고파는 일이 허다했던 시절, 그는 관직에 꿈을 가졌으나 이룰 수 없었다. 특히 관북 사람은 조선에서 등용하지 않았기 때문이다. 그가 간도로 솔가하여 이주한 것도 그런 배경이 있었을 것이다. 그는 주변의 5가문과 함께 이주했는데 그때 함께 이주했던 가문은 문익환文益煥 목사의 조부, 윤동주尹東柱 시인의 조부 등이 있다. 그들이 개척한 동네는 화룡현 불굴라재라는 곳이었다.

　이들은 모든 재산을 털어 만주의 한 지주로부터 천일경千日耕: 한 마리의 소가 하루 동안 갈 수 있는 땅이 日耕이다을 사들였다. 약 6백만 평이 된다고도 했다. 독특한 점은 이 땅 중 가장 좋은 곳 1만 평을 골라 이를 학전學田이라 하여 따로 떼어 놓고 자녀교육을 위해 쓰기로 했다.

　이 다섯 가문은 만주에 이주했던 보통의 이주자와는 처음부터 다른 생각을 갖고 있었다. 그들은 동네 이름을 명동明東촌이라 불렀다. 동쪽을 밝힌다는 뜻으로, 그 동쪽은 바로 조선이 있는 곳이다. 조선을 밝히고자 이주해 온 사람들이었다.

문익환의 아버지 문재린文在麟 목사에 따르면 이들의 간도 이주 목적은 우리 옛 조상 땅을 되찾아 이상촌을 건설하고, 인재를 교육하려 했다고 한다. 그랬으므로 명동촌 출신 후손들은 해외 유학을 했고, 민족교육을 잘 받았다. 일제 강점기에는 독립운동에 참여했고, 해방 후에는 여러 방면에서 공헌을 했다. 한국의 유명가문 101가家를 뽑은『한국의 명가』에 김약연 가문은 관북의 대표적 선비 집안이라고 소개하고 있다.

김약연은 유교의 집안이었지만 공리공론의 성리학보다 오히려 실학과 같은 입장에서 현실의 삶을 살고자 했다. 만주에서의 개척은 쉬운 일이 아니었다. 이주민 모두는 이곳에서 열심히 일을 하기만 하면 생계를 꾸려갈 수 있다는 희망을 갖고 두만강과 압록강을 건넜다. 규암은 그들에게 모범이 되었다. 양반의 집안이었지만 개척을 위해 직접 거름통을 지고 밭에서 일했고, 산에서 나무 해오고 변소 고치는 일까지 마다 않았다.

그의 모토는 항산항심恒産恒心이었다. 사람이 자신의 생계를 스스로 유지할 수 있는 수입과 재산이 있어야 마음도 변하지 않는다는 것이다. 규암이 스스로 열심히 노동을 한 이유도 바로 이 때문이었다. 그는 독립운동을 했지만 다른 운동가들과는 달랐다. 많은 독립운동가가 생계는 타인에게 의지하고 독립운동에 전념한데 반해, 그는 생활을 꾸려가면서 독립운동을 한 사람이다. 나라를 생각하는 마음도 먼저 자기의 생활을 할 수 있는 능력이 있어야 변하지 않는다는 것이다.

명동학교

그는 곧 간도의 정신적 지도자로 부상했다. 명동학교를 세워 후진들에게 신교육과 독립정신을 길러 주었다. 그는 좋은 선생님을 모셔 오기 위해 백방으로 노력했다. 스스로는 비록 조밥과 옥수수밥을 먹더라도, 명동학교 선생들에게는 쌀을 구해 와 꼭 쌀밥을 들도록 배려했다. 한 유명한 선생을 초빙코자 했는데 그가 학교에서 예배 볼 것과 성경 가르칠 것을 조건으로 내걸었다. 이를 받아들이면서 자신도 결국 크리스천이 되었다.

그는 신교육과 서양문화를 빨리 받아들이기 위해서는 기독교를 받아들여야 한다고 생각했다. 김약연은 말년에 평양신학교를 졸업하여 목사로 남은 일생을 마쳤다. 그의 이러한 노력 덕분에 명동학교는 곧 유명해져 함경도 등지에서 유학 오는 학생들도 많았다. 안창호의 평양 대성학교, 이승훈李昇薰의 정주 오산학교, 김약연의 간도 명동학교는 당시 3대 사학으로 꼽혔다.

이 학교는 25년 동안 지속되었다. 학교 졸업생들은 베이징대학과 일본의 여러 대학으로 유학을 갔다. 명동학교는 병식兵式 체조 등 군사교육을 시켜 독립전쟁을 대비했고, 국사를 가르쳐 항일사상을 갖춘 신세대를 배출했다. 학교 안에 교과서 편찬위원회를 두어 『최신 동국사』를 펴내기도 했다. 이런 민족교육으로 명동학교 출신 독립 운동가는 수를 셀 수 없을 정도였다.

그는 독립군을 지원했다. 이곳 명동이 함경도 회령과 용정 사이의 중간 길목이어서 독립지사들이 연해주나 연길 등으로 갈 때 꼭 들르는 곳이었다. 시베리아의 이동휘, 안중근 의사도 이곳에 머문 적이 있다. 지금도 용정 남동쪽에 위치한 명동촌을 가면 명동학교와 명동교회가 복원되어 있다. 명동교회 바로 옆에는 윤동주의 집이 그대로 남아 있다. 우리의 독지가가 명동촌을 기리기 위해 중국과 수교가 된 후 사비를 들여 지은 것이다.

간도

우리 독립운동, 특히 무장투쟁의 본거지는 간도와 연해주였다. 그 땅에서 농사를 짓든, 총을 들고 싸웠든 한국인들은 모두 대한의 독립을 꿈꾸며 생활했다. 마찬가지로 하와이 사탕수수 농장에서, 미국 캘리포니아의 오렌지 농장에서, 연해주의 농토에서 조선의 이주자들은 힘들게 일했지만 나라의 독립을 한시도 잊지 않았다. 우리 독립운동은 그렇게 해외에 있는 동포들의 참여와 지원에 의해 다양한 방법으로 전개되었다. 간도와 연해주가 우리에게 중요한 이유는, 비록 지금 우리 땅은 아니지만 그 땅에서 생활했던 우리의 선조의 생각과 삶이 오늘 우리에게 이어져 내려와 우리의 정체성 형성에 큰 기여를 했기 때문이다.

간도는 주인이 애매한 땅이었다. 청나라 시조인 누루하치의 고향이 서간도에 있고, 그들은 백두산을 우리와 똑같이 신성하게 여겼다. 청조清朝는 이곳을 봉금封禁 지역으로 만들어 출입을 통제했고, 조선도 이 지역의 출입을 통제하는 변금邊禁정책을 썼다. 그럼에도 조선의 두만 강, 압록강 주변에 사는 사람들은 강을 넘어 농사를 지었다. 간도는 출입금지 구역이었으므로 몰래 농사를 지으러 갈 때 강 중간에 있는 삼각 주 섬에 간다고 말을 해 간도間島라는 명칭이 붙었다고도 하고, 또는 간 척한 땅이라 하여 간도墾島라고 불렸다고도 한다.

여하튼 우리는 두만강, 압록강 북쪽을 간도라 불렀다. 백두산을 중심으로 서쪽은 서간도, 북동쪽은 북간도라 불렀다. 나의 조부(문남규文南奎) 는 압록강 너머 서간도에서 대한 독립단 일원으로 활약하다가, 고향인 압록강변 삭주의 일본 주재소를 습격하여 전투하다 순국했다.

고종 6년1869년에 큰 기근이 들어 사람들이 대규모로 강을 넘어 정착 하자 조선에서는 양전관量田官을 파견하여 법정주민이 될 수 있게 했다. 1881년 조선이 봉금령을 해제하면서 본격적인 이주가 시작되었고, 규 암도 이때 합류하게 된 것이다. 이 지역은 조선인이 8할, 중국인이 2할 정도로 조선인이 다수였다. 땅 주인도 애매했다. 청나라는 이곳 한인에 게 청나라로 귀화할 것을 요구하면서, 변발을 하고 청색의 옷을 입으라 는 치발호복薙髮胡服을 강요하는 등 박해가 심했다.

이에 조선 조정에서는 이범윤李範允을 북변관도 관리사로 임명했다. 이 간도가 완전히 중국에 귀속된 것은 우리와 중국 간의 협정에 의해 서가 아니라 일본과 중국 간의 간도 협약에 의해서다. 일본은 을사늑 약으로 우리의 외교권을 빼앗았던지라 1907년 8월 용정에 간도 관리 사 대신 통감부 간도 임시 파출소를 설치했다. 한인 보호를 위한다는 목적이었다.

그런 일본이 만주의 이권을 노리고 1909년 7월 청나라와 간도 협약을 맺어 간도를 청나라의 국토로 인정해주는 대신 봉천과 안동 사이의 철도, 무순과 연대 지방의 채광권 협의에 들어갔다. 이에 따라 1909년 11월, 간도 용정에 파출소 대신 일본 영사관이 설치됐다. 이 협약 3조는 조선인은 거주권을 가지되 중국법에 따라야 한다고 명기되어 있다.

이런 협약과는 별도로 한인들은 자치권 확보를 위해 애를 썼다. 1907년 교민회를 비밀리 만든 후 이를 간민자치회로 바꾸어 2년 동안 유지했다. 그러다가 중국이 '자치'라는 말을 제지하자 명칭을 간민교육회로 바꾸었다. 간민교육회는 1909년부터 1913년까지 존속했는데, 한인들에게 민족의식을 고취하는 한편 생산조합 판매조합 등을 만들어 경제 향상을 도모하고, 자녀들의 교육을 뒷받침하는 역할을 했다.

간민교육회는 교민에게 교육회비를 징수하고, 각 학교에서는 일종의 간단한 군사교육도 시켰다. 이후 중국 본토에서 신해혁명이 일어나 혼란한 기회를 이용하여 다시 자치회를 부활시키고, 이를 간민회로 바꾸어 김약연을 회장으로 선출했다. 규암은 당시 간도에서 '간도의 한인 대통령'이라고 불릴 정도였다.

3.1운동
이후의 간도

1차 세계대전이 끝나고 윌슨의 민족 자결주의가 선포되면서 독립에 대한 기대가 부풀어 올랐다. 이를 계기로 한국 내에서는 물론, 도쿄, 상하이, 간도, 연해주 등에서 약소민족의 억울함을 세계에 알려야한다는 생각으로 독립선언이 잇달아 발표됐다.

서울의 33인의 독립선언서가 가장 대표적인 것이지만, 2.8 도쿄 유학생 독립선언, 연해주에서 한족회가 발표한 해삼위海蔘威 = 블라디보스토크 독립선언서3.17, 독립운동가 39인이 썼다는 무오戊午독립선언서대한독립선언서 등이다. 이와 함께 연해주, 간도와 국내 일부인사를 포함한 국민의회 명의로 훈춘琿春에서 발표된 훈춘 독립선언서3.20가 있다.

제각각 벌어진 이 여러 선언에서 독립운동의 노선 차이가 드러났다. 도쿄와 서울의 경우는 비폭력, 무저항을 기본으로 하는 평화운동이, 간도와 연해주의 경우는 육탄 혈전을 독려한 무장 독립운동이 제창되었다. 해방 후 남북한이 분단됨으로서 남쪽은 3.1운동을 이어받은 상하이 임시정부를 법통, 북쪽은 무장 독립운동을 법통으로 삼았다.

우리 선조들은 독립운동을 이렇게 제각각의 방법으로 벌였지만 뜻은 하나였다. 실력배양을 중시하느냐, 무력투쟁을 중시하느냐는 하나의 방법론의 문제였다. 이는 또 관점이나 환경의 차이이기도 했다. 당시 국내는 일제의 탄압이 심했다. 국내에서는 일본의 강성함을 피부로 느끼며 살았다. 이들의 마음에 무력으로 우리가 일본을 이길 수 있다는 자신이 들지 않았을 것이다.

　반면 간도나 연해주는 국내에 비해 비교적 자유스러웠다. 그들은 자치를 생각할 정도였다. 따라서 그들은 일본이라는 현실감이 절실하게 다가오지 않았을 것이다. 어느 정도 먹고 살만한 경제력을 가진 그들로서는 일본과 한번 붙어볼만하다고 여겼는지 모른다. 또 그들은 이미 국내에서 의병운동을 했던 무장 세력의 하나였고, 고향을 떠나서라도 나라를 찾고자하는 결심이 뚜렷했던 인물들이기도 했다.

　이렇게 환경적, 심리적 요인이 달랐다. 미국에서 머물던 이승만은 미국의 힘이 얼마나 큰가를 느끼고 있었으므로 미국에 호소하는 '외교를 통한 독립'을 주장했다.

　따라서 이 독립운동의 여러 갈래는 하나로 통일될 수 있는 것이었다. 나라의 독립을 다시 찾고자 하는 마음은 같았기 때문이다. 이를 통합하고자 하는 노력들이 벌어지기는 했으나 크게 유효하지는 않았다. 김약연은 이러한 독립운동의 통합을 위해 간도에서 노력했던 사람이다. 그는 기독교 신자이고 민족주의자였기에 종교를 부정하고 민족을 부정하는 공산주의는 결코 받아들이지 않았다. 그러나 독립운동에 필요하다면 공산주의 운동을 하는 사람까지 받아들이려는 자세를 갖추고 있었다. 그는 "동료들이 공산주의 무산無産혁명을 주장해도 조국이 독립을 할 수 있다면 함께 일하겠다"고 했다.

　규암 자신은 무장 독립운동을 지지하였다. 무관 출신의 집안으로 그는 일본의 동화정책은 물론 중국의 치발호복薙髮胡服도 거부하고, 우리 민족의 상징인 흰옷을 늘 입었다. 그는 경제를 중요하게 생각했다. 그런 넉넉함 속에서 독립 운동가들이 마음 놓고 그의 집에서 묵어가기를

바랐다. 그렇게 재산을 일구어 교육에 아낌없이 썼다. 그는 군자금을
모금하여 독립단체를 지원했다.

공산주의와
독립운동

1918년 러시아 공산혁명의 성공은 독립운동에도 영향을 미쳤다. 윌
슨 민족자결주의에 기대를 걸었던 독립 운동가들은 파리 강화회의에서
전승국인 일본에는 그 원칙이 적용되지 않음을 보고 실망했다. 때마침
소련의 레닌은 제3 인터내셔널국제공산연맹을 설치하여 자본주의, 제국
주의에 착취당하는 약소국을 공산주의 혁명으로 구한다는 기치를 내세
웠다. 당연히 독립운동가들에게는 솔깃한 소리였다. 연해주는 소련 땅
이고, 북간도는 바로 그 옆에 붙어 있다. 자연히 공산주의 사상이 독립
운동을 파고들었다.

소련은 극동지역의 국가를 위해 제1차 극동피압박자대회를 1922년
모스코바에서 개최했다. 이 회의에 124명의 대표가 참가했는데, 한국
인이 57명이나 되었다. 회의에 참가한 한국대표들의 구성은 다양했다.
연해주의 공산주의자와 귀화 공산주의자들이 중심이 된 이르쿠츠크
파派, 독립투사 가운데 공산주의자인 이동휘, 박진순朴鎭淳의 상하이파,
여운형呂運亨과 장건상張建相 등 사회주의자들, 조선공산청년회대표 박

개척정신으로 민족의 각성을 이끈 프런티어 김약연 선생.

헌영朴憲永, 김규식, 나용균羅容均을 위시한 민족주의자 등이었다. 김규식은 윌슨의 민족자결주의가 불발된 것에 실망하여 이 회의에서 미국의 독선적인 태도에 실망감을 표시하고, 조선 독립은 러시아의 도움을 받아 성취해야 한다는 연설을 했다.

그러나 공산주의 사회주의 독립운동 세력권에도 분열이 왔다. 이르쿠츠크파와 상하이파가 무장 충돌을 벌이는 자유시自由市 = 알렉세예브스크 사건이 일어났다. 같은 민족끼리 노선 차이로 서로 죽인 것이다. 전사자만도 수백 명에 달했다. 당시 일본의 압박으로 소련지역으로 피신한 독립군들은 이 사건을 계기로 소련에서 쫓겨나 다시 만주로 들어 왔다.

소련은 이러한 분열을 보고 두 파를 모두 해산시키고 한국 내에 공산당을 수립할 것을 지시했다. 그렇게 하여 1925년 4월에 수립된 것이 조선공산당이다. 이로써 만주 공산주의 운동본부는 조선공산당 만주총국이 되었다. 이를 조봉암이 조직했다. 이런 한국의 공산주의 독립운동에 자극받아 중국 공산당 중앙동북국이 만주위원회를 결성했다.

이에 소련은 1국 1당 원칙에 따라 조선공산당 만주총국을 해체하고 중국 공산당 만주위원회에 합류할 것을 지시했다. 이를 계기로 1930년 이후 항일운동의 주력은 모스코바 국제공산연맹 중국 공산당 만주위원회가 되었다. 중국이 공산주의로 통일된 후 연변을 조선족 자치구로 만들어준 것은 이 지역에 조선인이 많이 살아서라기보다 함께 항일투쟁에 나서준 공로 때문이었다. 이 동북 항일연군의 제2군이 항일 빨치산부대이고, 김일성은 제2군 제6사 사령이었다. 지금도 연변 위 목단강시의 공원에 항일연군이 투쟁한 것을 기념하는 큰 조각상이 서 있다.

명동학교의
변화

용정에서도 독립만세가 일어나고3.13 사회주의가 들어오자 명동학교
도 변하기 시작했다. 그러지 않아도 독립정신으로 교육받은 그들은 본
격적인 독립투쟁에 가세하여 15만원 탈취사건, 용정 일본영사관 방화
등을 일으켰다. 자연히 일본으로부터 감시의 초점이 되었다. 일본군은
1920년 10월 간도에 침략하여 제일 먼저 명동학교와 명동교회에 불을
질렀다. 이때 김약연은 감옥에 가 있었다. 2년 후 학교가 재건되었으나
학생들은 더욱 과격해졌다. 특히 사회주의 공산주의 영향으로 기독교
정신이 교육의 중심이 되는 것에 반대했다.

감옥에서 돌아온 규암은 학교가 이렇게 된 것은 자신이 교육을 잘못
시킨 탓이라면서 전교생이 보는 앞에서 자신의 종아리를 때렸다. 그러
던 중 심한 가뭄으로 흉년이 들어 학교 운영이 어려워지자 1925년 폐교
됐다. 이후 규암은 용정으로 이사가 은진중학교와 명신여학교 선생으
로 지내면서 명동교회 목사를 맡았다.

이에 앞서 규암은 61세인 1929년, 평양신학교에 들어가 1년 속성과
정으로 목사 안수를 받았다. 그는 이동휘 고려공산당 당수 등 공산주
의자들과 친분이 깊었으나 공산주의자로 변신하지 않았다. 그는 "공산
주의나 친일은 기독교 교리에 어긋나고 반反한국적 사상"이라는 점을
강조했다.

규암은 조선이 독립하여야 동양평화가 지켜진다고 믿었다. 그는 안

중근이 『동양평화론』에서 말한 것과 같이 솥에 세 발이 있어야 안정을 이루듯이 동양도 조선, 중국, 일본 세 나라가 독립하여 서로 공존공영할 때 세계 평화가 이루어진다고 했다. 그는 조선이 독립할 때까지 육탄혈전으로 싸워야 하지만, 독립 후에는 세 나라가 협조해야 한다고 말했다. 그런 점에서 그는 평화주의자였다. 그는 1942년 10월 29일 용정에서 타계했는데 유언을 남기지 않았다. 그는 "나의 행동이 나의 유언이다"라는 말만 남겼듯이 철저하게 일생을 몸으로 실천하다 돌아간 인물이다.

김약연과 정체성

간도의 김약연은 우리에게 무슨 유산을 남겼는가? 그는 개척정신의 소유자였다. 조선의 가난을 떨치고자 솔가하여 새로운 땅 간도로 나섰다. 그는 그곳에서 양반, 상놈이라는 계급질서를 버리고 농사를 지으며 생계를 꾸리고 재산을 일구었다. 그는 몸소 그런 생활을 실천했다.

그의 자조 자립정신은 우리에게 이어져 내려오고 있다. 우리가 아프리카, 중동의 사막에서 건설 역군으로 땀을 흘린 것도 바로 그런 개척정신이요, 우리 무역 일꾼들이 세계 방방곡곡을 보따리 지고 헤맸던 정신도 바로 그런 개척정신이었다. 그 힘으로 우리는 지금의 한국을 이루었다.

마치 미국의 서부가 당시 미국인에게 프런티어였듯이 당시 우리 민족에게는 간도가 프런티어였다. 이 프런티어에 프런티어 정신을 갖고 뛰어든 대표적인 인물이 바로 규암이다.

앞으로 우리에게 만주가 새로운 프런티어로 부상할 날이 멀지 않았다고 본다. 한반도를 위에서 거꾸로 보라. 한반도는 태평양으로 뻗은 나무요, 중국의 동북3성은 뿌리 모양이다. 그래서 한반도가 제대로 자라려면 뿌리의 영양을 받아야 한다. 일본이 한반도를 침탈한 후 왜 만주를 침공했나? 그들은 만주의 중요성을 알았다. 만주는 한반도의 거대한 배후 지대였다. 이 배후지대를 얻어야 중국 본토의 침탈이 가능한 것이다.

우리에게도 만주 대륙은 중요하다. 우리가 영토를 탐내는 것이 아니라 한반도는 만주라는 뿌리와 연결되어야만 번성할 수 있는 것이다. 남북이 통일되고 중국과 육로로 자유로운 통행이 이루어질 때, 만주는 간도 개척사와 마찬가지로 우리의 새로운 개척지가 될 것이다.

규암은 실용과 실천의 사람이었다. 그의 조상이 실학에 뿌리를 둔 가문이었기에 그는 실용주의자였다. 그가 기독교를 받아들인 이유도 실용주의 때문이었다. 기독교가 서양문화 전파자이고, 그것을 통해 근대적인 자각을 하게 되면 독립운동에 도움이 된다고 믿었기 때문이다. 그는 개인의 구원이나 속죄 등에 대한 관심보다 나라를 위한 종교가 기독교라는 확신을 가지고 있었다. 기독교는 우리 현세의 삶과도 직접 연결된 실용의 종교라고 믿었다.

그는 경제를 중요하게 여긴 사람이다. 항산에서 항심이 생긴다는 소신으로 물산장려를 하고, 그를 통해 나라의 독립을 이루어갈 작정이었다. 경제가 독립운동의 기반이 된다는 생각, 항산을 지켜야 한다는 생각, 그것은 오늘날 우리 경제발전에서 원동력의 정신으로 작용했다.

그는 교육을 소중히 여겼다. 구입한 땅의 10분의 1을 학전學田으로 떼어 놓고, 거기서 나오는 소출 전부를 교민 자녀들의 교육에 썼다. 명동학교를 세워 교육에 헌신했다. 민족교육과 근대교육을 통해 후세들의 실력을 배양케 했다.

그는 통합을 실천했다. 독립운동이 여러 뿌리로 갈등할 때, 그는 독립을 위해서는 모든 사람이 통합하고 협조해야 한다는 신념을 가지고 있었다. 그가 만일 독립운동의 더 큰 지도자로 부상했더라면 독립운동의 분열을 방지할 수 있었을 것이다. 따라서 그의 정신은 남북통일 이후의 우리 정신의 좌표가 될 수 있다.

무장투쟁파, 실력배양파, 외교독립파 등 모든 세력의 목표가 종국에는 나라를 다시 찾자는 것이었다. 따라서 그의 통합정신은 남북 모두가 받아들일 수 있는 사상이다. 그의 사상은 대한민국의 정체성으로 이어져 왔고, 앞으로 남북한이 통일할 때 통합의 정신으로 계승되어 갈 것이다.

9장
좌옹佐翁 윤치호

탁월한 어학실력을 바탕으로 활약을 펼치던 윤치호

리더에게 던져지는
역사의 명령

윤치호라는 인물을 생각하면 참 안타깝다. 평생을 나라와 민족을 생각하며 지냈으나 말년에 가서 몇 년을 참지 못하여 친일 인물로 기록될 수밖에 없었다. 이광수, 최남선도 마찬가지다. 당대 최고의 지식인으로 대중에 큰 영향력을 끼쳤던 그들이었지만 일제 말기에 친일로 돌아섰다. 그들이 그 때 곧 닥쳐올 미래를 알 수 있었다면, 몇 년 만 참고 견디면 일제가 무너진다는 것을 알고 있었다면, 그렇게 행동하지 않았을 것이다. 이것이 역사를 보는 슬픔이다.

그들에게 나라 사랑하는 마음이 없었던 것이 아니다. 그들에게 현실이 너무 무거웠고 가혹했다. 그들이 그렇게 영향력 있는 유명인사가 아니었다면 일제가 그렇게 집요하게 회유하려 들지 않았을 것이다. 반면 그들이 이름만큼 역사에서 자신의 위상을 절감하고 있었다면 쉽게 무너지지 않았을 것이다. 그렇기 때문에 지도자의 길은 어려운 것이다.

보통사람에게는 묻지 않을 공동체에 대한 책임을 역사는 묻기 때문이다. 역사에 대한 책임의식이 없으면 차라리 평범한 일반인으로 살다가 가는 것이 더 행복할지 모른다. 개인이 특별한 자질을 받아 어떤 분야든 리더로 살게 되었다면, 당연히 그 자리에 대한 책임을 지라는 것이 하늘의 명령이다. 그렇기 때문에 리더가 된다는 것은 고통스러운 일이기도 하다. 그것이 역사의 명령이다.

오늘의 우리들이 만일 그 시절 그들 위치에 있었다고 가정한다면, 우리는 어떻게 처신했을까. 나는 윤치호나 최남선이나 이광수처럼 행동하지는 않았을까? 나 역시 같은 길을 걷지 않았을까? 그래서 돌을 들수 없는 것이다. "죄 없는 자가 먼저 돌을 들어 이 여인을 치라"는 예수의 말이 떠오른다. 그렇기 때문에 나는 지금 그를 정죄하기보다는 그를 이해하는 마음이 자리잡는다. 한편으로는 이해하면서도 버티지 못한 그들이 안타깝다.

윤치호의 일생

윤치호는 1865년 12월26일 충남 아산에서 태어났다. 그의 아버지 윤웅렬尹雄烈은 대한제국 시절 군부대신, 법무대신을 지낸 조선말의 최고 위층이었다. 윤웅렬은 1880년 제2차 수신사의 김홍집金弘集 수행원으로 일본에 갔다. 그는 갑신정변에 직접 연루되지 않았지만 개화파와 같은 생각을 품고 있었던지 그들이 3일 천하정권 때 형조판서로 내정되었다. 그로 인해 유배됐다.

그런 집안이기에 1881년 아들 윤치호 역시 17세에 신사유람단 어윤중魚允中의 수행원으로 일본으로 가 동인사同人社에서 2년 동안 일어와 영어를 배웠다. 어학 실력이 뛰어난 그는 1883년 주한 미국 공사 푸트 Lucius H. Foote의 통역관으로 귀국해 고종을 알현하는 자리에 동석하기도 했다.

그는 갑신정변 후 국내에 머무를 수 없어 중국 상하이 중서서원에 유학했다. 1888년에 미국으로 건너가 1893년까지 벤더빌트대학과 에모리대학에서 공부했다. 1893년 중서서원에서 1년간 가르치다 1895년 귀국해 학부협판 등을 역임했다. 서재필보다 2년 정도 늦게 미국에 간 셈이다.

1897년 독립협회에 가담해 2대 회장을 지냈고, 서재필이 미국으로 돌아간 후 〈독립신문〉을 맡기도 했으며 만민공동회를 주관하기도 했다. 만민공동회가 고종의 변심으로 실패로 돌아갔는데, 그 때 윤치호는 원산감리元山監理라는 관직으로 복귀했다. 그는 을사늑약 후 일체의 관직에서 물러났다.

1906년 대한자강회를 조직하고, 1908년 개성에 한영서원을 설립하여 교장으로 교육에 전념했다. 경술국치 이후 105인 사건에 연루되어 1912년부터 3년 동안 옥살이를 했다. 출옥 후 어떤 민족운동에도 참여하지 않고 일본이 주는 자리도 갖지 않았다. 오직 YMCA 회장을 맡아 조선기독교를 이끌었다.

그러나 중일전쟁이 시작되면서 1938년 흥업구락부 사건 이후 중추원 고문, 흥아보국단 위원장, 국민정신총동원 조선연맹 상부이사 등을 맡았다. 해방 직전에는 일본 귀족원 칙선勅選의원에 임명되었다. 그는 1883년 일본유학 때부터 일기를 썼는데, 미국 유학시절인 1889년 12월부터는 대부분 영어로 일기를 썼다.

윤치호의 사상

　이력서로 볼 때 조선말과 일제 강점기를 통틀어 윤치호만한 지식인
이 없었다. 그런 최고의 지식인이 그 시절을 어떤 눈으로 보았는가 하는
것은 우리에게 매우 귀중한 자료이다. 그의 일기는 그래서 가치가 있는
것이다. 그의 눈에 비친 조선말과 일제의 지배, 그리고 그 현실을 어떻
게 극복할 것인가에 대한 그의 고민을 통해 우리는 그 시절을 좀 더 현
실적으로 접근할 수 있을 것이다.

　최고의 지식인이 보았던 조선의 현실, 일제의 현실은 그 자체로서 의
미가 있는 것이며, 그가 판단한 현실은 당대 입장에서 이해할 수 있지
않을까? 그 시절 조선에서 살았던 많은 사람들이 그와 같은 판단 속에
서 생활했다면, 그 판단도 지금 우리의 한 부분을 형성하는데 영향을
끼쳤을 것이다. 또 그의 변신을 보면서 많은 사람들이 분개하고 배신감
을 느꼈다면, 그러한 감정도 지금 우리의 정체성 형성에 영향을 준 것
또한 사실일 것이다. 따라서 어느 쪽이든 그의 사상의 줄기를 짚어 보
는 것은 우리 정체성을 이해하는데 유익할 것이다.

　박지향朴枝香의『윤치호의 협력일기』를 보면 그는 철저하게 자유주의
사상을 지니고 있던 인물이었다. 자유주의는 개인주의와 연결된다. 그
는 개인의 자유를 무엇보다 소중하게 여겼다. 미국에서의 생활이 영향
을 주었을 것이다. 그는 개인의 자유와 천부적인 인권을 믿었으며, 그
때문에 나라나 민족보다 개인을 앞세웠다. 그렇기 때문에 그는 사회계
약론을 신봉했다. 국가가 개인의 안녕과 행복을 지켜줄 때만 가치가 있

지, 그 책임을 다하지 못하면 개인은 그 국가에 등을 돌릴 수 있다는 것을 당연하다 생각했다.

19세기 말 조선왕조가 극도의 위기에 처해 있을 때, 그는 조선이 청나라 지배에 떨어지느니 차라리 영국이나 러시아의 지배를 받는 편이 낫다고 생각했다. 그렇게 되면 나라가 망한다 해도 조선 사람들은 많은 부분 고통에서 해방될 것이고, 여러 이득을 향유하게 될 것으로 여겼다. 국가가 사라지고 지배계층이 변해도 국민 개개인이 예전보다 더 많은 안정과 행복을 얻게 되면 그 편이 낫다고 본 것이다.

그는 조선이라는 나라가 미웠다. 만약 정부가 포악하여 국민을 압제하고 수탈한다면, 그런 정부 하의 독립은 무의미하다고 생각했다. 동족에 의한 가혹한 통치보다는 이민족에 의한 관대한 통치가 더 낫다고 믿었다. 그가 친일로 돌아서는 사상적 배경을 말해주는 대목이다. 조선이 독립해서 제대로 된 나라를 만들지 못한다면 그런 독립은 의미가 없다고 여겼던 것이다.

그는 조선은 아직 그런 준비가 안 된 나라라고 보았다. "나는 일본이 조선에 자치를 줄 것이라는 점을 의심하고, 또 그것을 얻는다 해도 잘해낼 것으로 생각하지 않는다. 내가 감당할 수 없는 상황이나 연장을 요구하기에는 나는 너무 겁이 많다"고 했다. 『윤치호일기』7, 1921. 3. 8. 이하 재인용 박지향, 『윤치호의 협력일기』

그래서 그는 실력배양을 강조한 것이다. 교육과 계몽을 중시한 것이다. 그는 교육으로 국민을 지적, 경제적으로 준비시키고 기독교에 의지하여 사람들을 계몽시켜야 한다고 믿었다. "우리는 배우고, 배우고, 또 배워야 한다. 현명해지기 위해 배우고, 근면해질 것을 배우고, 능

률적이 되도록 배워야 하고, 뭉치는 법을 배우고, 기다리는 법을 배우고, 자유를 통달하되 그것에 좌우되지 않는 법을 배워야 한다." 『윤치호일기』8, 1921. 2. 8.

그는 교육을 하되 철저한 실용교육을 중시했다. 그가 세운 한영서원에서는 농업, 목공, 축산법 등 실업교육을 목표로 했다. 그는 딸에게도 공부만이 아니라 바느질도 잘해야 한다고 가르쳤다. 강연을 할 때는 젊은이들에게 숲 가꾸기, 모범농원, 농장작업 등 실용적인 일을 하라고 가르쳤다. 개인의 자유는 독립적인 인간이 되지 않고는 누릴 수 없으므로 그것을 위해 근면하여 자립적인 인간이 되고, 정직한 인간이 되어야 한다고 믿었다.

그는 게으름과 의타심을 미워했다. 조선이 망한 이유도 바로 그 게으름과 다른 사람에게 기대어 살려는 의타심 때문이라고 생각했다. 그는 사회주의나 공산주의를 싫어했다. 사회주의나 공산주의의 본질이 바로 국가에 개인을 의탁하는 것이기 때문이다. 실력 배양을 위한 실용교육을 중시하여 조선 유학생들이 정치학, 철학, 사회학 등을 공부하는 것을 못마땅하게 여겼다. 그는 조선의 교육을 도와주며 인민의 기상을 회복시킬 기개는 예수교 밖에는 없다고 믿었다. 그래서 그는 죽는 날까지 기독교를 믿었다.

그는 개인의 자유와 독립을 가장 소중한 가치로 여겼으므로 그 자유를 지키기 위해 필요한 것이 바로 실력이라고 판단했다. 조선이 일본에 먹힌 이유도 바로 그런 실력이 없기 때문이니 실력 배양을 하자는 것이었다. 세계는 바로 힘에 의해 움직이는 세상이니 힘을 기를 수밖에 없다는 현실주의적인 판단을 하게 된 것이다.

그는 약육강식의 세계, 적자생존의 세계가 불가피하다고 받아들였다. 당시 유행하던 사회진화론을 믿었다. 인간은 본래 사악한 존재이기 때문에 사랑으로서가 아니라 공포로서 이 세상이 유지된다고 생각했다. 국제관계를 보아도 힘 있는 국가가 약한 국가를 지배한다고 믿었다. 인종 간에도 우열의 차이가 있으며, 앞선 나라가 뒤쳐진 나라를 가르치고 훈련시키는 것은 하나의 필요악이라고 보았다. 당시 만연한 제국주의 행태를 볼 때 그렇게 믿을 수밖에 없었을 것이고, 그러한 현실주의적 사고는 지금 세상을 보는데도 어느 면에서는 유효하다.

이런 현실주의적인 사고는 독립운동에 대한 그의 생각에도 그대로 적용됐다. 그가 실력 배양을 중시한 이유는 나라가 독립을 유지하려면 힘을 길러야 한다는 믿음 때문이었고, 그가 독립운동에 가담치 않은 이유는 힘이 없이는 독립이 될 수 없다는 판단 때문이었다.

그는 3.1운동을 반대했다. 그 이유가 그런 만세운동만 가지고는 일본을 굴복시킬 수 없다고 믿었기 때문이다. "물지도 못하면 짖지도 말라"는 생각이었다. 그는 일본에 평화적 저항을 한들 꼼짝하지 않을 것이니까 그들이 두려워 할 힘을 갖지 않고는 독립이 불가능하다고 믿었다. 따라서 만세를 선동하는 것은 조선 사람에게 해만 끼친다고 보았다.

그는 독립군들의 무력 투쟁도 소용없다고 믿었다. 국경 근처에서 파출소나 습격하는 그런 무력투쟁으로는 일본이 무너지지 않는다는 현실을 파악했기 때문이다. "이 세상은 우월한 자가 열등한 자를 쫓아내는 곳이다. 울고 짜고 해 봐야 소용없다." "조선민족은 이 철과 혈의 세상이 어린아이 같은 울음으로 제거되리라는 어리석음에서 빨리 벗어나야 한다"고 했다. 일제와 군사력으로 싸우는 것은 허망한 일이라고 믿었다.

그는 "무력투쟁은 다른 사람 아닌 조선 사람들에게 상처를 입힌다"고 했다. 그는 폭력과 무질서를 싫어했다. 상하이 임시정부나 무력투쟁은 모두 그런 것을 조장한다고 생각했다.

그는 해외에서 벌이는 독립운동에도 반대했다. 해외에서 독립운동을 하느니 국내에서 실력배양 운동을 하는 게 더 보람 있고 효과적이라고 믿었다. 이상재李商在 선생이 그에게 해외에 나가서 독립운동을 벌이는 것을 제의하자 그는 "조선인들의 전쟁터는 조선이니 조선 안에서 활동해야 한다"고 대답했다. 그는 체코의 독립을 모범으로 쳤다. "국민 스스로가 실력을 닦고 기회를 기다려야 한다"고 했다.

그는 윌슨의 민족자결주의나 1차 세계대전 후의 파리 강화회의가 소용없을 것이라는 점을 알고 있었다. 다른 인사들이 독립을 바라며 그것에 대해 기대를 걸었던 것과는 판이하다. 안창호도 비슷하게 부정적인 생각을 했다. 당시의 국제정세를 읽고 있었던 것이다.

그는 자유란 주어지는 선물이 아니라 싸워서 쟁취하는 것이라고 보았다. "어떤 민족이건 싸우지 않고 정치적 독립을 획득한 역사는 없다"고 했다. 3.1운동이 무저항 평화시위로는 성공할 수 없다는 것이다. 오히려 그런 운동으로 말미암아 일본의 군사 통치를 연장시키고, 조선 사람을 더욱 가혹하게 다루도록 만든다고 믿었다. 마치 인도의 간디가 무저항주의로 인도를 끌고 가지 않았다면 인도의 독립이 몇 십 년 앞당겨졌을 것이라는 주장과 맥을 같이 한다고 볼 수 있다.

그래서 약소국이 독립하려면 먼저 국민이 지성과 부와 공공정신을 갖추고 국제정치적으로 기회가 찾아와야 한다고 믿었다. 안창호의 실력 배양론이나 이광수의 민족개조론도 그런 생각을 바탕에 깔고 있었다. 다만 안창호는 끝까지 일제에 굴복하지 않고 실력 배양을 통한 독립이라는 한 길을 걸었다는 점이 윤치호와 다르다. 말은 이렇게 쉽게 하지만 사실 그런 한 길을 걷는다는 것이 쉬운 일인가? 그렇기 때문에 안창호는 후대에 칭송을 받고 윤치호는 비판을 받는 것이다.

그는 애국하는 법도 여러 길이 있다고 보았다. 해외 독립운동에 돈을 쓰느니 국내의 실업을 부흥시키고, 젊은이들을 가르치는 길이 더 긴요하다고 생각했다. 따라서 애국심을 강조하면서 독립운동을 하는 것보다는 일상을 충실하게 살아가면서 차근차근 실력을 갖추는 방법이 더 현실적이라고 믿었다. 그는 애국심을 앞세우는 사람들을 신통하게 여기지 않았다. 새뮤얼 존슨Samuel Johnson의 '애국심은 건달들의 마지막 핑계'라는 말을 인용하며 애국심만 있으면 모든 것이 용서된다는 것은 잘못이라고 믿었다.

예를 들면 열심히 일하고 가족을 부양하고 주변에 도움을 주며 살지만, 만세를 부르러 가지 않은 사람과 도박꾼 방탕아로 살면서 재산을 다 날리고 만세만 부르는 사람하고 누가 더 애국자냐고 상정한다. "논밭을 사고 그것이 바람직하지 않은 손에 떨어지는 것을 막은 사람은 땅을 팔아 독립운동에 돈을 대는 사람보다 더 현명한 애국자다. 가난한 소년을 학교에 보내 그 아버지보다 똑똑한 인간으로 만드는 사람은, 학생들을 정치적 선동에 충동질하는 사람보다 더 위대한 봉사를 하는 것이다."1920. 6. 8

그는 독립운동보다는 더 근원적인 처방에 매달렸다. 조선인 전체가 공덕심을 갖추지 못한 점이나, 우리 민족이 통합을 하지 못하고 파벌 싸움을 하는 문제나, 작은 일에 충성하는 것보다 명분을 내세우며 큰 것에만 매달리는 습성, 그리고 자립성이 부족한 점 등을 고치는 것이 급선무라고 생각했다. 그런 것을 갖추고 난 후에 독립을 논할 수 있게 된다고 믿었다.

윤치호와 정체성

사람의 인생철학은 같을 수 없다. 이상주의자도 있고 현실주의자도 있다. 현실주의적인 생각을 하고 있다가도 어느 순간 이상주의적인 마음이 들어 그렇게 행동하는 경우도 있다. 삶의 자세도 각각이다. 이런 것이 전체로 합해져서 사회가 이루어지고, 그 복잡하고 다단한 생각들이 합쳐져서 사회 물결을 이루는 것이다.

나라를 빼앗긴 울분에 가족을 버리고 독립운동에 참여한 사람이 있는 반면, 일상생활을 소중하게 여겨 있는 자리에서 그 여건을 받아들이며 그 안에서 최선을 다하려는 사람도 있다. 어느 인생이 더 훌륭하냐는 도덕적 판단을 내릴 수 있을까? 윤치호 같은 인물은 후자에 속한 사람일 것이다.

나는 윤치호의 사상에 대해 이해할 수 있다. 자유주의적인 생각, 개인을 소중하게 여기는 생각을 다 받아들일 수 있다. 또 현실주의적인 생각 역시 받아들일 수 있다. 세상은 분명히 그런 측면이 있기 때문이

윤치호는 말년에 친일로 돌아섬으로써 결정적인 오점을 남겼다.

다. 그러나 윤치호 같은 생각에 사회 구성원 모두가 매달려있다면 사회는 무슨 동력으로 변화할 것인가?

현실을 현실대로 다 인정하면서 차근차근 바꾸어가자는 것이 일리는 있지만, 그런 방식으로 변화가 오려면 매우 더딜 수밖에 없다. 사람은 제각각이니까 그런 점진적 방식을 좋아하지 않는 사람도 많다. 이런 사람들이 변화를 주도해간다. 그러나 그렇다고 그게 현실에서 큰 역할을 하느냐? 윤치호가 보듯이 일제는 그런 사람들 때문에 무너진 것은 아니다. 국제정세라는 보다 더 큰 틀의 변화로 인해 무너진 것이다. 다만 우리는 독립운동을 했던 분들이 있었기에 그래도 떳떳하다. 우리 민족 가운데 독립을 꿈꾸며 일생을 희생한 분들이 있었다는 것은 자랑스러운 일이다.

되돌아본다면 윤치호적인 실력배양 운동이 틀리지는 않았다. 그것이 필요했다. 또 무력투쟁 역시 필요했다. 상하이 임시정부도 필요했고, 이승만의 외교주의도 필요했다. 이 운동이 하나로 통합되기란 어려웠을지 모른다. 그것은 인생관, 국가관, 세계관의 차이에서 비롯된 것일 수 있기 때문이다. 따라서 서로의 존재를 인정하고 서로를 이해하면서 나갔더라면 좋았을 것이다.

해외에서 독립투쟁하던 사람들은 국내에서 일제의 탄압 속에서 버티어 가는 사람들의 모습을 보며 존경해주고, 국내에서 사는 사람들은 모든 것을 희생하고 고생하는 해외 독립지사들을 존경해주었으면 얼마나 좋았겠는가. 윤치호의 사상이 잘못된 것이 아니고, 윤치호는 독립운동을 무시하는 눈으로 보았다는데 문제가 있다. 그가 독립운동을 인정하면서 계몽과 실력배양이라는 자신의 길을 묵묵히 걸어갔다면 그를 탓할 이유가 없다. 그가 그런 길을 택했으면 존경을 받을 수 있었다.

특히 그가 말년에 친일로 돌아선 것은 변명할 여지가 없다. 그의 현실주의적인 생각이 틀려서가 아니라, 친일로 돌아섰기 때문에 비판을 받는 것이다. 그러므로 실력주의와 계몽운동 자체를 비판하는 것은 옳지 않다. 당시의 우리 민족 가운데 지식인 그룹에 해당하는 사람들은 모두 비슷한 생각을 했다.

문제는 그들 중에 변절한 인사가 있다는 것인데, 그들이 변절할 수밖에 없었던 이유는 일제의 가혹한 탄압과 유혹이 있었다는 점을 함께 고려해야 할 것이다. 당시 국내에서 산다는 것은 해외에서 살던 인물들과 상황이 달랐다. 이런 점을 고려치 않고 일방적으로 매도해서는 안 된다. 반면 국내 지식인들이 어려운 환경일지라도 좀 더 버티어 줄 수 있었다면, 해방 후 우리의 건국과정도 순조로웠을 것이다.

우리는 일제 강점기의 계몽과 실력배양 운동에 힘입어 새로운 나라를 세우는 준비 작업을 할 수 있었다. 교육을 소중히 여겨 인재를 키운 덕으로 이만큼 발전했다. 자유주의는 새 나라에서 민주국가의 토대가 되었다. 우리가 민주주의에 목숨을 걸 수 있었던 것은 바로 이러한 식민지의 험난한 과정에서 자유의 소중함을 알았기 때문이다.

실력을 배양하며 경제적으로 부유하고 군사적으로 강건한 나라를 만드는 꿈을 가진 것도 바로 윤치호와 같은 생각들을 했기 때문이다. 근면하고 자립적인 정신을 강조하고 공산주의를 싫어했던 그의 판단은 옳았다. 그가 그리던 꿈을 21세기에 우리는 이루었다.

"조선사람 하에서건 혹은 외국의 지배 하에서건, 조선에는 철도와 증기선과 우편시설과 전보가 들어오고, 그것들이 조선을 혁명적으로 변화시켜 서기 2000년의 조선은 지금의 조선과 비교할 때 새 창조물이 되어 있을 것이다. 이 초가집들은 벽돌집이 되어 있을 것이고, 나무 한 그루 없는 이 헐벗은 산천은 아름다운 꽃과 나무로 덮여 있을 것이다. 오랫동안 고통을 감내해온 조선 사람들은… 자신이 동의한 대로 세금을 내고 도로와 국방을 효율적으로 유지할 것이다. 때로 나는 300년 후에 다시 찾아와 조선이 겪었을 변화를 보고 싶다."『윤치호일기』5 1900. 12. 5

협력과 저항

저항과 협력의 문제는 단순하게 흑백으로, 선악으로 구분할 수 없으며 구분해서도 안 된다. 식민지배에 협력했다하더라도 그것이 강압에 의해 생존을 위해 불가피한 것이었다면 우리는 그 때의 상황을 무조건 비난할 수 없다. 목숨이 위협받는 상황에서 그러한 행동은 불가항력적인 것이었으리라. 마음속으로는 승복할 수 없었지만 할 수 없이 협력할 수밖에 없었다면, 너그러운 이해가 필요하다는 뜻이다. 반면 개인의 출세와 부귀를 위해 적극적으로 지배집단에 충성했던 인물들은 이들과 구별해야 한다.

또 협력이 무엇인지 저항이 무엇인지도 모르는 상황에서 그저 인생길을 걸어 간 사람에 대해 나중의 잣대로 비난해서도 안 된다. 지금의 잣대로 왜 그때 저항하지 못했느냐고 힐난 한다면 그 개인에게는 너무 가혹한 것이 된다. 일제 지배는 근 40여 년 지속됐다. 1910년에 갓난아이로 태어나서 1930년에 스무 살의 청년이 되었다고 가정해보자. 교육도 식민지 지배가 정당하다는 식의 교육을 받았다고 한다면, 그를 어떻게 보아야 할 것인가?

언젠가 전북 고창에 있는 서정주徐廷柱 시인의 기념관에 가 보았다. 일부에서 서정주 시인이 친일적인 시를 썼다고 친일파로 분류하는데 대해, 그가 자신의 심정을 적은 글을 읽은 적이 있다. 정확한 기억은 아니지만 그는 어린 시절 자신의 나라가 일본인줄 알았다는 것이다. 설령 그렇지는 않더라도 식민지 시절 똑똑한 젊은이들이 갈 길이 무엇이었겠는가? 누구나 그 사회에서 인정받고, 자신의 꿈을 성취하고픈 것이 인지상정이다. 군인이 되고 싶고, 재판관이 되고 싶고, 선생님이 되고 싶다면 그는 식민지 나라의 군인이 되고 재판관이 될 수밖에 없다. 그 점을 이해할 수 있어야 한다는 말이다.

협력자라 하여 모두 다 비난 받을 수는 없다. 일제에 협력하는 가운데서도 민족을 위해 좀 더 나은 길을 모색했다면, 그는 주구走狗처럼 협력했던 사람의 삶과는 다른 대접을 받아야 한다. 판사로 민족의 아픔을 알고 그에 합당한 판결을 내리려고 애썼다면, 그는 훌륭한 사람이다. 후세사람이 선대를 현재의 잣대로 함부로 평가하는 것을 '후세의 오만'이라고 하듯, 우리는 역사에서 그러한 평가를 내리는데 조심해야 한다. 좋으나 궂으나, 미우나 고우나, 모두 우리의 역사라는 점을 우리는 겸허하게 받아들일 수 있어야 한다.

Part II
광복, 건국과 근대화의 불빛明 속에서

10장 공산주의에 대한 환상幻想

11장 북의 남침, 6.25전쟁 발발

12장 자유당 정권 붕괴

13장 4.19와 5.16

14장 혁명가 박정희

10장
공산주의에 대한 환상幻想

분열 속의
독립운동

　우리는 앞서 조선말의 비참했던 상황, 그리고 그런 상황을 극복하기 위해 애썼던 인물을 살펴보았다. 선각자들이 노력을 했건만 우리는 일제에 나라를 빼앗겼다. 선각자들의 애국심만으로는 밖에서 몰려오는 엄중한 힘, 즉 현실을 극복할 수 없었다. 우리는 너무 늦게 각성한 것이다. 또 각성된 사람의 숫자가 너무 적었다. 서재필, 윤치호, 이승만 등이 참가한 독립협회나 만민공동회가 더 발전된 움직임으로 나갈 수 있었다면 우리는 나라를 잃지는 않았을 것이다.

　그러나 역사를 어찌하랴! 뻔히 나라가 잘못되는 줄 알면서도 눈앞의 개인적 욕심과 헛된 명예에 매달려 잘못된 길을 가는 세력은 언제나 있었다. 일본으로부터 귀족 작위를 받는 것이 무슨 영예가 되겠는가. 그러나 눈이 멀어, 현실만 크게 보여, 결국 앞장서서 나라를 팔아버리는 세력이 나온 것이다.

무너져가는 나라를 세우려던 운동은 나라를 빼앗긴 후에는 다시 찾는 운동으로 전환되었다. 나라를 다시 찾겠다는 의지는 새 나라를 세우겠다는 의지와 맞물려 있다. 그 새 나라가 어떤 나라가 되어야 하느냐는 것은 당연히 제기되어야 할 문제였다. 그래서 독립운동과 새 나라 건설은 연결되어 있다.

　바로 여기서 문제가 생겼다. 강성한 힘을 가진 일본에 대응하려면 우리는 힘을 모아야 했다. 그러나 통일된 독립운동을 할 수 없었다. 어떻게 독립을 이룰 것인가 하는 방편이 서로 달랐다.

　안중근 의사나 김좌진金佐鎭, 홍범도洪範圖 장군, 하와이의 박용만, 연해주의 이동휘 같은 인물들은 무장투쟁을 생각했다. 만주와 연해주를 근거지로 삼아 일제와 힘으로 맞붙어야 한다는 것이다. 무력 없이 어떻게 독립된 나라를 세울 수 있는가? 옳은 생각이었다.

　이승만은 외교를 통한 독립을 꾀했다. 국제정세에 밝은 그는 한국의 현실을 잘 알았다. 일제의 힘을 알았다. 따라서 무력으로 일제를 꺾고 나라를 찾는다는 것은 계란으로 바위치기라고 생각했다. 독립은 우리 힘이 조금 부족하더라도 국제정세의 변화가 오면 기회가 온다고 판단했다. 약소 민족인 우리가 국제상황의 변화를 노려 강대국을 설득하여 독립의 공간을 마련해보자는 뜻이었다.

　반면 미약한 무력으로, 입술만의 외교로 독립하겠다는 것은 현실적이지 않다고 믿었던 사람들이 있다. 이들은 실력이 없으면 독립을 할 수 없을 뿐 아니라, 나라를 다시 찾아도 나라를 유지할 수 없다고 생각했다. 나라를 빼앗긴 것이 국민이 약하고 어리석었기 때문이라면 그 나라를 다시 찾으려면 그 국민이 바뀌어야 한다, 국민들의 실력배양을 해

상하이로 가기 위해 중국옷을 입고 위장한 이승만

야 한다고 믿었다. 교육을 시켜 정신을 일깨우고, 부지런하게 일하고, 물산을 장려하여 힘이 생기면 독립으로 이끌어준다고 믿었다.

이렇게 독립운동에 대한 생각이 달랐지만 3.1운동을 통해 하나로 모아지는 계기가 마련되었다. 3.1운동 후 상하이 임시정부를 세웠다. 임시정부를 중심으로 독립의 역량이 모이기를 바랐다. 그러나 우리는 임시정부로도 민족의 힘을 모으지 못했다. 그나마 이름으로나마 지킨 것은 김구였다. 그러면서 세월이 너무 길어졌다. 그러니 독립의 꿈은 옅어지고 억압된 현실 속에서 연명해가는 것이 대세였다.

생각할 수 있는 독립의 방책들을 내어 자기 나름으로 애를 썼지만 그 힘이 합쳐지지 않았다. 누가 틀리고 누가 옳았다가 아니었다. 그런 생각들을 하나로 묶지 못한 것이 문제였다. 독립이라는 큰 목표를 향해 함께 협력하자는 마음이 더 컸어야했다. 그것이 왜 안됐느냐? 지금 와서 우리 조상들을 힐난해서는 안 된다. 그럴 수밖에 없었던 것이 우리의 한계였다.

이 여러 줄기를 통합시킬 인물이 없었다는 것이 문제라면 문제였고, 우리 민족이 단결하는 힘이 부족했다고 지적한다면 그것도 문제일 수 있다. 그렇지만 그것이 바로 역사다. 그렇게 흘러가는 것이 역사인 것이고 그 때의 현실인 것이다.

더욱 안타까운 것은 국제적으로 공산주의의 등장이었다. 3.1운동 즈음 러시아에서 공산주의 혁명이 성공하여 지식인들을 열광시켰다. 공산주의가 내건 평등이라는 구호와 인도주의적 생각에 그들은 매료됐다. 더구나 소련 공산주의는 국제주의를 내걸고 피압박 민족을 해방시킨다고 나섰다. 우리의 독립운동 전선도 흔들리지 않을 수 없었다.

서너 갈래의 운동이 다시 더 갈라졌다. 무장운동의 주류가 공산주의 쪽으로 옮겨가게 되었다. 거기에도 환경적인 요소가 크게 작용했다. 무장운동의 본거지가 만주와 연해주였는데, 연해주는 소련 땅이요 만주 지역은 일본의 침탈로 혼란 속에 있었다. 일본이 만주사변을 일으켜 점령함으로서 만주에 있던 독립군은 자연히 소련에 몸을 기탁할 수밖에 없었다.

만주사변과 중일전쟁에서 승승장구하던 일본을 보면서 우리의 독립운동 전선은 정체기를 맞았다. 독립은 점차 요원해가는 듯이 보였다. 전쟁을 위해 총력을 동원하던 일제는 우리 국내를 더 압박하기 시작했다. 이런 환경이 국내의 인사들에게 영향을 미쳤다.

독립이라는 꿈이 멀어지는 듯이 보이기 시작하자 일제와의 협력이 불가피하다는 판단을 내리게 됐다. 중일전쟁1937년을 기점으로 국내에서 일본 통치에 협력하는 인사들이 늘어났다. 3.1운동을 주도했던 천도교 최린崔麟, 개화파 윤치호, 문인 이광수, 최남선 등 국내에 머물던 최고의 인재들이 친일로 돌아섰다.

우리는 이상과 현실, 원칙과 적응, 저항과 타협이란 문제를 따져보아야 한다. 산다는 것이 환경에 타협하며 사는 것일진대, 연약한 개인은 환경을 떠나 환경을 무시하고 살 수 없다. 어느 정도의 적응과 타협은 불가피하다. 그렇다면 어느 선에서 타협을 할 것인가? 모든 것을 다 수용한다면 '나'는 없어지고 환경만이 남는다. 내가 주인이 아니고 환경이 주인이 된다. 색깔에 따라 변하는 카멜레온이 될 수 있다.

그러니 내가 나의 주인이 되기 위해서는 지켜야할 선이 있는 것이다. 환경에 적응을 못하면 도태된다. 그렇다고 환경이 나의 주인은 될 수 없다. 여기에 바로 최저선Bottom Line이 있다. 더 이상 양보할 수 없는 선이 있는 것이다. 그 선을 지키려고 노력하는 것이 인간이다. 무너져서는 안 될 선, 그것을 지키려는 의지, 그것이 바로 사람을 사람 되게 만드는 것이다. 선을 무너뜨리면 쉽게 살 수도 있다. 그러나 사람됨을 지키기 위해 무너져서는 안 될 선을 지키려고 노력하는 것이다.

일제에 협력한 인사들의 문제도 바로 그런 것이다. 우리는 지금 식민지 치하에 살고 있지 않다. 하지만 지금의 현실도 우리에게 끊임없이 이 지켜야 할 선의 문제를 제기한다. 잘못된 정치와 싸우는 일, 자신이 몸담은 조직의 부조리와 싸우는 일 등을 놓고 고민한다. 물론 그런 생각조차 하지 않는 사람들도 많다. 그런 사람들이 더 안락하고 따뜻한 생활을 할 수도 있다. 왜냐하면 현재를 지배하는 것이 금력, 권력이기 때문이다.

자신의 선한 의지와 책임감을 버리면 그 금력과 권력에 기댈 수 있다. 권력과 금력이 부당하다고 느끼면 어느 선까지 타협할 수 있는가? 그것은 인생관에 달린 문제이다. 우리는 어떤 인생관을 가져야 하는가. 현실도 무시할 수 없고 나를 포기할 수도 없다. 내가 포기할 수 없는 선, 그 선을 지키는 것이 바로 고집이며 줏대이다.

일제에 협력한 인사를 무작정 매도할 수는 없다. 우리는 그들이 역사에서 받는 평가를 보면서 우리의 옷깃을 다시 여미어야 한다. 나에게 그 상황이 온다면 어떤 결정을 내릴 것인지 스스로를 돌아보는 것이다.

소용돌이치는 해방정국

이런 와중에 해방을 맞았다. 우리 힘으로 맞은 독립이 아니라 연합국의 승리로 얻은 독립이었다. 그것이 우리 독립의 한계를 설정했다. 외부의 힘으로부터 얻은 독립, 그것이 지금까지 분단으로 우리를 괴롭히고 있는 것이다. 그 때 우리에게 독립운동의 주류가 있었다면, 그 주류 세력이 새 나라의 기틀을 잡는데 앞장을 섰을 것이다. 프랑스의 드골이 망명정부를 대표하여 2차 세계대전 후 프랑스를 건설했듯이 말이다.

그러나 우리는 앞에서 보듯 독립운동은 했으나 여러 갈래로 갈라져 있었다. 그런 탓으로 해방 후의 정국도 그렇게 복잡하게 되어 버린 것이다. 해방이 주어진 해방이었기 때문에 우리가 주체적으로 대응하기 어려웠다.

해방 후에서부터 대한민국 건국까지 3년의 과도기는 이 분열을 정비하는 기간이었다. 어쩌면 분열된 우리에게 시련을 주어 민족의 전열을 정비하라고 하늘이 기회를 준 것인지도 모른다. 독립운동의 여러 갈래를 하나로 묶어내어 대한민국이라는 나라를 탄생시키게 만든 기간이었다.

국제적인 환경으로 해방이 되었으나 대한민국이라는 새 나라를 세운 것은 우리의 힘이었다. 유라시아 대륙의 대세에서 몰려오던 공산주의의 위협을 떨쳐 버리고, 우리 선각자들이 꿈꾸었던 나라를 만들어낸 것이다. 따라서 이 3년은 허송의 세월이 아니라 기초를 다지는 시간이었다.

그런 시간 없이 이 세력 저 세력과 타협하여 엉성하고 조급하게 나라를 만들었다면 대한민국은 버틸 수 없었을 것이다. 당시의 공산주의 세력의 팽창하는 힘이 너무 강했기 때문이다. 3년이라는 담금질을 통해 우리는 선각자들이 꿈꾸었던 자유와 민주주의를 바탕으로 하는 공화국을 만들어냈다. 해방은 우리 힘으로 못했지만 대한민국은 우리 힘으로 세운 것이다.

1차 국제환경

해방이 국제환경으로 이루어졌으므로 먼저 그 무렵의 국제환경을 돌아보아야 한다. 2차 세계대전은 미, 영, 소 연합국의 승리였다. 패자인 일본이 지배하던 한반도의 처리에 대한 문제가 이 세 나라 사이에서 논의됐다. 1943년 11월, 전후 문제를 논의하기 위해 루즈벨트Franklin Roosevelt, 처칠Winston Churchill, 스탈린Iosif Vissarionovich Stalin이 만나기로 했다.

미국은 이 자리에 중국의 장제스蔣介石를 참여시킬 의사를 가지고 있었으나 소련의 반대로 무산되었다. 루즈벨트와 처칠은 테헤란에서 스탈린과 만나기에 앞서 카이로에서 장제스를 먼저 만났다. 이 자리에서 장제스는 전쟁이 끝나면 한국을 독립시켜야 한다고 제의했고 영, 미도 이에 동의했다. 한국의 독립이 처음으로 제기되었던 것이다. 그러나 어떤 방식의 독립이냐에 대한 구체적인 논의는 없었다.

그때까지 소련은 유럽전선에만 개입했다. 태평양에서 일본과도 전쟁을 하던 미국은 일본과의 전쟁을 빨리 끝내기 위해서 소련의 참전을 희망했다. 미국은 만주에 주둔하던 관동군의 전력을 실제보다 과대평가했다. 따라서 소련을 끌어 들이기 위해서는 대가가 필요했다.

극동에서의 부동항不凍港 마련을 전통적인 국가이익으로 여겼던 소련에 미국은 한반도 북쪽의 청진, 나진 항구의 사용권을 제의했다. 한반도를 북쪽은 소련이, 남쪽은 미국이 당분간 진주하는 전략을 세웠던 것이다. 미국이 히로시마廣島에 원자탄을 투하하여 일본의 항복이 눈앞에

닥치자 8월 9일 소련은 급하게 일본에 선전포고를 하고 한반도를 향해 남쪽으로 내려왔다.

미국은 아직 한반도에 진주할 준비가 되어 있지 않았다. 소련은 일본군의 저항 없이 남하하여 8월 24일에는 평양을 점령했다. 미국은 선발대가 겨우 오키나와沖繩에 상륙한 정도였다. 소련의 남하가 예상 외로 빨라지자 미국은 한반도 전체에 소련이 주둔하는 것은 물론, 일본 본토까지 소련군이 진군할 것을 우려하여 38도 선을 제의했다. 그 북쪽은 소련이, 남쪽은 미군이 진주한다는 것이다.

이 시점에 서울에서도 혼선이 생겼다. 소련군의 서울 진주 소문으로 당시 건국준비위원장이던 여운형이 소련군을 환영하기 위해 서울역으로 나가는 해프닝도 있었다. 미군의 진주는 9월 8일에야 시작됐다. 이렇게 하여 남쪽에서는 미군정이, 북쪽에서는 소련이 군정을 시작했다. 비극은 여기서 시작된 것이다.

소련 외무성의 문건에 의하면 소련은 대일 선전포고 이전인 6월 29일자 정책보고서에서, 한반도가 소련을 공격하는 전초기지가 되는 것을 막기 위해서 한반도에 수립될 독립정부가 소련에 우호정부가 되어야 한다고 건의했다. 소련은 한반도로 진주하는 군대에 소련 내에서 활동하던 한국독립군 출신이 포함된 국제홍군國際紅軍 88여단도 동원했다.

이 국제홍군은 좀 더 설명이 필요하다. 독립군 무장투쟁 부대 가운데 공산주의와 가까웠던 세력은 두 줄기가 있다. 하나는 소위 연안파로 불리는 조선의용군으로, 중국 공산당 팔로군八路軍에 포함되어 대일전선에 참여한 부대다. 이들은 국공내전國共內戰에 참여한 다음 1949년에 중공 정권이 수립된 후, 마오쩌둥毛澤東의 명령에 의해 북한으로 돌아가

인민군에 편입된 세력이다.

다른 하나인 국제홍군의 역사는 이러하다. 만주에서 활동하던 공산 계열의 반일 무장단체들은 코민테른 7차 대회 결정에 따라 만주지역 통일전선을 형성했다. 이에 앞서 1931년에 일본이 만주사변을 일으키자 중국 공산당은 만주에 유격대를 창설했다. 여기에 조선독립군이 편입됐다. 이것이 1936년 동북 항일연군으로 확대 개편됐다.

동북 항일연군은 1군에서 11군까지로 편성되었다. 이 중 백두산 일대에서 활동하던 부대가 6사였고, 김일성은 이 부대에 속했다. 이 부대가 함남 갑산군 보천보의 경찰주재소를 습격한 사건이 바로 북한이 김일성 독립운동을 찬양하는 보천보 전투이다. 만주에서 일본의 공세가 강화되자 이들은 1940년 소련으로 넘어가 소련 거주 조선인들도 포함된 1천 명 가량의 병력인 국제홍군이 되었다.

소련이 대일 선전포고를 하면서 국제홍군도 만주와 한반도로 소련군과 함께 참여했다. 그러나 김일성이 인솔하던 조선인 부대는 여기에 참여하지 못하고 그해 9월 19일 소련 군함을 타고 원산으로 들어왔다. 소련은 이미 한반도 진군에 조선 독립군 출신들을 데리고 들어왔고, 이들은 자연스럽게 친소親蘇 정권의 인적 자원이 되었다.

한편 미국은 한반도에 주둔하면서 독립운동 세력에 대한 기득권을 인정하지 않았다. 미 국무부는 이승만의 귀국에 반대하다가 뒤늦게 이승만과 김구를 귀국시키기로 했다. 이승만은 독립 후 두 달이 지난 10월에야 개인 자격으로 귀국했다. 김구가 이끄는 충칭重慶의 임시정부는 이보다 한 달 더 늦은 11월에야 역시 개인 자격으로 돌아왔다.

이는 미 국무성이 소련과 관계를 고려한 측면과, 한반도에서 중국당

서울 주둔 미군의 환영식에서 아놀드 군정장관과 나란히 선
이승만

시는 장제스의 국민당 정권의 영향력이 커질 것을 우려한 면이 있다. 장제스
가 김구를 지원한다고 믿었기 때문이다. 일본 총독으로부터 치안을 위
탁 받았던 건국준비위원회의 인민공화국 세력도 미군으로부터 인정받
지 못했다.

　이후 남쪽과 북쪽은 미국과 소련이라는 주둔국의 계산에 따라 제각
각의 방향으로 흘러가게 되었다. 우리 민족의 결단보다는 주둔군이라
는 힘을 가진 두 나라의 결심에 따라 남북의 관계가 형성되어 갔다.

김구를 중심으로 모여 선 임정 요인들

　북쪽의 상황 전개는 단순했다. 소련은 북한에 우호적인 정부를 세운
다는 원칙 아래 북한 내에 정부를 세울 준비를 착착 진행했다. 큰 틀로
는 먼저 북한에 정부를 세운 뒤, 이를 기반으로 하여 남쪽까지 소련과
같은 체제를 갖는 소비에트 공산정부를 세우는 것이었다. 이에 따라 먼
저 북한에 정권을 세우는 작업을 신행했다.

　소련은 처음에는 먼저 좌우 진영을 망라한 연합정당 정부를 세운 뒤
이를 공산당 정부로 바꾼다는 계획으로 우파 지도자인 평양의 조만식曺
晩植에게 북조선 5도 인민위원장을 제의했으나 조만식은 이를 거절했
다. 조만식의 반소反蘇 노선으로 인해 김일성이 부상하게 되었다. 소련
은 김일성을 부각시키기 위해 지방순회에 김일성을 앞세웠다. 당시 북
한에서의 김일성에 대한 이야기를 들어보자.

"해방 되던 해인 1945년 10월 김일성이 처음으로 북한 행사장에 나타났다. 대부분의 북한 주민들은 일제 강점기 항일 독립운동을 했던 김일성 장군이 대략 60세는 됐을 것이라 믿었다. 그 때 나타난 인물은 50세 정도 밖에 되지 않았다. 머리도 희지 않고 검었다. 사람들은 의아하게 생각하며 박수를 쳤다. 그러나 이어서 나타난 진짜 김일성은 30대의 젊고 호리호리한 몸매였다. 앞의 50세 김일성은 테러가 있을까봐 대타 인물을 미리 내보낸 것이다. 진짜라며 나온 젊은 자가 김일성이라 하자 속았다고 생각한 주민들이 행사장을 나오려 하니 공산당은 이미 입장한 문을 모두 닫아 버렸다… 일제 강점기에 우리가 숭배해온 김일성 장군과 그 자리에서 본 김일성은 너무나 다른 전혀 딴 사람이었다."김허남, 『내가 본 대한민국』

김일성은 민주기지론을 내세웠다. 말은 민주기지였지만 실은 공산기지론이다. 최근 헌법재판소에서 위헌판결을 받은 통합진보당 사람들이 민주주의의 탄압이라고 하는 얘기와 똑같다. 그들에게는 공산화가 민주화인 것이다. 북한을 공산기지로 먼저 만들고, 이 기지를 통해 남쪽도 공산정부를 수립한다는 것이다.

1945년 12월, 33세의 김일성은 조선공산당 북조선분국의 책임비서로 취임했다. 이때까지만 해도 남쪽에 있던 박헌영의 세력이 만만치 않았다. 박헌영은 코민테른의 1국 1당 원칙을 내세우며 자신이 조선공산당의 정통성을 갖고 있음을 강조했다. 그런 잠정적인 시기를 지내며 소련은 이듬해 2월 북한에 단독정부를 세우는 작업의 일환으로 과도정부인 북조선 임시 인민위원회를 구성하였다. 곧이어 토지개혁, 기간산업의 국유화, 지방정부의 조직에 들어갔다. 이에 앞서 미국과 소련은 공동위원회를 열어 신탁통치방안을 논의하기로 했다. 소련은 한편으로는 단독정부를 추진하며 다른 한편으로는 신탁통치안도 준비한 것이다.

소련은 1946년 11월 지방인민회의 대의원 선거를 했고, 그 이듬해 2월에는 국회에 해당하는 북조선인민회의를 구성했다. 이와 함께 정부에 해당하는 북조선 인민위원회도 조직하여 위원장에 김일성을 선출했다.

신탁통치안의 극복

남쪽의 상황은 얽히고설킨 실태였다. 그렇게 많은 정당과 그렇게 많은 파벌이 존재할 수 있을까? 미군정이 각 정파들을 군정에 참여시키기 위해 신고를 받았을 때, 각 정파가 주장한 소속원의 숫자를 합하면 남쪽 인구를 훨씬 넘었다는 얘기가 그것을 입증한다.

남쪽의 세력은 크게 네 갈래로 분류할 수 있다. 이승만을 추종하는 세력, 상하이 임시정부즉 김구를 추종하는 세력, 박헌영과 여운형으로 대변되는 조선공산당과 인민공화국 세력, 그리고 식민지 시절 한국에 있던 토종 세력의 대표 격이라 할 수 있는 한국민주당약칭 한민당 세력이다.

이 네 세력이 1945년부터 1948년까지 다툰 것이 남쪽의 해방 후 역사이다. 조선공산당은 테러와 불법파업 등을 주도해 미군정이 불법화시킴으로서 음지 속으로 들어갔다. 해방 후 여러 소요사태는 북조선의 지원을 받는 이 조선공산당의 주도로 일어났다. 1946년 10월의 대구 폭동, 1948년 4월의 제주도 4.3사건, 같은 해 10월의 여순 반란사건 등은 이렇게 공산당과 연결이 되어 있었다.

미군정과 협력한 한민당은 비교적 순탄한 길을 걸었다. 1945년 9월에 창당한 한민당은 시장경제, 민주주의, 언론과 집회의 자유 등 자유민주주의를 기반으로 임정 봉대론奉戴論을 들고 나왔다. 국내사정을 잘 알고 인적 자원이 풍부했던 한민당은 군정청 파트너로 참여했다.

송진우宋鎭禹와 하지John Reed Hodge 장군의 밀월로 조병옥趙炳玉이 군정청 경무부장, 장택상張澤相이 수도경찰청장으로 등용됐다. 하지만 지주 중심의 국내세력인 한민당이 정통성을 갖기에는 부족했다. 한민당은 이승만, 군정, 그리고 김구 사이를 오가며 어느 세력이 힘이 있느냐에 따라 움직였다. 물론 그 중 미군정이 가장 현실적인 힘이었다.

이승만과 김구는 초기에는 서로 협조하는 사이였다. 둘 다 민족진영의 우파로 신탁통치를 반대했다. 자연히 한민당도 이들을 따랐다. 신탁통치라는 것은 새 나라를 세우는 일을 연기하자는 것이었다. 즉 한국이 일본으로부터 해방은 됐으나 아직은 독립시킬 때가 아니니 강대국들의 보호 아래 두자는 것이다.

이런 신탁통치에 반대한다는 것은 한국이 더 이상 국제정치의 희생물이 되도록 버려두지 않겠다는 의지의 표출이었다. 조선공산당은 처음에는 반탁反託으로 나섰다가 뒤늦게 소련의 지령으로 찬탁贊託으로 돌아섰다. 소련은 물론 미국까지도 신탁통치를 밀고 나가려 했다. 신탁통치에 찬성한다는 것은 국제적 힘에 예속된 나라를 인정하는 것이었다. 이승만과 김구 등 민족진영은 그렇기 때문에 신탁통치에 결사적으로 반대했다. 우리 민족 진영의 단합된 힘으로 이 국제환경을 이겨냈

군정청 회의실에서 함께 자리한 김구, 이승만, 김규식
(오른쪽부터)

다. 신탁통치를 극복했다.

신탁통지안을 준비한 까닭은 미국과 소련의 계산이 서로 달랐기 때문이다. 미국의 계산은 신탁통치를 할 경우 소련이 전승국 지분의 4분의 1에 불과하니까 결국 미국의 의도대로 한반도를 끌고 갈 수 있다는 생각이었다. 반면 소련은 신탁통치를 하면서 시간을 벌면 남한의 공산화는 자연스럽게 이룰 수 있다는 속셈이었다.

신탁통치안을 둘러싼 미소美蘇공동위원회가 지지부진해지고, 소련은 이미 북한에 단독 공산정권 수립을 착착 진행해가는 것을 보면서 나온 것이 이승만의 단독정부 수립 발언이었다. 이승만은 1946년 6월 3일 정읍에 내려가 남한 단독의 정부 수립 필요성을 밝혔다. 비판하는 세력은 이를 놓고 이승만에게 분단의 책임이 있다고 주장한다. 그러나 이는 역사적 사실을 왜곡하는 것이다. 분단의 시작은 소련이 북한에 공산정권을 단독으로 수립하려 이미 북한 인민회의를 1946년 2월에 구성하고서부터이다.

한독당은 이승만의 단독정부 수립에 반대했다. 여기서부터 이승만과 김구는 갈라서게 된다. 김구는 "단독정부 수립설이 유포되고 있으나 우리 당은 찬성할 수 없다. 38선 장벽이 연장되는 한 경제상 파멸과 나라가 격리됨으로서 역사적으로 큰 비극이 될 것이다"고 반대했다. 그러면

처음으로 세상에 모습을 드러낸 새파랗게 젊은 김일성을 보고 사람들의 의구심은 컸다.

서도 이승만과 완전 결별은 하지 않았다. 그는 "독립하려면 우리 민족이 뭉쳐야 합니다. 이 박사를 중심으로 뭉칩시다. 이 박사와 김규식 박사, 그리고 나, 이 세 사람은 단결해있습니다. 삼각산이 무너지면 무너졌지 우리 세 사람은 무너지지 않습니다"라고 했다.

2차 국제환경

이 시기 국제 환경은 이미 변화하고 있었다. 미국과 소련의 냉전이 심화되고 있었던 것이다. 영국의 처칠은 1946년 3월 미국 미주리주 풀턴대학 강연에서 동유럽은 소련에 의해 '철의 장막'이 드리워져 있다고 비난했다. 나는 이 대학을 방문한 적이 있다. 이 대학에 가면 당시 처칠의 연설 장면, 내용 등을 전시한 기념관이 있다. '철의 장막'이라는 단어가 이때 처음 사용되어 냉전의 시작을 알렸다.

아울러 미국 내의 분위기도 변하고 있었다. 1945년만 해도 진보세력이 미국정치를 주도하는 듯이 보였다. 미국 지식인 등은 공산주의의 실체에 대해서 제대로 이해를 하지 못했다. 루즈벨트의 전후 구상도 소련과 협력하여 세계정치를 펼쳐간다는 것이었다. 국무성의 친親 소련 분위기도 한 몫 거들었다. 그렇지만 소련의 팽창정책에 대한 우려가 터져나오면서 분위기가 반전되었다. 소련과 협력관계를 중시하던 루즈벨트가 사망하고 후임으로 트루먼Harry S. Truman이 들어섰다.

미 국무부가 이승만의 귀국을 꺼려했던 이유도 소련의 눈치를 보았기 때문이다. 이승만은 반공주의자였다. 그는 공산주의자들과의 협상을 믿지 않았다. 그는 공산주의자들이 말하는 협상이라는 것은 결국 공산화로 가기 위한 중간 단계에 불과하다는 사실을 알고 있었다. 그는 신탁통치도 반대했고 미소 공동위원회도 반대했다. 국무부와 하지는 신탁통치를 밀고 있었다. 그는 미 국무부에는 눈엣가시였고, 국무부의 지침을 받는 하지 중장도 이승만을 싫어했다. 미국과 소련이 협력

사사건건 부딪치던 이승만과 미 진주군 사령관 하지 중장

해 한반도 문제를 풀려는 미국의 초기 전략에 이승만이 원초적으로 반대했기 때문이었다.

군정청장이던 하지 중장은 "그의 그치지 않는 반소 언동 때문에 미국이 장차 한국에서 후원 설립할 어떤 정부에도 이승만은 결코 참여할 수 없을 것"1946. 4. 5이라고 공언하고 다녔다. 하지 중장이 이승만의 친구 굿 펠로우Preston M. Goodfellow 대령에게 보낸 편지에도 "이승만의 반소 캠페인을 단속해야만 했다. 이 늙은이는 단정 수립을 원하며 소련을 축출해야 한다는 취지로 너무 많은 불행한 말을 떠들고 다닌다"고 했다.

이승만의 예상대로 소련의 속셈은 애초부터 달랐다. 미국의 생각도 변하기 시작했다. 이승만은 46년 12월 미국을 설득하기 위해 워싱턴으로 갔다. 애초에는 맥아더Douglas MacArthur가 제공하는 군용기를 이용하기로 했으나, 여기에 대해서도 하지가 '민간인의 군용기 탑승 금지'를 들먹이며 반대하는 바람에 NWA편으로 갈 수밖에 없었다.

마침내 미국은 1947년 3월 트루먼 독트린을 발표하면서 소련의 팽창 정책을 저지하겠다는 결심을 피력했다. 남쪽에 좌우협력 정부의 수립을 바랐던 미국은 계획을 바꾸었다. 이미 북쪽은 단독의 정부 수립을 착착 진행하고, 결국은 그것을 기지로 하여 남쪽에도 공산 정권을 세운다면 이제는 자신들이 전략적 억지선이라고 여기던 일본까지 위험해진다는 점을 깨달았다. 미국은 남쪽에 미국을 지지하는 단독정부를 세우는 것이 현명하다는 생각이 들기 시작했다.

올리버는 그의 책 『Syngman Rhee and American Involvement in Korea 1942-1960』한준석 역, 이승만과 대미투쟁』에서 "이승만은 한결같은 마음으로 조국의 자주 독립을 요구해 왔다. 신탁통치 문제를 비롯하여 공산당과의 연립에 대한 반대는 물론이고, 소련이 바라고 종국에는 지배까지도 할 수 있는 '과도 정부' 수립에 관련해서는 어떠한 타협도 하지 않았다. 개인의 일시적 이익을 위해 국가목표를 희생시키고 미군정에 아부하는 식으로 해서는 아무 문제도 해결할 수 없을 것임을 주장한 한국의 출중한 선도적인 지도자이다"고 말하고 있다.

결국 1947년 6월, 2차 미소공동위원회는 결렬되고 말았다. 미국은 남한 단독정부 수립의 근거를 유엔으로 가져가기로 결정하여, 유엔 감시 하의 남한만의 총선거가 1948년 5월 10일로 예정되어 있었다.

이런 상황 변화에도 불구하고 김구는 남한만의 단독정부에 반대하고 남북이 통일정부를 수립하기 위해 협상을 하자고 제안했다. 여기에 김규식도 가세했다. 김규식은 이승만보다 여섯 살1881년생 아래였다. 그의 아버지는 조선말 외교관으로 일본과 불평등무역에 대한 상소를 올리는 바람에 귀양을 가고, 어머니도 죽어 네 살 때 고아와 같은 신세가 되었다.

이때 북장로교 언더우드 선교사 집에 입양되어 그가 세운 학교에서 근대교육을 받았다. 그는 독립신문사, 독립협회에서 일하면서 서재필의 권유로 1887년 버지니아주 로아노크대학에 입학했다. 이 대학에는 한국유학생이 30여명 있었는데 고종의 아들 의친왕 이강李堈도 있었다. 그는 프랑스어, 독일어, 라틴어, 러시아어, 인도어까지 자유롭게 구사하는 어학 실력을 갖추었다. 1903년 대학을 졸업한 뒤 이듬해 프린스턴대학에서 석사학위를 받고 귀국한다.

1913년 김규식은 망명길에 올라 상하이에서 활동하며 파리 강화회의에 파견되어 독립을 주장토록 했다. 그것은 실패했지만 이승만이 미

국의 한국위원회를 미국 위원부로 개편할 때 김규식은 파리에서 파리
위원부로 개칭하고 유럽에서 독립운동을 벌였다. 파리 강화회의에 한
국문제가 상정되지 못하자 1919년 8월 이승만의 초청으로 미국으로 건
너가기도 한다. 그는 임정 부주석으로 귀국하여 이승만과 김구와 협조
하며 나중에는 '민족자주연맹'을 결성하여 통일정부 수립운동을 했다.

김구는 귀국성명에서 ▲각 계급 당파의 공동이해에 입각하여 민족
단일 정부를 세우고 ▲친일파, 민족 반역자들은 제외하고 모두 단결해
야 하며 ▲단결이 있은 후에야 독립된 주권을 창조할 수 있고, 38선을
없앨 수도 있으며, 친일파 민족 반도들을 숙청할 수 있다고 했다. 환국
후 한결 같이 남북단결을 주장해왔다. 그는 임정이 각 계급 당파의 공
동 이해에 입각한 민족 단결의 정부라는 점을 강조했다.

김구와 이승만 사이에는 임정의 위상을 놓고 견해가 갈라졌다. 김구
는 임정만이 새 정부 수립의 법통이 있다고 내세웠으며, 이승만은 좌파
의 인공 정부가 있는 것까지 고려하여 자신의 위상은 임정보다 더 위에
있는 것으로 자리 매김했다. 김구는 임정의 법통을 주장함으로서 군정
과 대치했고, 이승만은 군정청의 신탁통치안이나 연립정부안을 반대하
여 각을 세웠다. 단독정부 문제도 김구는 임정이 한국 대표정부라는 입
장에서 남북의 통일정부를 이어가야 할 것으로 생각한 것이고, 이승만
은 공산주의 팽창 정책으로 인해 남북의 단일정부 수립은 불가능하니
남한만의 단독정부 구성이 시급하다고 판단했다.

김구는 단독선거로 끌고 가는 이승만과 결별하고, 1947년 11월 18
일 자유선거에 의한 통일정부 수립안을 제시한 유엔결의를 비판하면서
자주통일 정부수립 방안을 발표했다. 김규식 역시 중도파를 묶어 '민족

자주연맹'을 결성하여 김구와 같이 통일정부 수립에 나섰다. 김규식은 '독점 자본주의도 아니고 무산 계급사회도 아닌 조선적 민주주의'를 세워야 한다고 주장했다. 둘은 1948년 2월 북측에 남북협상 서신을 보냈다. 김일성은 한 달 이상 이 서한에 대한 언급이 없다가 3월 25일에야 4월 14일 평양에서 남한의 모든 민주주의 단체와 연석회의를 하자고 일방적으로 발표했다.

남북협상을 위해 평양으로 간 김구, 김규식 일행이 을밀대 앞에 섰다. 이들은 김일성에게 이용만 당한 채 서울로 돌아왔다.

평양에서 열린 남북협상은 실패했다. 대표자 연석회의는 북쪽의 선전장이었다. 미군과 소련군 즉각 철수와, 남한만의 단독선거에 반대한다는 성명을 채택했다. 김구, 김일성, 김규식 등의 4자회담도 성과는 없었다. 남한에 대한 북한의 전력공급, 연백 수리조합 개방, 조만식 선생 월남 허용 등을 요구했지만 김일성은 앞의 두 가지만 약속했으나 이도 지켜지지 않았다.

일행은 북의 국회격인 인민회의 특별회의에서 북쪽의 헌법을 제정하기 위해 축조 심의를 하는 광경을 보고 실망했다. 남북협상은 내세우는 명분일 뿐 그들은 이미 헌법을 만들고 있었다. 이상주의자 김구가 북한의 의도를 모르고 그들에게 이용당한 것이다.

자유민주주의를
지키다

좌파들은 해방 정국의 모든 문제를 이승만에게 돌리고 있다. 친미주의자인 이승만 때문에 그가 미국의 앞잡이로서 미국의 이해에 따라 한반도를 분단으로 끌고 갔다고 주장한다. 수정주의자 브루스 커밍스 Bruce Cumings는 『한국전쟁의 기원』에서 "분단 정권은 한국이 선도한 후 북한도 그 길을 걸었다. 남쪽이 먼저 움직인 것은 부인할 수 없는 사실이다"고 밝히고 있다.

정부 수립 날짜를 보면 그 말이 맞다. 그러나 이미 밝혔듯이 북한은 1946년 2월 사실상 정부 수립과정에 들어갔다. 이는 분단의 원흉이라던 이승만의 정읍 발언보다 4개월 전이었다. 이승만은 이미 북한에서 단독정부 구성에 들어갔다는 사실을 알고 더 이상 북한과 통일정부 수립의 꿈을 가질 수 없다고 판단했다. 북한은 1947년 2월 북조선 인민회의와 북조선 인민위원회를 구성했다. 의회와 정부를 만든 것이다. 이는 남한의 1948년 5월 10일 선거보다 무려 1년 3개월 앞선 움직임이었다.

분단을 먼저 시도한 쪽이 소련이었다는 사실이 소련의 문서가 공개됨으로서 밝혀지기 시작했다. 만일 소련이 붕괴되지 않았다면 분단 관련 극비문서도 공개되지 않았을 것이다. 그렇지만 비밀 문건을 통해 소련이 처음부터 분단된 단독정부를 계획하고 시행했다는 사실이 드러났다.

반면 미국은 한반도정책이 오락가락했다. 루즈벨트 때는 소련과 협력으로 남북 통일정부를 만들되 신탁통치라는 기간을 거치기로 했다. 그 후 냉전이 심화되어 가자 남한만의 정부를 구상하게 되었다. 그래서 미소 공동위, 신탁통치, 다시 유엔 감시에 의한 선거 등으로 정책이 흔들렸다. 이 과정에서 북한과 남쪽의 공산당은 일사분란하게 움직인 반면, 남한의 정파들은 이합집산하며 흔들렸다.

이승만은 친미주의자여서 미국의 이익대로 움직였는가? 이승만은 국무부로부터 경원시된 인물이었다. 미국은 이승만을 소외시키려 그의 귀국을 막아 해방 후 두 달 늦게야 서울로 돌아왔다. 국무성과 하지는 남쪽에 좌우 합작 정부를 종용했다. 그들은 이승만이 반소, 반공산주의 태도를 가지고 있는 것이 불편했다. 소련과 협력관계를 중시한 루즈벨트 정책 때문이었다. 따라서 이승만을 소외시키려 했다.

이승만은 신탁통치에 반대했다. 이승만이 단독정부 설립 발언을 하자 여운형과 김규식이 좌우 합작 회담 개시를 발표하고, 미군정이 이를 밀기로 한 것으로 보아서도 미국의 입장을 알 수 있다. 하지는 이미 언급했듯이 이승만의 친구 굿 펠로우에게 보낸 편지에서 단정 수립의 불가피성을 주장하는 이승만을 비판했다.

이승만은 신탁통치는 물론 좌우 합작도 반대했다. 그는 한국에 좌우 합작정부를 세우려는 미국에 반기를 들었다. 그만의 신념이 있었던 것이다. 올리버는 "1945년부터 1948년까지 사태 진전을 지켜만 보고 사태가 진행되는 대로 방치했더라도, 그 결과가 우리가 원하는 대로 되

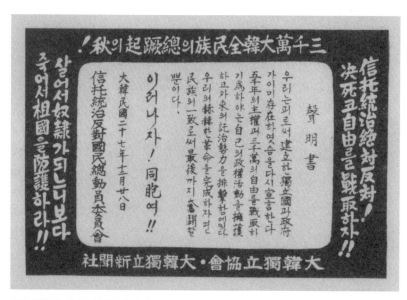

거리 곳곳에 나붙은 신탁통치 반대 격문

었을 것이라고 기대할 근거가 전혀 없었다"며 이승만의 역할을 평가했다. 이렇듯 국제정치의 힘이 해방된 한국을 또다시 비극으로 몰고 가려 할 때, 이승만은 친미가 아니라 반미적인 자세를 보였다. 미국이 이승만을 꼭두각시로 삼았다면 왜 이승만이 3년 넘어서야 정권을 잡을수 있었겠는가.

미국에서 공부하고 생활한 이승만은 미국을 새 한국의 모델 나라로 생각했다. 미국을 모범삼아 나라를 세우고, 그 과정에서 미국의 도움을 받고자 한 것은 사실이다. 그것은 미국을 위해서가 아니라 한국을 위해서였다. 공산주의자들을 제외한 우리의 선각자들도 같은 생각을 하였다. 만일 그 때 미국말대로 좌우 합작 정부로 갔다면 어떻게 됐을까? 분명히 한반도는 공산화 되었을 것이다.

해방 후의 국내 정국은 좌파가 우세한 정국이었다. 식민지 조선의 지식인들은 공산주의에 더 매력을 느끼고 있었다. 해방 당시의 분위기는 친 좌파적인 것이었다. 언론도 좌익이 압도적이었다. 김일성은 1945년 9월 여운형에게 특사를 보내 "해방된 조선이 나아갈 길은 진보적 민주주의이다"고 밝힌 바 있다. 브루스 커밍스도 "외국의 간섭이 없었더라면 인공과 그 산하 조직이 불과 수개월 사이에 한반도 전역에서 승리를 거둘 수 있었을 것이다"고 평가했다.

이런 상황에서 이승만의 고집이 한국을 구해낸 것이다. 그는 사태를 정확하게 인식하고 있었다. 그래서 미국의 한반도 정책까지도 반대한 것이다. 그런 점에서 그는 친미주의자가 아니라 자유 한국의 이익을 대변했던 인물로 평가해야 한다.

반대로 김일성은 소련의 지시대로 움직인 인물이었다. 분단의 과정이 소련의 지시대로 진행되었기 때문이다. 어떤 점에서 김일성은 이승만보다도 오히려 더 현실주의적인 인물이었다. 그는 북쪽에서 소련이라는 힘의 존재를 알고 있었다. 그래서 그들의 뜻을 따른 것이다. 이승만은 미국의 뜻을 따르지 않고 설득했다. 그것이 김일성과의 차이점이다.

반면 김구는 낭만적 이상주의자였다. 그의 통일정부론은 민족의 일원이라면 누가 들어도 수긍이 간다. 그는 그것을 위해 끝까지 노력했다. 그러나 어쩌랴! 한국은 연합국의 힘으로 독립이 되었다. 그 힘의 존재를 무시한 현실 극복이란 참으로 어려웠다. 북쪽은 소련의 꼭두각시가 되어 공산정부를 세웠다. 이런 상황에서 통일이 가능할 수 있었겠는가? 가정이지만 다시 똑같은 상황이 온다 해도 어려울 것이다.

한반도에 통일정부가 세워지지 않은 것은 비극이다. 그렇지만 역설적으로 그 때 통일정부가 수립되지 않았기 때문에 우리는 공산화를 면했는지도 모른다. 중립적 통일정부를 가정해보라. 요즘 남쪽만 해도 이렇게 이념 싸움이 극심한데, 해방 정국이 그대로 이어졌다고 하면 주변의 세력으로 보아 우리는 공산화 되었을 것이다. 미국은 떠나고 중립정부는 결국 내부적 싸움에서 공산세력에게 패배했을 것이다. 당시의 한반도를 보라. 아시아 대륙 전부가 붉은 색인데 어떻게 한반도만 파란색을 지키겠는가?

그런 점에서 이승만의 단독정부 수립은 욕할 일이 아니다. 그 욕은 먼저 북한이, 소련이 들어야 마땅하다. 이승만은 공산주의에 대항하여 우리 선각자들이 꿈꾸었던 자유와 민주의 새 나라를 세우기 위해 온 몸을 던진 사람이다. 해방 후 바로 새 나라를 세우지 못하고 3년이라는 세월을 혼란과 대결로 보낸 것은, 대한민국을 세우기 위한 준비 기간이었다. 우리 선각자들이 꿈꾸던 나라로 만들어주느라 하늘이 우리에게 시련을 준 기간이었다. 그 시련을 극복하고 우리는 지금의 대한민국을 세웠다. 선각자들이 생각한 나라를 만들기 위해 공산주의와 합작이 아니라 자유와 민주주의를 끝까지 지켜낸 것이다.

11장
북의 남침, 6.25전쟁 발발

수정 이론과
전통 이론

    지금 신세대에게는 6.25전쟁이 까마득한 옛날 애기로 들릴 것이다. 농담이겠지만 어떤 사람이 "요즘 대학생들에게는 6.25전쟁이 임진왜란이나 병자호란만큼 까마득한 먼 애기이다"고 하는 말도 들었다. 나는 6.25전쟁 이전에 태어났으나 전쟁에 대한 기억이 거의 없다. 너무 갓난아이였기 때문이다. 그러나 6.25전쟁 후 빨치산에 대한 기억은 있다.

    우리 집은 청주였다. 본래 북한이 고향인데, 해방 후 기독교에 대한 박해로 인해 가족 전부가 월남했다. 어머니가 만삭으로 넘어와 청주에서 나를 낳았다. 그래서 내 고향은 청주다. 청주시 남쪽 보은 가는 쪽에 영운동이라는 동네에서 살았다.

    네 살인가 다섯 살 무렵 하루는 신작로로 나갔더니 바로 옆 지서가 불탄 채 텅 비어 있었다. 거기서 동네 사람들이 공비가 내려왔다고 하는 소리를 들었다. 그때는 공비가 뭔지도 몰랐다. 지금 와서 보면 보은

속리산은 소백산맥에 있고, 6.25전쟁 때 잔존 공비들이 북으로 도망가면서 저지른 일이었다. 내가 개인적인 이야기를 먼저 꺼내는 이유는 신세대들이 6.25전쟁에 관심을 갖도록 하기 위해서이다.

6.25전쟁은 이제 정말 먼 일이 됐다. 몇 십 만 명이 죽고, 전국이 폐허가 되었다는 등등의 통계만 우리 머리에 남아있다. 전쟁으로 인해 고통을 겪었던 수많은 사람들의 아픔은 모두 잊어버렸다. 고아가 되어 영원히 부모를 만나지 못한 사람, 불구자가 되어 평생 병상에 누워 있다가 죽은 사람 등등 그 아픔은 이루 말로 다 할 수 없다.

그 전쟁을 잊어서는 안 된다. 그것은 바로 이념을 위한 전쟁이었다. 공산주의를 확장하기 위해, 겉으로는 통일이라는 명분을 위해 벌인 전쟁이었다. 거기에 희생되는 개개인은 눈에 들어오지 않는 것이다. 누가 그들의 불행을 책임질 수 있는가. '이념을 위하여'라는 말이 과연 성립되는가? 어떤 일이 있어도 동족에게 총부리를 겨누어서는 안 된다. 그것이 6.25전쟁의 비극이다.

우리는 정치적 이념 때문에, 아니 궁극적으로는 권력 때문에 동족이 서로 총부리를 겨눈 야만 민족이 되어 버렸다. 그래서 지도자가 중요하다. "어떤 경우도 그런 짓은 안 된다"고 분명하게 선을 그었어야 했다. 따라서 전쟁의 책임은 그냥 덮어 둘 수 없고, 전쟁을 일으킨 쪽이 누구냐 하는 문제 또한 아주 중요하다. 민족 앞에 참회를 시키고 책임을 끝까지 물어야 하기 때문이다.

6.25전쟁 발발 후 20여 년 동안은 북한이 소련과 중공의 지원을 받아 남침했다는 사실을 의심하는 사람은 없었다. 남침이 정설이었다. 물론 북한은 북침설을 지금도 떠들고 있고, 일부 지식인들은 미국과 남쪽이

계획적으로 북쪽에 틈을 보여주어 남침케 만들었다는, 소위 남침 유도설을 그럴 듯하게 꾸며냈다. 그래도 그것을 믿는 사람은 없었다. 그 시절을 겪은 사람들에게는 북한의 남침이 너무나 명백한 일이었기 때문이다. 그런데 미국의 정치학자 브루스 커밍스가 『한국전쟁의 기원』이라는 책에서 소위 수정이론이라는 것을 내면서 전통적인 이러한 생각들이 흔들리게 됐다.

그의 주장은 이런 것이다. 6.25전쟁은 사소한 국경 분쟁이 전면전으로 번진 것이며, 전면전으로 번진 이유는 이미 한국 내부에 전쟁 발발의 소지가 높았던 탓이라는 것이다. 그 논거로 그는 당시 남북 간에 38선을 중심으로 작은 분쟁이 잦았고, 한국에는 좌우 대립으로 전쟁 상태로 들어갈 분위기가 숙성되었다고 주장했다. 따라서 6.25전쟁은 계획적인 전쟁이 아니라 우연의 전쟁이며, 그 우연이 실현된 것은 한국 내부의 사정 때문이라는 것이다.

그렇게 되면 북한, 소련, 중공의 책임은 없고 한국 내부의 책임만 남게 된다. 참으로 속이 뒤집히는 맹랑한 말이다. 계획된 전쟁 대신 우연의 전쟁, 외부의 침략 대신 내부의 갈등으로 전쟁 구도는 변하는 것이다. 셀 수 없는 생명을 앗아간 전쟁의 책임자는 모두 책임을 벗고, 오직 우연과 내부 다툼만 남는 것이다.

소련의 붕괴로
드러난 진실

다행한 일은 소련이 붕괴한 사실이다. 소련이 붕괴된 이후 1990년 대 소련의 극비문서들이 발굴되면서 이러한 수정이론이 모두 허구라는 사실이 밝혀졌다. 결론적으로 말하면 6.25전쟁은 38선의 국경 분쟁이 우연히 확전된 것이 아닌 계획된 전면전쟁이며, 내전이 아니라 소련과 중공의 후원을 얻은 북한에 의한 남침이라는 사실이 분명해진 것이다.

우선 국경분쟁에 대해서 얘기해보자. 소련의 문서나 미국의 문서 모두 1949년 10월부터 1950년 6월 25일까지 국경 분쟁이 없었다. 소련의 문서에 따르면 그 이유는 1949년 10월 스탈린이 북한에 국경 분쟁을 일으키지 말도록 언급했기 때문이었다.

옹진반도는 분쟁의 원인이 됐다. 옹진반도는 38선으로 절단되어 남쪽의 돌출 부분은 완전히 섬이 되어 버렸다. 김일성은 차제에 이를 아예 접수할 심사로 1949년 8월 옹진반도 점령 안건을 스탈린에게 제시했으나 스탈린은 전면전과 전쟁의 장기화를 우려하여 이를 거부했다. 그럼에도 소련의 북한 고문단과 김일성 정권이 옹진반도에서 분쟁을 일으키므로 스탈린의 지시로 소련 정치국에서 국경분쟁 방지를 강조했던 것이다. 이후 국경 분쟁은 사라졌다.

계획적 남침의 증거도 속속 밝혀졌다. 1949년 3월 김일성은 소련에 남침을 건의했으나 스탈린의 거부로 무산됐다. 스탈린은 세 가지 반대 이유를 들었다. 첫째로 38선은 미국과 합의한 선이고, 둘째로 북한이 군사적으로 우위를 갖추지 못했으며, 셋째로 국제정세가 무르익지 않았다는 점을 들었다.

그러던 것이 1949년 10월에 중국 내전이 공산당의 승리로 끝나 만주를 포함하여 중국 전역이 공산 통일되었고, 1950년 초 소련은 중공과 군사동맹 조약을 맺었다. 국민당 정부를 지지한다는 얄타회담이 파기되면서 국제정세에 변화가 온 것이다. 평양 주재 소련대사 테렌티 시티코프Terenti Fomitch Stykov는 중국의 공산화 다음에는 한반도를 적화시킬 기회가 온 것이라고 모스코바에 건의했다.

1950년 1월 30일 스탈린은 「변화된 국제정세」라는 전문電文을 통해 북한이 남침할 경우 소련이 지원할 의사를 표명하고, 남침할 경우 반드시 마오쩌둥의 동의를 받도록 했다. 이미 만주를 공산화시킨 후라서 전쟁 중에 미국이 개입한다 해도 북쪽은 북한-만주-연해주를 잇는 거대한 '전략지대'를 배경으로 하고 있으므로 전쟁에서 이길 수 있다고 계산했다.

이정식의 『21세기에 다시 보는 해방후사』에 따르면 1945년부터 1949년 사이 마오쩌둥의 공산군이 장제스의 국민당 군을 만주에서 몰아낼 수 있었던 가장 큰 이유는 북한이라는 존재 때문이었다. 그 때 공산군들은 국민당 군에 몰리면 북한으로 피신하여 부상병을 치료하는 등 북한을 후방의 기지로 삼았다. 한반도와 만주 땅은 이렇게 연결되어 있었다.

북한과 만주, 연해주를 연결하는 전략지대…. 한반도는 이 북쪽 대륙을 잊어서는 안 된다. 그것이 고토古土 고구려 땅이었다고 해서가 아니다. 지도를 거꾸로 보자. 한반도를 북쪽 대륙에서 남쪽으로 시선을 바꾸어 보면 한반도는 대륙에 뿌리를 박은 나무처럼 보인다. 그 뿌리가 바로 전략지대이다. 이 뿌리가 없으면 한반도는 자양분을 섭취하지 못한다. 한반도는 말라 죽을 수밖에 없다. 38선으로 두 동강이 난 한반도의 남쪽은 그래서 곤궁할 수밖에 없었다. 남쪽은 달랑 섬이 되어 버렸다. 우리는 북쪽 대륙 뿌리를 잃고 홀로 섬처럼 살아야했다.

섬이 살길은 무엇인가? 그것은 바다로 나아가는 것이다. 우리는 할 수 없이 전통적인 대륙국가에서 해양국가가 되지 않을 수 없었다. 해양국가란 무엇인가? 바다로 나아가 무역을 하는 것이다. 한반도의 분단은 비극이었지만, 우리는 대륙의 자양분이 끊기자 바다로 무역을 하러 나갔다. 그래서 박정희朴正熙의 수출입국이 현명했다는 것이다. 그때 한반도가 공산화 통일이 되어 그대로 대륙에 붙어 있었다면, 우리에게 지금 같은 기회는 오지 않았을 것이다. 중국과 소련의 그늘에서 헤어나지 못했을 것이다. 다행히 38선으로 북쪽의 기운은 막고, 물론 우리의 결정과 노력으로 대양으로 나간 것이다. 그것이 5천 년의 운명을 바꾸었다.

스탈린의 극비 전문 이후 소련은 '선제 타격 계획'에 따라 3천 명의 군사고문단을 북한에 파견했다. 이에 앞서 1949년 3월 북한과 중공 사이에 상호방위협정이 체결되었고, 중공은 팔로군후에 동북인민해방군으로 명칭이 바뀜 산하에 주로 조선인들로 구성된 164사단 1만2천 명, 166사단 1만 명, 20사단 3천 명을 북한으로 보냈다. 이들은 북한에서 각각 인민 5사단, 6사단, 7사단의 주력부대가 되어 남침 핵심 전력이 되었다. 소련은 1949년 여름부터 1950년 봄까지 시베리아철도를 이용하여 전투기 2백 대, 탱크 3백 대, 야포 2천 문을 지원했다. 또 북한군 1만여 명이 시베리아로 파견되어 현대무기에 대한 훈련을 받았다.

1950년 3월 30일에서 4월 25일 동안 김일성, 박헌영은 모스코바를 방문하여 남침에 대한 소련의 최종 결심을 받아냈다. 여기서 박헌영은 "북한이 전쟁을 일으키면 남한에서 지하에 잠복한 20만 명의 남로당원들이 곳곳에서 봉기하여 전쟁은 쉽게 끝날 것이다"고 장담했다. 남조선 공산당에 근거를 가진 박헌영은 빨리 남쪽이 적화되어야 자신의 권력기반이 살아나 김일성과 경쟁할 수 있다는 판단에서 남침에 적극적이었다.

해방 후 남쪽의 지식인 사회나 일반 분위기가 좌로 기운 것이 북의 남침에 도움이 되리라는 계산도 했다. 많은 좌익 지식인들이 쫓겨 가는 북한군과 함께 월북한 사실은 그런 분위기의 반영이었을 것이다. 특히 브루스 커밍스의 내전 이론은 이런 분위기의 반영이었다. 그렇지만 6.25전쟁의 실제가 남침이었다는 것은 이제 누구도 부인할 수 없는 명백한 역사적 사실이다.

뚝심으로 이끌어낸 한미상호방위조약

이렇게 준비한 전쟁이었으니 북한은 파죽지세로 남으로 밀고 내려왔다. 3일 만에 서울이 점령되고 미국의 트루먼 대통령은 유엔을 통한 미국의 참전을 결정했다. 트루먼은 유럽에서 공산주의 소련에 대한 유화정책으로 말미암아 동구가 공산화되는 경험을 하고, 그리스와 터키도 위험에 빠진 것을 뒤늦게 알았다. 이제 동북아에서도 똑같이 소련의 팽창정책이 시작된 것으로 판단했다.

이미 중국은 마오쩌둥에 의해 통일이 되었다. 미국이 한국에서조차 소련의 팽창정책을 저지하지 못한다면 자유세계를 지키려는 미국의 의지가 의심받게 되고, 미국이 전략적으로 중요하게 생각하는 일본마저 위험에 처하게 된다고 판단했다. 성공확률 5천분의 1이라고 예상하던 맥아더의 인천상륙작전이 성공하여 드디어 전쟁 발발 3개 여월 만에 서울이 탈환되었다.

허리가 잘린 북한군은 이제 궤멸 직전에 처했다. 문제는 38선이었

강원도 양양에서 38선을 돌파하고 활짝 웃는 국군 3사단 23연대 장병과 미군 병사들

다. 미국은 38선을 넘을 것이냐 말 것이냐를 놓고 고민했다. 원상회복이 목적이라면 38선에서 더 이상 진격하지 않는 것이 맞고, 응징을 포함하여 차제에 한반도를 통일시키자면 북쪽으로 진군하는 것이 맞다.

미국이 주춤거리자 이승만은 한국군 사단장들을 불러 38선 돌파를 지시했다. 6.25전쟁 직후 한국군의 작전권을 유엔사령관에게 이양한 한국으로서는 단독 작전권이 없었다. 그러나 이승만은 그 점을 무시하고 한국군 단독 북진을 지시한 것이다. 마침 맥아더도 거의 동시에 38선 돌파를 명령해 이승만의 명령은 불씨가 되지 않았다. 38선이 돌파된 직후 중공이 북한을 돕기 위해 참전했다. 영화 「국제시장」의 배경이 바로 이때다. 다시 서울이 북한 수중에 넘어가는 1.4후퇴가 있었다. 1951년 여름부터 전선은 지루하게 현재의 휴전선에서 고착되었다.

전쟁이 장기화되면서 미국은 1951년 여름, 휴전을 생각하게 되었다. 미국의 전쟁 패턴은 거의 비슷하다. 민주주의 국가인 미국은 전쟁의 시작과 끝냄도 여론에 따라 움직이는 경우가 많다. 전쟁 초기는 절대적인 지지를 하다가도 벌써 전사자들의 주검이 돌아오기 시작하면 분위기가 반전된다. 전사자가 1천 명을 넘으면 반전으로 돌아선다는 말도 있다. 월남전도 그런 예이다.

6.25전쟁에서 결정적인 승리를 잡지 못하자 미국은 빨리 전쟁을 끝내고 돌아갈 궁리를 하게 된 것이다. 미국의 관심은 어떻게 하든 빨리 전쟁을 끝내 철수하는 것이고, 한국으로서는 미국이 철수할 경우 어떻게 안보를 지켜내느냐가 문제였다. 북한에는 중공군이 주둔해 있고, 배후에는 바로 소련이 버티고 있다. 그런 판국에 휴전으로 미군이 철수한다면 한국은 무슨 힘으로 나라를 지킬 것인가. 전쟁은 끝났어도 한국

의 공산화는 시간문제일 뿐인 것이다. 여기에 이승만의 고민이 있었다.

내 박사학위 논문이자 저서인 『한미 갈등의 해부』에서 이 부분을 다루었다. 이승만은 미국이 유럽의 나토와 같은 방위조약을 한국과 맺어주지 않으면 한국 방위가 불가능하다는 것을 누구보다 절실하게 알았다. 전쟁을 치루고 있지만 한국은 모든 무기, 보급을 전적으로 미국에 의존했다. 전쟁으로 온 나라는 파괴됐다.

말이 좋아 자주 국방이지 무슨 힘으로 나라를 지켜낼 수 있는가? 미국을 붙잡아 두는 수밖에 없다. 미국의 입장은 다르다. 왜 미국이 한국에 발목이 잡혀 언제 또 일어날지 모르는 전쟁에 개입해야만 하느냐는 것이었다. 미국은 체면을 세우는 정도에서 휴전조약을 맺고, 지긋지긋한 한국 전선에서 발을 빼고 싶었다.

여기에 맞선 것이 이승만의 자살 전략이었다. 사실 이승만으로서는 절벽 앞에 놓인 상황이었다. 어떻게 하든 미국으로부터 방위조약을 받아내야 했다. 이승만은 휴전에 반대했다. 지금 같은 상황으로 휴전한다면 그동안의 희생이 무의미하며 미래에 대한 보장도 없다. 곧 공산화가될 수밖에 없기 때문이다.

이승만은 미국이 휴전한다면 한국군은 단독으로라도 계속 싸우겠다고 말했다. 그는 "전쟁을 하여 지금 죽으나 조금 후에 공산화되어 죽으나 같은 신세다"고 말했다. 그러면서 휴전을 하려면 중공군과 유엔군이 동시에 철수를 하고 압록강과 두만강 지역에 완충지대를 설치해야 한다는 안을 제시했다. 그래야 중공군이 다시 못 넘어 온다는 것이다. 미국으로서는 억지였다. 북한과 중공이 지배하는 압록강, 두만강에 완충지대를 만들라니 이것은 휴전을 하지 말자는 말 밖에는 안 되는 주장이었다.

　미국으로서는 휴전의 장애물이 북한이나 중공이 아니고 이승만이었
다. 당시 클라크Mark Wayne Clark 유엔군 사령관은 이러한 이승만에 대해
"그는 자신의 요구가 얼마나 현실과 동떨어져 있다는 것을 잘 알고 있
었다. 그러나 이 동떨어진 요구로 훌륭한 협상무기를 만들어냈다"면서
이승만을 예리한 정치인으로 평가했다. 그는 회고록에서 비록 자신의
속을 썩였지만 이승만을 칭찬했던 것이다.

　이승만은 말로만 억지를 부린 것이 아니었다. 휴전이 가까워져 오면
서 양쪽은 포로문제를 다루었다. 처음은 포로들의 자유의사에 맡긴다
고 하다가 나중에는 중립국위원회를 거쳐 결정한다는 쪽으로 돌아갔

반공포로들이 이승만 대통령의 초상화를 앞세우고 행진하고 있다.

다. 이에 이승만은 결심했다. 그는 어느 날 한국 헌병에게 포로수용소의 철조망을 끊고 반공포로들을 석방하라고 지시했다.

미국으로서는 뒤통수를 맞은 셈이다. 당연히 그 지휘권은 유엔군에게 있는데 이승만이 마음대로 행동한 것이다. 아이젠하워Dwight Eisenhower 대통령은 반공포로 석방을 자살전략이라고 말하면서, 과연 한국의 협조 없이 휴전이 가능한가를 재검토토록 지시했다.

미국으로서는 이승만이 골치 덩어리였다. 미국은 이승만을 제거할 계획도 세워보았다. 미 국방부는 「에버레디 작전Ever Ready Plan」이라는 쿠데타 계획을 세웠다. 이승만을 실각시키고 다른 인물을 세운다는 것이다. 백선엽白善燁 장군이 거론되었다.

이 부분에 대해 백 장군에게 "정말 미국으로부터 그런 제의를 받았느냐?"고 직접 물어보았다. 백장군은 시인도 부인도 안했다. 명백하게 미국이 백 장군에게 그런 시도를 말하지는 않았지만, 이승만과 미국의 사이가 나빠 무슨 일이 있는 모양이구나 하는 정도로만 느꼈다는 것이다. 전쟁이 한창인데 미국이 갑자기 워싱턴으로 자신을 초청한 것이 의아했다고 말했다. 결국 이 작전은 시행되지 못했다. 한국에 이승만을 대신할 인물이 없으며, 전시에 군이 그런 일까지 할 수 없다는 판단 때문이었다.

결국 미국은 이승만의 요구를 들어주기로 했다. 한미상호방위조약을 체결하고 한국군 20개 사단을 무장시켜 준다고 약속했다. 이승만의 승리였다. 덜레스John Dulles 국무장관은 조약체결을 위해 서울에 왔을 때 이승만에게 "미국 역사상 다른 나라에 당신에게 한 것처럼 이렇게 많은 것을 양보한 적이 없다"고 말했다. 그는 휴전 협정 다음으로 이어지는 제네바 정치회담 때 이승만의 방해를 걱정했다. 그는 "우리는 가까스로 파국을 면했다. 우리가 가지고 있던 협상력을 모두 소진했다. 이제 앞으로 남은 정치회담은 어떻게 할 것인가?"라고 탄식했다. 이승만은 방위조약이 가조인 된 후 담화를 발표했다.

"1882년 조미朝美통상조약 이후 한국 독립 사상 가장 긴중한 진전이다… 우리는 애당초 군비를 소홀히 한 결과… 치욕스럽고 통분한 40년의 노예생활을 했다. 이제 우리 후손들이 앞으로 누대에 걸쳐 이 조약으로 말미암아 갖가지 혜택을 누리게 될 것이다. 외부 침략자들로부터 우리 안보를 오랫동안 보장할 것이다."

경무대에서 열린 한미상호방위조약 가조인식에서 이승만이 지켜보는 가운데 변영태 외무장관과 덜레스 국무장관이 서명하는 모습.

축복을 안겨준
지도자의 혜안慧眼

6.25전쟁은 민족의 비극이었지만 이를 통해 나라는 다시 한 번 변화됐다. 누차 반복하지만 해방 후 이 나라는 좌파가 더 기승을 부렸다. 대구 폭동, 제주도 4.3사태, 여순 반란사건, 그리고 빨치산 운동 등, 이 나라는 그대로 있었다면 어쩌면 자연스럽게 공산화가 됐을지도 몰랐다. 이를 막을 수 있었던 것은 이승만이라는 인물이 존재했기 때문이다.

단독정부의 수립이나 한미상호방위조약의 체결이 만일 이승만이 없었다면 어떻게 됐을까? 도저히 불가능한 것이다. 이를 반대편 입장에서 보면 이승만처럼 미운 사람이 없을 것이다. 이승만만 없었다면 이 나라는 자연스럽게 적화되는 것인데 이승만이 문제였다. 따라서 대한민국 쪽에 선 사람에게 이승만은 은인이며 나라를 구한 국부國父이지만, 북한이나 공산주의 쪽에 선 사람은 이승만이 자신들의 목적 달성을 방해한 원흉일 것이다.

많은 젊은이들은 이런 좌파들에게 교육을 받았기에 이승만을 잘 알지도 못하면서 미워하고 비판하는 것이 요즘의 세태이다. 물론 그가 국회가 결의한 내각제를 대통령제로 바꾼 부산 정치파동, 삼선 개헌의 문을 연 사사오입四捨五入 파동 등 민주주의 원칙을 무시한 행동은 비난받을 만하다. 역사에서 '만일'이란 허무한 얘기일지 모르지만, 만일 부산 정치파동이 없고 내각제가 되어 이승만이 물러났다면 과연 한미상호방위조약이 가능했겠는가? 이승만이라는 인물이 없었다면 미국은 그냥 떠나갔을 것이다. 그 이후의 전개는 말할 필요가 없다. 그런 점에서 그 때 그 자리에 이승만이 있었다는 사실은 대한민국으로서는 축복이었다.

이승만을 친미주의자로 몰아 마치 미국의 앞잡이로 비판하는 사람들은 휴전협정 과정에서의 이러한 이승만의 대미투쟁에 대해서 어떻게 말할 것인가? 이승만은 미국이 아니라 새로 세운 나라 대한민국을 위해서 이런 투쟁을 벌인 것이다. 이승만 같은 리더가 없었다면 대한민국은 존재할 수 없었다. 당시 어떤 지도자도 그 역할을 해 낼 수 없었다.

곰곰이 손을 얹고 생각해보라. 내가 이승만의 입장이었다면 과연 이승만 같이 행동할 수 있었겠는가? 미국이라는 엄청난 나라에 주눅 들어 그들이 하자는 대로 따라가지 않았겠는가? 전쟁이 끝난 후 미국을 방문한 이승만은 아이젠하워를 만났다.

당시 한표욱韓豹頊 주미공사의 증언에 따르면 아이젠하워는 일본과의 국교정상화를 촉구했다. 이승만이 "내가 있는 한 일본과는 상종하지 않겠다"고 했다. 그러자 아이젠하워가 문을 박차고 나갔고, 이승만은 "저런 고얀 놈이 있나?"고 했다. 우리 지도자 중 누가 이 같은 배짱을 가졌는가? 그래서 나는 이승만을 위인으로 존경하는 것이다.

6.25전쟁은 한국을 변화시켰다. 조선은 5백 년 동안 한 번도 모든 국력을 동원해 전쟁을 해본 적이 없었다. 임진왜란, 병자호란에서 보았듯이 조선은 전쟁이 무엇인지, 나라를 어떻게 지켜야 하는지 몰랐다. 6.25전쟁은 온 국력을 투사하여 전쟁을 한다는 것이 어떤 것인지를 가르쳐 주었다. 우리는 인적, 물적 자원을 총동원하여 죽기 아니면 살기의 현대 총력전이 무엇인지를 배웠다. 대한민국은 명나라에 기대고 청

나라에 기대는 조선 같은 나라로는 결코 돌아가지 않을 것이다.

6.25전쟁은 미국과의 끈을 확실하게 맺어 주었다. 우리는 안전보장을 받고 그 여력으로 경제건설을 할 수 있었다. 전쟁의 폐허에서 미국의 원조로 우리는 겨우 연명할 수 있었다. 내 나이와 비슷한 세대 중 초등학교 시절 구호물자를 받고 강냉이 가루, 우유 가루를 배급받지 않은 사람은 드물 것이다.

6.25전쟁은 우리를 자유진영에 남게 만드는 결정적인 역할을 했다. 그것이 오늘의 우리를 만든 것이다. 전쟁은 모든 국민에게 공산주의는 안 된다는 확고한 신념을 갖게 만들었다. 우리에게 자유와 민주주의의 정당성을 확고하게 심어주었다. 자유민주주의로 우리 국민이 통합하게 되었다.

6 · 25전쟁을 극복하면서 이승만은 스스로 천 년 동안 노력해도 쟁취하기 어려운 도덕적 정당성을 확보했다. 좌냐 우냐 중간이냐 하고 혼란스럽던 해방 후 정국은 자연스럽고 당연하게 자유민주주의로, 반공으로 모아졌다. 미국이 한반도 분단에는 잘못이 있었지만 그래도 이 나라를 지켜준 것에 대한 공감대가 확실하게 생겼고, 우리는 자유진영의 세계질서에 편입됐다. 그것이 우리에게는 축복이었다.

12장
자유당 정권 붕괴

전쟁 후의 이승만

한미상호방위조약이라는 안보장치를 어렵사리 마련한 이승만은 한숨을 돌렸다. 미국과 어려운 협상과정을 통해 국가 이익, 국가의 존립에 절체절명絶體絶命으로 필요한 조약을 성공시킨 그로서는 스스로 생각해도 대견했을 것이다. 동양의 소국, 그것도 미국이라는 대국의 원조로 살아가는 나라의 대통령이 그 대국의 지도자들과 협상이라는 힘겨루기에서 승리했다는 것 자체가 그를 신화적인 인물로 만들었다.

그러나 세상일에는 반드시 명암이 있게 마련이다. 빛이 생기면 그림자가 나타나는 법이다. 그러한 성공이 그의 파멸을 예비하고 있었다. 그는 스스로 생각하기를 이 나라를 파멸에서 구한 자신이 나라를 이끌지 않는다면 이 나라가 견디지 못할 것으로 믿었을 것이다. 그에게는 시간이 없었다. 몸은 늙어가고 임기는 제한되어 있었다. 좋게 생각한다면 자신이 살아 있는 한 나라를 위해 일하다가 가야 한다고 믿었을 것이다. 현실을 살펴볼 때도 누가 자신의 대를 이어 나라를 끌고 갈 수 있단 말인가? 그저 자신의 지휘를 따라오는 조무래기들뿐이라고 여겼을 것이다.

그의 생각의 단면을 보자. 1959년 봄 올리버는 이승만과의 대화를 소개했다. 그가 "이제는 휴식이 필요하므로 1960년에는 대통령직에서 물러나 모든 도전과 책임을 누군가 딴 사람에게 넘겨주어야 하지 않겠냐?"고 넌지시 대통령의 의중을 떠보았다. 그는 대답했다. "그렇게 되

민주당의 신익희, 장면 후보의 선거 유세 차량

면 나야 더 바랄 것이 있겠소? 하지만 이 싸움을 계속해줄 사람이 누가 있겠어요?" 라고 했다.

그 때 그의 정적은 장면張勉과 조병옥趙炳玉이었다. 그는 이 두 사람을 높이 평가하지 않았다. 장면은 험난한 국제환경을 헤쳐 나가고 공산주의를 막을 수 있는 강인한 성품도 갖추지 못한 것으로 판단하고 있었다. 조병옥은 그가 내무장관으로 기용한 인물이었고 독립운동으로 두 차례 옥고를 치른 강인한 성품과 애국심, 능력을 가진 인물로 평가했다. 그러나 그에게 부족한 것은 자기 절제력이었다. 그는 술을 지나치게 즐겼고 밤샘 파티를 좋아했다. 또 지나칠 정도로 후하게 사람을 접대하고 자신의 수입 범위를 훨씬 넘게 돈을 헤프게 썼다. 불행하게도 그의 능력은 술과 무절제한 생활로 소모되었다고 올리버는 쓰고 있다.

이승만은 자유당의 이기붕李起鵬을 그렇게 높이 평가하지 않았다. 부통령직이라는 2인자 자리를 중요하게 생각하지 않았다. "부통령 자리는 그다지 주요한 직책이 아니오. 나에게 충직하고 내가 신뢰할 수 있는 사람을 그 자리에 앉혀야 하오"라고 말했다. 이러한 그의 생각을 읽을 수 있는 사람만이 그의 곁에 있을 수 있었다. 그런 사람들을 우리는 아첨꾼이라고 말한다.

하지만 어쩌랴. 정치라는 세계는 어떤 면에서는 권력을 쥔 한 사람에게 아첨하여 그로부터 이양받은 권력을 행사하는 것이니 말이다. 지금 이 나라 일부 재벌의 세계도 마찬가지다. 대한항공의 '땅콩 회항 소동'도 절대 권력을 휘두르는 오너의 탈선에서 비롯된 것이다. 그들은 회사에서 봉건 영주처럼 행동한다. 절대 권력을 휘두르며⋯. 그런 회사에서 지위가 올라가기 위해서는 옳든 그르든 그들에게 무조건 순종하는 길 밖에는 없다.

민주주의를 신봉했던 이승만 스스로가 헌정질서를 파괴하는 길을 걷기 시작했다. 그 첫 번째 사건은 전쟁 중인 1952년 5월의 '부산 정치파동'이라는 것이다. 이 사건의 핵심내용은 이승만이 대통령을 국회에서 뽑는 간선제를 직선제로 바꾼 것인데, 그 과정에서 계엄령도 내리고 경찰력 등을 동원한 것이다. 이 사건은 분명히 탈법적이었다. 제헌국회에서 그는 간선으로 대통령이 되었다. 당시 국회의 구성을 보면 이승만은 국회에서 간선을 할 경우 대통령에 당선될 수 없었다.

그러나 일반 대중들은 그를 존경하고 있었다. 그가 대통령을 하기 위해서는 직선제로 바꾸는 방법 밖에는 없었다. 한국 내부의 정치문제에 또 다른 요소가 끼어 있는데, 그것은 바로 미국의 자세이다. 휴전을 반대하던 그는 미국의 눈에 가시 같은 존재였다. 미국은 한국의 대통령을 교체하고 싶었다. 따라서 1952년 선거에서 그가 바뀌기를 원했다.

올리버의 말을 들어보자. 그는 이즈음 이승만에게 물었다. "각하께서는 국회의원들이 각하를 재선출하지 않을 것이라는 공공연한 의견에 동의하십니까?" 이에 대해 이승만은 "국회가 반대할지 모르지요. 그 이유를 아시오? 일본과 미국은 제각기 나름대로의 이유로 한국 대통령이 바뀌기를 원하고 있소. 우리 국회는 한국 국민을 위해서가 아니라 외국인들의 이해관계를 충족시키기 위해 뇌물도 받고 압력 같은 것도 받고 있는 형편이오."

이승만은 한일국교정상화를 반대하고 있었다. 배상금과 일본이 수탈해간 보물을 돌려주기 전까지는 안 된다는 신념이었다. 또 6.25전쟁으로 말미암아 미국이 일본의 산업을 다시 부흥시키는 것도 이승만에게는 탐탁지 않았다. 이승만은 "한마디로 말해서 현행 헌법에 의한 대통령 선출국회간선은 사실상 국민들의 선택이 아니라 외부로부터 가해지는 압력에 의한 선택이 될 것입니다"고 말했다. 물론 이 말을 1백%는 인정할 수 없다. 그러나 당시의 환경을 이해하는데 도움이 될 것이다. 이 과정에서 자유당이 탄생하게 되었다. 결국 헌법을 개정하여 이승만은 직선제에 의해 대통령에 당선되었다.

3선 제한 철폐 개헌은 이렇게 이루어졌다. 휴전이 된 지 한 달도 안된 시점에서 열린 8.15 경축식에서 그 조짐이 표면화 되었다. 경축자리에 참석했던 한 청년이 갑자기 '긴급동의'라면서 대통령 3선 제한을 철폐하자고 외쳤다. 경축석상에서 긴급동의라? 벌써 자유당 정치꾼은 세상을 읽고 있었다. 이승만의 마음을 꿰뚫고 있었다.

이듬해 5월에 실시될 3대 민의원선거에 최초로 정당공천이라는 것이 도입되었다. 공천조건을 개헌에 찬성하는 사람으로 하는 것이었다. 이미 부산정치파동으로 한번 무너진 헌정질서는 또 다시 유린될 위기에 처했다. 이승만의 3선에 대한 지지가 있어야 공천을 준다는 것이다. 1954년 5월 20일 실시된 총선에서 자유당의 목표는 개헌선, 즉 국회의원 3분의 2를 확보하는 것이었다.

선거 결과 개헌 의석에 22석 모자라는 114석만 확보됐다. 자유당은 무소속 영입 등을 통해 개헌선인 136명을 만들었다. 그러나 운명의 장난이랄까? 그 해 11월 27일 개헌안에 대한 국회 표결 결과는 1명이 모자라는 135표만 나와 부결됐다. 여기서 그 유명한 사사오입四捨五入 개헌이 일어난다.

마침 주말이었다. 이때 자유당의 장경근張暻根이 서울대 수학자 최윤식崔允植을 대동하고 경무대를 방문했다. 최윤식은 그 유명한 사사오입 이론을 이승만에게 말했다. 국회재적의 3분의 2가 되려면 135.33인데 사사오입을 하면 135명이라는 논리를 제공한다. 0.33명은 당연히 1명으로 취급해야 하지만 이를 무시해버리자는 것이다.

이승만은 "통과가 되었구먼"하고 방으로 들어가 버렸다. 그 후 자유당 간부들이 개헌안이 부결되어 코가 빠진 채 경무대를 방문했는데 이승만의 "통과됐는데 왜들 그러느냐?"는 한마디에 어리둥절했다. 결국 11월 28일 월요일 개헌안은 203명의 3분의 2인 135명 찬성으로 통과되었다고 다시 방망이를 두드렸다. 이것이 사사오입 개헌 파동이었다.

헌법제한이 풀려 1956년 5월, 3대 대통령 선거가 실시됐다. 그 결과는 꺼림칙한 것이었다. 당선은 됐지만 민심의 방향이 이승만 쪽으로 절대적인 것은 아니었다. 선거 운동 가운데 사망한 민주당의 신익희申翼熙가 185만 표19%, 진보당의 조봉암曺奉巖이 216만 표를 얻었다. 근 40여%가 반反 이승만이었던 것이다.

신익희는 죽어서 문제가 안 되지만 조봉암이 문제였다. 혹시 다음 선거에서 조봉암이 대통령? 끔찍한 상상이었다. 여기서 진보당 간첩사건이 터져 나온다. 조봉암은 일제 때는 조선공산당 당원으로 독립운동을 했고, 그 후 전향했다. 그는 북한으로부터 돈을 받았다는 혐의로 구속되어 1심에서 간첩혐의는 무죄, 다른 혐의로 5년 징역형이 부과되었다. 이 재판정에 2백여 명의 괴한들이 난입하여 재판장인 '유병진 판사 타도'를 외쳤다.

그러나 고법 항소심에서 돈을 받은 혐의가 인정되고, 국가전복을 위한 불법단체 결성이 인정되어 사형이 내려졌다. 대법원 상고심에서 상

조작된 간첩사건으로 사형 판결을 받은 조봉암 진보당 당수

고가 기각됨으로서 사형이 확정되었다. 조봉암은 "내 죄는 정치활동을 한 것 밖에는 없다"는 말을 남기고 처형되었다. 조봉암 사건은 그 후 50여년이 지나 2011년 1월20일 대법원 재심 판정에서 무죄가 되었다. 그의 간첩 혐의에 대해 "유일한 직접증거인 증인 양모 씨의 진술은 육군 특무부대가 일반인을 영장 없이 연행하고 수사해서 얻은 불법 증언으로 믿기 어렵다"고 판시했다.

이런 배경 하에 1960년 3.15선거가 치러졌다. 3.15부정선거는 민주당의 조병옥 후보가 선거 도중 서거함으로서 대통령 선거는 싱겁게 됐고, 부통령 선거가 관심이었다. 이제 80대 중반으로 들어선 대통령이어서 언제 어떻게 될지 모르는 상황이므로 부통령이 중요했다. 자유당은 이기붕의 당선을 위해 부정선거를 계획했고, 최인규崔仁圭 내무부장관은 이를 집행했다. 사전투표, 공개투표의 방법 등으로 대대적인 부정 선거가 이루어졌다.

개인 기억으로 이날 아침 부모님이 말다툼하는 것을 들었다. 부친은 "내가 이런 꼴이 보기 싫어 남쪽으로 내려왔는데 북쪽과 똑같은 짓거리를 한다"고 분개했다. 아마 일찍 투표장에 갔다가 그런 부정 장면을 목격하고 거기서 호통을 친 모양이다. 어머니는 "당신 혼자 그래봐야 무슨 소용 있느냐?"며 참아야 한다고 말한 것이 기억난다.

부정선거에 대한 저항이 일어났다. 마산의 자유당사 앞에서 2만여 명이 시위를 했다. 시위 때 실종된 고교생 김주열金朱烈 군이 4월11일 눈에 최루탄이 박힌 채 마산 앞바다에서 떠올랐다. 이것이 도화선이 되어 전국에 부정선거 반대 데모가 일어났다. 비상계엄이 선포됐지만 동원된 군은 중립의 입장을 취했다. 그 때 군인들이 탱크로 올라오는 학생들을 그냥 놔둔 채 시위를 방관했다.

매카나기 주한 미국 대사는 경무대를 방문하여 "대통령의 하야만이 난국을 수습할 수 있다"며 하야를 종용했다. 올리버는 이런 상황을 "에버레디 작전을 발동할 때가 된 것"이라고 한마디로 평가했다. 이승만은 4월26일 하야 성명을 발표한 뒤 경무대에서 이화장으로 옮겼다.

이기붕 일가는 자살로 끝을 맺었다. 그의 숙소에서 4월인데도 수박이 나왔다, 바나나가 나왔다는 등의 소문이 전국을 휩쓸었다. 요즘으

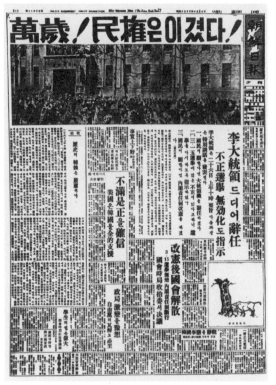
이승만 대통령의 하야를 보도한 조선일보.

로는 별 게 아니지만 그때로서는 대단한 일이었다. 아마 미군 PX에서
나온 것이리라.

이승만에 대한 평가

우리는 이승만에 대해 그의 청년시절부터 시작하여 독립운동, 해방, 건국 과정을 모두 살펴보았다. 공과를 여러 모양으로 평가할 수는 있겠지만 그의 일생이 나라를 위한 것이었다는 사실은 누구도 부정할 수 없다. 독립, 건국, 전쟁의 와중에서 그의 리더십은 말 그대로 비범함, 아니 그 이상이었다. 그가 아니었다면 대한민국이라는 나라가 세워질 수 있었겠는지, 그가 아니었으면 6.25전쟁을 마무리할 수 있었겠는지 돌아볼 필요가 있다.

역사가 구조로 움직이느냐, 인물로 움직이느냐를 놓고 논란할 수 있다. 구조론자들은 역사는 그렇게 될 수밖에 없는 구조가 있었기 때문에 그런 일이 벌어졌다고 말한다. 인물론자들은 역사란 인물에 의해 만들어지고 이끌려 간다고 생각한다. 구조론의 입장에서는 어떤 인물이 있어도 그렇게 될 수밖에 없다는 필연의 논리로 역사를 보는 것이고, 인물론의 입장에서는 인물의 의지와 리더십으로 역사는 구조에서 자유롭게 창조된다고 보는 것이다.

구조론에는 생명력이 없다. 마치 맑시즘의 하부구조처럼 그러한 구조에서 인간의 의지는 퇴색되고, 기계적이고 물질적이며 경제적인 힘만 작동한다. 이승만의 배짱이 없었다면 미국이 과연 상호방위조약을 체결해주었을 것인가? 이승만이 없었다면 해방 당시의 상황으로 보아 남한 단독으로라도 나라를 세울 수 있었겠는가? 이승만이 없었다면 미국을 움직일 사람이 있었겠는가? 미국이 없는 한국은 어떻게 되었을 것인가? 결국은 공산화되고 말았을 것이다.

그가 없었다면 대한민국은 없다. 그래서 대한민국의 건국은 그의 공로 덕이고, 미국을 우리의 우방으로 만든 것도 그의 공로이다. 다른 인물이 그 자리에 있었다면 그 일을 해낼 수 있었겠는가. 김구가 해낼 수 있었을까? 나는 김구의 애국심은 존경하나 그가 시대를 읽을 수 있는 눈을 갖고 있었느냐에 대해서는 회의를 갖고 있다. 여운형도 못해 낸다. 그 중심으로 해방 후가 전개됐다면 우리는 이미 공산화 되었을 것이다. 좌우 합작을 주장하던 김규식도 못해낸다. 그는 당시의 엄중한 상황을 끌고 가기는 힘겨운 약한 지식인이었다.

나는 감히 그런 주장을 펼 수 있다. 바로 이승만이기 때문에 가능했다. 구조가 그렇게 흘러가게 되어 있는 것이 아니다. 이승만이라는 인물이 있었기에 우리가 해방 후 대한민국을 세울 수 있었고, 6.25전쟁을 극복할 수 있었다. 그는 철저한 반공주의자였다. 역사는 그의 신념이 옳았음을 증명했다. 올리버의 말을 들어보자.

"이승만은 한국인의 행복한 삶과 공산주의자들로부터 세계의 자유를 수호하는 것을 동일하게 보았다. 세계를 공산화하려는 마르크스주의자들의 결의를 물리치지 못한다면 어떤 국가도 국민도 안전할 수 없다. 세계 열강 지도자들이 판문점에서 일시적인 휴전을 끌어내려고 아무리 기를 쓰더라도, 자유세계 국민들이 결말도 나지 않고 끝도 보이지 않는 한국전쟁에 아무리 지쳐 있다 하더라도, 이승만은 자신이 진실이라고 틀림없이 확신하는 신념을 희생시키면서까지 그들과 타협하지는 않으려 했다."

올리버는 공산주의에 대한 이승만의 생각을 이렇게 요약했다. "자유와 공산주의는 반대되는 개념이다. 이 둘은 결합될 수 없다. 공산주의와의 타협은 불가능하다. 그것은 물과 기름을 혼합하려는 것과 다름없다. 판문점에서 시도 되고 있는 휴전은 본질적으로 잘못된 것이다. 그 휴전은 세계를 양립할 수 없는 지역으로 갈라놓은 깊은 구조적 균열을 땜질하려는 시도이므로 온전한 해결책이 될 수 없다." 이승만의 판단은 옳았다. 공산주의 종주국인 소련은 스스로 붕괴되었다. 북한만이 유일하게 지금까지 버티고 있다. 북한의 운명도 마찬가지가 될 것으로 나는 믿는다.

그의 과오는 6.25전쟁 이후 그의 말년에 있다. 헌법을 허문 것이다. 민주주의가 법치를 바탕으로 성취될 수 있는 것인데, 그는 헌법을 무시했다. 민주정치의 조건이 성숙되지 못한 후진국에서 민주주의를 해내기란 보통 어려운 일이 아니다. 그는 자유 민주주의자였지만 요즘 같은 대중 민주주의자는 아니었다. 유교적 교육을 받았던 그는 "상호 책임감과 이익으로 다져진 가족적인 복지를 누리는 하나의 확대된 가족이 국가"라는 생각을 품고 있었다. 그가 믿는 것은 민주주의라는 정치제도 자체보다는 어떤 제도라 하더라도 인권과 인간의 존엄성을 지켜주면서 가족 같이 서로 돌보는 국가를 믿었다. 엘리트 민주주의자, 계몽시대의 자유 민주주의자라고 말할 수 있다. 미국의 제퍼슨, 워싱턴과 같은 생각을 갖고 있었다고 보아야 할 것이다.

그는 민주주의의 약점에 대해서도 잘 알고 있었다. 그는 올리버와 이런 대화를 자주 나누었다. "민주주의의 가장 큰 약점은 대중에 의해 선출된 지도자가 여론화된 대중의 지지에 의존한다는 것이요. 당장 다수의 지지를 받지 못하면 아무것도 할 수 없소. 이로 인해 지도자는 위축

되는 것이오. 그들은 어떤 방향이 올바른 것인지 스스로 묻는 대신에, 어느 프로그램이 가장 많은 표를 얻을 수 있는지를 묻게 되오. 그런 상황의 민주국가 정책은 신뢰성이 낮게 마련이오. 대중의 감정변화에 따라 정책도 바뀌게 되는 것이오. 지도자가 오늘 공약한 정책을 내일에는 폐기하는 것이 유리하다고 생각할 수도 있을지 모르니까 말이요."

그는 민주주의 핵심을 체득하고 있었다. 요즘 우리 민주주의가 걷는 포퓰리즘에 대해서 정확하게 간파하고 있었다. 그의 권위주의적 통치는 이러한 철학과 밀접한 연관을 가지고 있었다고 보아야 한다. 권위주의적 통치가 단순히 권력욕에서 나왔다고 말하는 것은 단선적인 파악이다. 올리버는 그의 권위주의적인 태도에 대해 "그것은 그의 가장 심오한 신념 속에 깊숙이 자리 잡고 있었다. 이것은 동시에 정치지도자로서 그의 덕목과 과오의 근본적인 원인이 되었다"고 분석하고 있다. 그가 엘리트의 판단력으로 권위주의적으로 정치를 끌고 간 것과 그것이 민주주의 원리에 배치되었다는 비판, 이 상반된 두 견해가 그를 평가하는데 갈림길이 되는 것이다.

그는 제대로 된 민주주의를 하기 위해서는 국민의 수준이 높아져야 한다는 점도 알았다. 3.1운동 후 그는 미국에서 서재필, 유일한柳─韓 등 1백여 명의 독립지사들과 건국 프로그램인 건국 종지宗늘라는 것을 만들었다. 거기서도 민주공화국이 새로 세울 나라의 이념임을 확정했다. 다만 민주주의를 하기 위해서는 국민의 의식 수준이 높아져야하므로 건국 후 10여 년간은 중앙집권적요즘으로 말하자면 권위주의적 통치를 하되 그 기간 동안 국민교육에 치중하여 미국식 공화제 정부를 운영할 수 있도록 하자고 했다.

그 때의 생각대로 그는 해방 후 새 나라에서 교육에 온 힘을 쏟았다. 가난한 나라 살림 가운데서도 의무교육을 실시하여 해방 후 문맹자가 86%에서 1959년에는 15.5%로 떨어졌다. 중학생은 10배, 고등학생은 3.1배, 대학생은 1.2배가 늘어났다. 오늘날 오바마 미 대통령이 한국의 교육을 부러워하듯 이승만의 교육방침이 이 나라에 교육열을 불붙였다. 그가 아니었다면 지금 이 나라의 인적 자원은 예비되지 못했다. 자원도 없고 국토도 작은 나라에서 인재가 없었다면 오늘의 우리를 만들 수 있었겠는가?

그러나 역설적으로 그는 그 교육 때문에 발등을 찍혔다. 그가 의무교육으로 길러온 새 세대가 그에게 반기를 들었다. 그는 민주주의 교육을 시켰다. 학교에서 민주주의를 배운 학생들은 3.15 부정선거를 용납하지 않았다. 그것은 민주주의가 아니기 때문이다. 고등학생, 대학생이 앞장선 4.19는 바로 이승만이 길러낸 교육 세대였다. 그가 민주주의자가 아니었다면 이런 교육을 시키지 않고 권위주의를 찬양하는 교육, 왕권적인 교육을 시켰을지도 모른다. 그러나 그는 우리나라가 자유로운 나라 민주주의의 나라로 가야 한다는 확고한 신념을 가지고 있었다.

그의 권위주의 통치는 성장 배경에서 온 것일 수 있다. 사람이란 누구나 한계를 지니고 있기 때문에 성장 배경을 떠날 수 없다. 그는 양반 가문으로 태어나 과거시험을 준비했던 인물이다. 왕족이라는 사실을 마음속에 품고 있었다. 그는 줄곧 지도자의 자리에 머물렀다. 해방 후에는 더욱 그의 리더십이 거의 전권적으로 발휘되었다. 이런 생활을 몇십 년 넘게 하다보면 자연스럽게 권위주의가 붙게 되어 있다. 그런 환경을 깨지 못해 결국은 독재라는 말을 듣게 된 것이다. 그는 매일 아침 성경을 읽었다. 하지만 그는 자신의 사명감이 오만으로 변해간다는 사실을 깨닫지 못했던 것 같다.

물론 나이 탓도 있을 것이다. 여든 노인이 된 그는 관성으로 살아갈 수밖에 없었다. 노인의 고집으로 살아간 것이다. 그의 주변도 문제다. 그에게 자극이 될 만한 충고를 해줄 사람이 없었다. 그는 이미 신의 위치에 올라가 버렸다. 이러한 모든 것이 결국은 그의 책임으로 돌아갈 수밖에 없다. 그것을 판단하는 것이 리더이기 때문이다.

이승만과
대한민국의 정체성

이승만은 나라를 세운 사람이다. 대한민국을 세우는데 큰 역할을 했다. 그런 나라가 설 수 있었던 것은 그와 같은 시대를 살았던 사람들의 생각이 모아졌기 때문이다. 새 나라는 앞에서 보았넌 우리들의 선각자들이 꿈꾸었던 나라였다. 그것은 자유와 민주주의, 모두가 평등하게 주인이 되는 공화국이었다.

이승만은 젊은 시절부터 민주주의와 공화제를 신봉한 사람이었다. 실제의 정치는 권위주의로 흘러갔지만 그의 마음에는 민주주의에 대한 열망이 있었다. 그가 쉽게 물러난 것도 민주주의 신봉자였기 때문이다. 4.19 당시 국방장관이었던 김정렬 전 국무총리는 회고록『항공의 경종』에서 이승만 대통령이 4.19로 많은 희생자가 났다는 보고를 받자 "그렇다면 내가 물러나야지" 하면서 즉각 사퇴의사를 밝혔다는 것이다.

여러 사람의 증언에 따르면 그는 부정선거가 저질러졌다는 것조차 몰랐다고 한다. 그렇다고 그의 책임이 면책되는 것은 아니다. 그 자신은 어쩔 수 없이 권위주의적 성품을 가지고 있지만 제도로서 민주주의는 신봉한 사람이다. 그가 1956년 선거에 당선된 후 60년 선거에 출마하지만 않았어도 그는 건국의 영웅으로 떠받들어졌을 것이다. 김영삼 金泳三 전 대통령의 증언에 따르면 이승만이 1954년 개헌을 할 때 이기붕과 경무대에 들어가 "박사님, 3선 개헌을 해서는 안 됩니다. 삼선개헌만 안하시면 박사님은 위대한 국부國父로 영원히 남을 것입니다"라고 말하자, 이승만이 문을 열고 나가 버렸다고 했다.

이때까지만 해도 괜찮다. 전쟁이 끝난 지 불과 1년 밖에 안 된 시점이라는 점도 참작해야 한다. 그렇다면 1960년 선거 때 후계자에게 물려주었으면 어떠했을까? 물론 이기붕 같은 사람이 후계자가 되었을 테지만….

이승만이 권좌에서 축출된 것은 민주주의 때문이었다. 국회와 학생들이 원했던 것은 헌법을 준수하는, 즉 법치를 지키는 민주주의 원형을 요구한 것이다. 대한민국은 이미 그때 민주주의를 하나의 정체성으로 갖고 있었다. 그는 그것을 지키지 않았기에 권좌에서 쫓겨났다. 이승만 역시 자유 민주주의자였다. 그가 우리에게 남긴 정체성의 DNA는 자유 민주주의였다.

그는 공산주의에 반대했다. 그의 반공 노선을 비판하는 사람들이 있지만 그가 흐리멍덩한 노선을 선택했다면 우리는 나라를 지켜낼 수 없었을 것이다. 당시의 철저한 반공이 우리 의식 속에 반공을 심어 주었다. 지금 와서 반공을 마치 냄새 나는 정치구호로 치부하는 경향이 있지만, 그 무렵 반공은 우리의 생명줄이었다. 왜냐하면 우리가 반공을 안했다면 우리는 내부적으로 붕괴됐을지 모른다. 북쪽이 빨간색으로 이미 되어 있는 마당에 남쪽이 분홍색을 흉내낸다면, 삼투현상에 의해 우리도 붉은색으로 변할 수밖에 없다. 이승만은 반일주의자였다. 우리가 일본과 지금은 국교를 맺고 있지만 내가 초등학교 다닐 때 학교 지붕에는 반공, 반일이라는 큰 글자가 걸려 있었다. 우리 국민의 마음에 아직 반일의식이 강한 것은 그 영향도 있을 것이다. 일본은 아직 정신을 못차리고 과거에 대한 반성이 없다. 독도 문제, 위안부 문제가 그렇다. 이승만은 평화선을 그은 사람이다. 이승만이 지금 시절에 살아 있다면 일본이 감히 독도문제를 끄집어내지도 못했을 것이다.

이승만은 한반도에서 미국의 중요성을 알았다. 그로부터 시작된 미국과의 동맹관계는 우리 외교의 초석이 되었다. 외교의 문제만이 아니다. 우리 경제, 이념, 문화, 생활, 모든 것에 미국과 연관을 맺고 있다. 미국은 세계 최초로 민주주의를 모토로 하여 세운 나라이다. 새 나라를 만들고지 했던 우리 선각자들이 미국을 모델로 여긴 것은 너무나 당연하다. 한때 우리는 미국의 원조로 살아남았고 미국에 수출함으로써 산업을 일으켰다.

이승만에 대해 친미주의자라고 비판하는 사람들도 있다. 그러나 이미 살펴보았듯이 그는 친미주의자가 아니었다. 그는 대한민국의 이익을 위해 미국과 싸웠다. 미국과의 갈등을 겁내지 않았다. 미국의 필요성을 알았지만 미국의 대변자는 아니었다. 우리의 정체성 안에는 자유,

민주 등 정치이념을 포함하여 안보, 경제 등 미국과 이러한 불가분의 관계가 있는 것이다.

덩샤오핑鄧小平은 마오쩌둥에 대한 평가를 '공功 7 과過 3'이라 했다. 마오쩌둥의 초상화는 아직 천안문에 그대로 보존되어 있다. 우리는 건국 대통령에 대한 평가를 어떻게 내릴 것인가.

13장
4.19와 5.16

민주주의는
이념이 아니라 실천

4.19에 의해 이승만 정부는 무너졌다. 민주주의의 승리였다. 바라던 민주주의 세상이 온 것이다. 그렇지만 현실은 바라던 세상이 아니었다. 민주주의만 하면 모든 것이 잘 될 줄 알았는데, 민주주의는 됐으나 나라는 달라지지 않았다. 자유당이 없어지고 이승만은 물러났지만 국민들의 생활에는 변한 게 없었다.

민주주의는 이념이 아니라 실천이었다. 개념이 아니라 현실이었다. 민주주의를 외친다고, 이론과 제도를 도입한다고 민주주의가 되는 것이 아니었다. 민주주의는 현실에서 생활로 실천해가는 것이었다. 4.19 이후 변한 것이 있다면 혼란뿐이었다. 질서가 무너졌다. 데모로 정권이 무너진 것을 본 대학생들은 자신의 요구를 관철하기 위해 데모라는 방법을 동원했다. 4.19 때 부상한 학생들은 자신들의 요구를 내걸며 국회의사당을 점령했다. 민주당 정부 8개월간 시위만 2천 건이 넘었다. 그야 말로 데모 공화국이었다.

이념의 갈등이 첨예화 되었다. 반공을 제일로 삼았던 강력한 정부가 무너지자 수면 밑에 있던 좌파, 진보 진영 인사들이 부상하기 시작했다. 통일문제를 내걸었다. 학생들은 '오라 판문점으로, 가자 판문점으로'를 내걸었다. 범 혁신계는 동대문운동장에서 남북학생회담을 환영하는 통일 촉진 궐기대회를 열었다. 사회대중당은 중립화 통일방안을 내걸고 외국군 철수, 영세 중립국을 주장했다.

경제는 기아선상에서 허덕였다. 매년 보릿고개가 닥치면 아사자가 생길 지경이었다. 내 기억으로 보릿고개가 시작되는 3, 4월이 되면 끼니를 못 때우는 집들이 허다했다. 초등학교 때 일이다. 어느 날 급우 한 명이 학교에 와서 정신을 못 차렸다. 술 먹은 사람처럼 비틀거렸다. 선생님이 그 친구를 일으켜 세웠다. 술 냄새가 입에서 났다. 선생님은 혼을 내주려 했다. 알고 보니 아침에 술지게미를 먹고 왔다. 아침 때 거리가 없으니 그냥 학교에 보낼 수는 없고 어머니가 술지게미에 사카린을 조금 넣어 단맛이 나게 해 먹였다.

우리 세대는 그렇게 자랐다. 미국에서 원조로 보내준 분유가루, 강냉이 가루를 학교에서 배급받아 강냉이죽을 만들어 먹었고, 분유에 물을 넣어 반죽하여 밥솥에 쪄 먹었다. 통계도 이를 말해준다. 1960년 12월부터 이듬해 4월까지 4개월 동안 쌀값은 60%, 석탄과 석유는 22% 올랐다. 도시 근로자 4백만 명이 실업자였다. 실업률은 20%가 훨씬 넘었다. 청년들은 일자리가 없어 우두커니 집에서 시간을 보내고 있었다. 대학을 나와도 일자리가 없으니 그들을 '룸펜'이라고 불렀다.

국방장관 신성모(가운데), 상공장관 윤보선(오른쪽)과 함께 앉은 이승만

리더십은 더 엉망이었다. 민주당은 신구파로 갈라져 매일 싸움이었다. 내무장관은 8개월 동안 5번이나 갈렸다. 자유당이 무너져 공짜로 권력을 얻은 민주당은 그 권력 나누기에, 그 권력을 독차지하려고 싸웠다. 네모가 매일 일어나도 질서 잡을 생각을 하지 않았다. 법치는 무너졌다. 경찰이 자유당 독재의 도구였다며 경찰 80%를 이동시키고, 경찰서장급은 무더기로 파면했다. 여기다가 국군을 20만 감축한다는 공약까지 내걸었다. 북한의 위협은 그대로인데도 말이다. 전쟁이 끝난 지불과 7년 밖에 안 된 상황이었다.

북한은 남쪽의 이런 상황을 놓치지 않았다. 1960년 8월 북한은 연방제 통일방안을 내걸고 유엔 감시 없는 총선, 남북 병력 10만으로 감축 등을 제시했다. 남쪽의 진보세력과 맥을 같이 하고 있었다. 실제 당시 상황에 대해 김일성은 1963년 당·정·군黨政軍 간부회의에서 아쉬움을 피력했다. "장면 정권 때 탄압이 좀 완화되니 인민들이 들고 일어나기 시작했습니다. 그때는 정말 통일이 흐물흐물 익어 떨어지는 것 같이 보였습니다."

이것이 4.19 후의 상황이었다. 민주주의를 내세운 4.19혁명의 결과였다. 그때 민주주의는 혼란이었다. 민주주의는 방종이었다. 민주주의는 안보를 포기하는 것이었다. 민주주의는 배고픔이었다. 민주주의를 학교에서 배웠지만, 민주주의가 좋다는 것은 알았지만, 민주주의를 해낼 수 없었다. 민주주의는 생활이기 때문이다. 실천이기 때문이었다. 민주주의를 하려면 서로 의견을 조정하고 타협하고 양보할 줄 알아야 한다. 파벌 싸우는 것이, 데모하는 것이 민주주의가 아니다. 헌법을 무시하고 국체를 허무는 것이 민주주의가 아닌 것이다.

민주주의는 건전한 중산층이 있어야 한다. 민주주의는 경제가 뒷받침되어야 할 수 있는 것이었다. 민주주의는 건전한 상식을 가진 국민이 필요한 것이다. 개개인의 판단에 의존하는 체제이기 때문이다. 건전한 상식이 있어야 건전한 판단을 할 수 있다. 중산층은 자신의 힘으로 자기 생활을 꾸려갈 수 있는 사람들이다. 건전한 상식이 있어야 선동에 휘둘리지 않고 독립적인 생각과 행동을 할 수 있다. 이런 국민들이 존재하지 않는 사회에서 민주주의는 그림의 떡이다. 민주주의를 갈망했던 국민들은 실망하기 시작했다. 그것이 5.16의 시작이었다.

4.19를 반면교사로
삼은 5.16

4.19혁명이 난 지 1년 만에 군사 쿠데타가 발생했다. 민주당 정권의 실정失政이 어떠했든 간에 합법적이고 정통성을 가진 정부를 군사적인 힘으로 무너트린 것은 잘못이다. 민주주의를 부정한 것이다. 그러나 군인들이 나설 수밖에 없었던 상황을 만든 것은 정치인들이었다. 윤보선尹潽善 대통령이 "올 것이 왔다"고 한 뜻은 무엇인가?

군인들은 4.19에 실망한 국민들의 마음을 읽고 있었다. 그들은 혁명 공약으로 민주당 정부의 실패를 지적했다. 공약 구호 하나 하나가 실망한 국민을 겨냥한 것이었다. 첫째, 반공을 국시로 삼는다. 국민들은 염려했다. 이러다가 공산화되는 것 아닌가 하고 걱정했다. 당연히 반공을 국시로 삼는다고 했다. 그러면서 자유우방과 긴밀한 유대관계를 갖는다고 했다. 미국과의 관계를 근간으로 삼는다는 뜻이다.

기아선상에서 허덕이는 민생고를 해결한다고 했다. 경제재건을 해내야겠다는 것이다. 공산주의와 대결할 실력배양을 한다고 했다. 질서를 잡는다고 했다. 깡패를 소탕하고 부패와 구악을 일소한다고 했다. 4.19 이후 혼란기가 몰고 온 용공, 경제위기, 정쟁, 사회혼란을 없애겠다는 주문이었다.

박정희는 민주주의보다 경제 우선주의를 택했다. 그는 혁명 다음해인 1962년 신년사에서 "우리의 지상목표는 경제재건과 산업개발에 두어야 한다. 우리의 이상인 자유민주주의는 확고한 경제적 기반 없이는 실현되기 어렵다… 자립 경제 기반 없이 형식상 민주주의는 혼란과 파멸만 가져 온다"고 말했다. 그는 그 해 3월에 출간된 자신의 저서『우리 민족이 나아갈 길』에서 "민주주의라는 빛 좋은 개살구는 기아와 절망에 시달리는 국민 대중에게는 무의미한 것"이라며 "우리가 지향하는 민주주의는 서구의 민주주의가 아니라 우리에 맞는 민주주의를 해나가는 것"이라고 강조했다. 그의 목표는 구舊정치인들과는 확실히 차별되었다. 그때까지 민주주의에 목을 매던 지식인들과는 달랐다.

그는 자서전『국가와 혁명과 나』에서 "미국 원조가 끊기기 전에 우리는 먹고 입고 살 수 있는 환경을 만들어야 한다. 먹여 놓고 살려 놓고 나서야 정치가 있고 사회가 보이고 문화에 대한 여유가 생긴다. 경제재건 없이는 공산당에 이길 수 없고 자주독립도 기약할 수 없다"고 말했다. 경제재건에 대한 확고한 생각은 1차 경제개발5개년 계획으로 나타난다. 1962년 1월, 이 계획을 발표하고 2월에 울산공업단지 기공식을 가졌다.

민주주의와
경제의 관계

앞서도 밝혔듯이 민주주의의 조건 중 하나가 경제적 기반이 있어야 한다는 것이다. 독립적인 중산층이 생길 정도의 경제발전이 있어야 한다. 소득 80달러에서는 민주주의가 시행되기 어렵다. 그런 빈곤국가가 경제를 일으키려면 어떻게 해야 하는가? 우리가 시장원리를 채택했다고 해서 시장에 맡기면 되는가? 경제 후발 국가는 선발 국가에게 경쟁력에서 질 수밖에 없다. 이를 시장에 맡겨 놓는다면 국내 산업은 항상 앞선 외국에 비해 열등할 수밖에 없다.

국가가 어느 분야에 힘을 모아 주어야만 겨우 선발국을 따라갈 수 있다. 자연히 정부의 그 같은 지원이 필요하다. 투자를 해야 공장이 서는데 시장에는 자본이 없다. 그러니 정부가 자본을 모아 빌려줄 수밖에 없다. 그렇게 정부가 기능하려면 정부의 힘이 세지지 않을 수 없다. 시장원리는 당분간 투자와 건설에서는 작동하지 않는다. 정부는 힘이 세어진다. 강해진 정부는 민주주의와는 거리가 멀다.

5.16이 경제로 방향을 잡았을 때 박정희 정부는 민주주의의 희생을 어느 정도 각오했다. 그의 연설 등에 잘 나타나 있다. 앨리스 암스텐A. H. Amsden MIT 석좌교수는 그의 저서에서 "한국이 채택했던 강력한 경제정책이 민주적 정부에서도 가능했겠는 지는 불분명하다. 후진국의 경우 강력한 중앙권력은 경제발전의 충분조건은 아니지만 필요조건이며, 이것 없이는 공업화를 기대할 수 없다"고 했다. 독일의 경우가 그랬고 일본의 메이지유신이 그랬다.

빈곤의 악순환을 끊자면 권력 집중은 불가피한 것이었다. 단 그것이 사명감을 가진 청렴한 권력일 경우에 한해서다. 대부분 후진국의 경우 정치권력이 경제를 쥐고 흔들면서 부패해진다. 그래서는 빈곤의 악순환을 끊을 수 없다. 이 경우 사명감을 가진 리더십이 절대적으로 필요한 것이다. 박정희의 경우 나중에 주변 인물들은 일부 부패했지만 자신

만은 부패하지 않았다. 그가 경제건설을 위해 권력을 휘둘렀으나 그것
으로 치부하지 않았다. 우리에게는 행운이었다.

4.19와 5.16, 그리고
정체성

　민주주의를 갈망해서 일어난 4.19는 민주주의를 정착시키지 못하고
결국 군사 쿠데타를 불러왔다. 민주주의의 실패지만 민주주의의 필요
성만은 우리에게 각인시켰다. 대한민국은 민주주의를 하지 않으면 안
되는 나라로 이미 그 때 우리 모두의 머리에 각인되었다. 그러한 각인
으로 인해 우리는 민주주의 나라를 이룰 수 있었다. 선각자들이 꿈꾸
던 나라를 만든 것이다.

　4.19의 실패는 5.16을 통해 경제발전의 필요성을 깨닫게 만들었다.
우리는 좀 더 부유해지지 않고는, 개인이 자립할 수 있는 경제기반 없
이는, 민주주의가 시행되지 못한다는 점도 깨달았다. 4.19가 민주주의
를 우리의 정체성으로 만들어 주었다면 5.16은 경제발전이 필요하다
는, 경제적인 부富도 반드시 수반되어야 한다는 것도 가르쳐 주었다.

　그래서 우리는 빈곤으로부터 해방되어 잘 사는 나라를 만들었다. 선
각자들의 꿈을 이룬 것이다. 경제가 발전되려면 사회적으로, 정치적으
로 안정되어야 한다. 5.16은 나중에는 유신으로 돌아서서 정치적으로

불안을 가져 왔지만, 3공화국 기간 동안 우리에게 정치적 안정을 가져 다주었다. 민주주의와 경제, 그리고 질서법치는 세 발의 솥과 같이 나라를 유지하는 세 기둥이라는 사실을 깨닫게 만들었다.

정치적 제도로서 내각제는 4.19로 인해 우리에게는 나쁜 인상을 갖게 만들었다. 민주당 정부의 내각제는 정치적 불안정이라는 대명사를 얻게 만들었다. 아울러 대통령 중심제는 우리의 토착적인 제도처럼 받아들여지게 됐다. 사실 내각제는 6.25전쟁 이후 민주당이 원하던 제도였다. 그들은 이승만을 독재자라고 비판하면서 그것이 대통령 중심제 탓인 듯한 주장을 내세웠다.

하지만 내각제의 결과는 바로 4.19 후 민주당정부의 실패와 겹쳐진다. 지금 역시 민주주의를 외치며 대통령의 권한이 큰 것에 대한 비판을 많이 한다. 그러나 우리 현대사에서 대통령제가 차지하는 위치를 고려해야 한다. 특히 국회의원들이 제 역할을 못하는 우리나라에서 그들에게 행정부의 구성 까지 맡기면 어떻게 될 것인가를 고민해보아야 한다.

지금 우리는 대통령 직선제를 민주주의의 징표로 생각하고 있다. 1987년의 민주화도 대통령 직선제가 그 핵심이었다. 이것이 아이러니이다. 이승만은 내각제를 반대하여 간선제 대신 대통령 직선제를 선택했다. 이승만 비판세력은 이런 그를 두고 독재자라고 한다. 그가 선택한 직선제는 우리 민주주의의 핵심이 되었는데, 우리가 내각제로 간다면 국회 간선제로 돌아가는 것이다. 그것을 국민들이 용납하겠는가? 그러니 '87년 체제' 운운하며 개헌을 말하는 사람들은 이런 역사적 배경을 유념해야 할 필요가 있다.

14장
혁명가 박정희

박정희의 가장 큰 비전은 가난한 나라를 부강한 나라로 바꾸겠다는 것이었다.

경제발전과
지도자의 비전

5.16 이후 박정희 정부는 민주주의보다 경제를 앞세웠다. 그렇다면 박정희 집권 기간 동안 경제가 어떻게 달라졌을까? 통계를 보자. 세계은행 분석에 따르면 박정희 집권 기간인 1965년에서 1980년 사이 한국은 연 평균 9.9%의 성장을 기록해 국민 총생산은 27배, 1인당 소득은 19배, 수출은 2백75배 늘었다고 했다. 구체적인 통계는 1962년 87달러이던 1인당 국민소득이 1979년에는 1천6백74달러, 5천5백만 달러이던 수출은 150억 달러로 늘어났다. 국민 소득은 이제 3만 달러 시대로 접근했고, 수출입은 1조 달러를 넘었다.

지금 우리는 이러한 통계를 너무나 당연하게 생각한다. 구조론의 관점에서 보자면 한국경제가 발전할 수 있었던 것은 한국이 그렇게 발전할 수 있는 구조를 가지고 있었다고 할 수도 있겠다. 장면 정권 때도 경제개발 5개년 계획1962-66을 세웠기 때문에 만일 군사 쿠데타가 나지 않았다면 민주당 정부 역시 성제계획에 따라 경제를 발전시켰을 것이라고 말하는 사람들이 있다. 장면 자신도 "무능한 정권이라는 지탄을 받는 나이지만 조금의 시간적 여유가 있었더라면 하는 아쉬움이 남는다"고 말했다. 과연 그럴까? 만일 민주당 신파, 구파가 싸우는 구도로 민주당 정권이 계속 됐다면 정말 경제발전도 저절로 이루어졌을까?

박정희가 아니었어도 당시의 조건이 누가 집권하든 그런 경제발전을 할 수 있었다고 말할 수 없다. 박정희는 경제를 발전시켜야겠다는 비전과, 이를 추진하겠다는 의지와, 추진시킬 수 있는 행동력을 가지고 있었다. 누가 집권해도 그게 그거다가 아니라는 얘기다. 역사는 비전을 가지고, 의지로 고집스럽게 그 비전을 향해 나아가고, 그것을 실현시키는 실천적 역량을 가진 인물이 태어날 때 변하는 것이다.

개인도 마찬가지다. 꿈을 갖고 그 꿈을 실현하기 위한 굳센 의지로 현실조건에 맞게 행동으로 옮기는 사람만이 성공할 수 있다. 보통은 모두 꿈을 가지고 있다. 그러나 의지가 부족하거나, 의지는 있으나 현실에 적용시키는 행동력이 없다면 꿈으로 끝나는 것이다. 박정희의 비전은 가난한 나라를 부강한 나라로 바꾸는 것이었다. 그의 꿈은 발전한 대한민국이었다. 우리의 선각자들이 부강한 나라를 꿈꾸었던 것과 똑같았다. 아니 선각자들의 꿈을 이룬 인물이 박정희이다.

나라를 경제적으로 발전시키려면 어떻게 하여야 할까? 시장에 그냥 맡겨 놓으면 가장 자연스런 모습이 될 것이다. 시장의 논리에 따라 필요한 것을 생산하고 팔게 될 것이다. 그런데 후진국이었던 우리의 시장은 그럴 힘이 없었다. 시장에서는 생산할 능력이 없었다. 아마 서구 자본주의가 발전하듯이 시장에 맡겼다면 수백 년이 걸렸을지 모른다. 아니, 영원히 불가능했을 것이다.

왜냐하면 이미 발전한 나라가 있는데 그 나라들은 눈덩이가 커져 한 번 굴리면 쑥쑥 덩어리가 더 커질 것이다. 하지만 눈덩이가 만들어져 있지 않은 나라는 1백 번을 굴러도 벌써 크게 만들어진 나라가 한번 구른 것보다 더 적게 뭉쳐질 뿐이다. 따라서 국가가 개입하여 처음에 눈덩이를 강제로 만드는 것이다. 후발국의 발전은 국가의 개입 없이 불가능하다는 것을 독일이 이미 보여 주었다.

각계의 맹렬한 반대를 무릅쓰고 강행한 경부고속도로 개통식
에서의 박정희

오늘날의 우리 재벌도 그렇게 하여 만들어졌다. 개인은 투자할 돈이
없으니 국가가 국민들이 예금한 돈을 모아 기업을 잘 할 수 있는 사람
에게 몰아 준 것이다. 그들은 국가의 그러한 혜택으로 지금 같은 재벌
기업을 만들었다. 거기에는 국민의 희생이 따라야 했다. 기업 1세대들
은 이 점을 잘 알았다. 그래서 그들은 나라를 고맙게 여겼고 늘 애국을
생각했다. 그러나 2세, 3세로 넘어가면서 이런 생각은 옅어지기 시작

했다. 자기들이 잘나서 그런 줄로만 알게 됐다. 오늘의 한국 재벌가의 문제는 바로 여기서 나오는 것이다. 그들은 국민에 대해, 국가에 대해 고마움을 잊은 채 특권계급이나 되는 듯 행동한다.

경제 발전 초기에 국가가 개입하여 발전의 시동을 걸어주고, 모든 자원을 경제 쪽으로 몰아주고, 경제발전을 위해 모든 법적, 정치적 제도를 만들어 준다. 이것이 경제발전 계획이다. 박정희는 3차례에 걸쳐 경제발전 5개년계획을 마무리했고1962~76, 마지막 4차 경제 및 사회발전 5개년계획1977~81 도중 변을 당했다.

경제계획이란 정부가 주도하여 투자재원을 마련하고, 그것이 특정 분야에 집중하도록 법으로서 유도하는 것이다. 조세정책, 금융정책 등을 정부가 주도하고 특정산업을 위해 특별법을 만들었다. 기계공업진흥법, 조선공업진흥법, 전자공업진흥법, 철강공업진흥법 등 지금 우리가 강점을 가진 산업은 모두 이렇게 특별진흥법에 의해 보호를 받은 산업들이었다.

이렇게 경제발전에 정부의 힘을 집중한다고 경제가 다 잘되는 것은 아니다. 방향이 맞아야 한다. 당시 신생국들은 어느 나라를 막론하고 먹고 입고 살기에 허덕였다. 우선 스스로 먹고 살 수 있는 경제를 만드는 것이 시급했다. 특히 경제적으로나 기술적으로 이미 앞선 나라가 수두룩한 마당에 수출은 꿈도 못 꾸고, 국내시장을 지키는 것만도 허덕일 지경이었다.

종속이론이 판을 치던 시기였다. 후진국은 아무리 발전을 하고 싶어도 결국은 선진국 경제에 종속될 수밖에 없다. 그러니 나라의 문을 잠그고 스스로 먹고 사는 국내 산업에만 집중하자는 자급경제론, 독립경제론이 대세였다. 우리 역시 모든 지식인들은 그런 자급경제 모델을 선호했다.

여기에 박정희의 혜안이 있었다. 박정희는 자급경제가 아니라 수출경제 모델을 세웠다. 자급경제를 한다 해도 우리나라는 자원이 없으니 원자재를 들여와야 한다. 그런데 원자재는 무슨 돈으로 들여오느냐가 문제였다. 또 자급경제가 되려면 어느 수준의 시장규모가 되어야 한다. 그래야 경제적 효율성이 있기 때문이다. 적어도 1억 이상 인구를 가진 내수시장이 있어야 자급경제 모델이 가능하다는 게 통설이었다. 우리는 3, 4천만에 불과했다. 이런 조건에서 자급적 경제를 한다는 것은 결국 빈곤이나 겨우 면하는 수준의 경제 밖에는 가질 수 없다. 부유한 나라는 될 수 없는 것이다.

다행히 우리는 우수한 인력을 가지고 있었다. 이승만 시절에 이룬 교육혁명으로 문맹자가 없고, 중등교육은 물론 대학교육까지 받은 인력이 풍부했다. 안타깝게 그들은 일자리가 없었다. 대학을 나와도 일자리가 없으니 다방에 앉아 세월을 허비했다. 이 우수한 인력이 싼 임금으로 물건을 만들어 팔면 경쟁력을 가질 수 있다는 점에 착안했다. 우리는 수출을 많이 해서 거기서 떨어지는 부가가치로 부자가 될 수 있는 것이다. 그저 밥만 먹고 사는 수준의 그런 자급경제의 나라가 아닌 것이다. 수출로 나라를 세워보자는 수출입국輸出立國이라는 목표를 세웠다.

무슨 산업을 하든 종자돈이 있어야 한다. 그래야 투자를 해서 공장을 세울 것이 아닌가. 그 돈이 없었다. 당시 케네디 대통령은 박정희가 요구하는 차관을 거절했다. 미국으로서는 더 이상 한국에 원조를 늘일 수 없다는 것이었다. 미국은 일본과의 국교정상화를 재촉했다. 일본으로부터 그러한 경제적 도움을 받을 수 있다고 본 것이다. 세계의 많은 후진국들에게 원조를 해야 하는 미국의 입장에서는 한국을 일본에 떠넘기고 싶었을 것이다. 그래서 이승만 때부터 미국은 일본과 국교를 정상화 하도록 요구했다. 이승만은 거절했다. "지금은 때가 아니다"라는 판단에서였다. 언젠가 다음세대가 이를 맡아줄 것을 기대했다.

박정희는 일본과 국교정상화를 했다. 한일협정으로 무상 3억 달러,

이승만 정권에서부터 시작된 한일국교정상화 교섭이 우여곡절 끝에 타결되었다.

유상 공공차관 2억 달러, 상업차관 3억 달러를 받아냈다. 이 한일협정을 야당이나 학생들은 나라를 팔아먹은 협정이라고 극렬히 반대했다. 박정희는 이 돈 가운데 2억5천 달러로 포항제철을 세웠다. 경부고속도로를 건설했다. 포항제철은 모든 사람이 반대했다. 돈을 주는 일본조차도 한국에서 철강산업은 불가능하다고 보았다.

선발주자들이 모든 시장을 쥐고 있는 마당에, 철광석은 물론 유연탄조차 없는 한국에서 후발로 제철산업을 한다는 것은 계산이 맞지 않는 얘기였다. 박정희는 달랐다. 강철의 기반 없이는 기계, 자동차 등 중공업으로 나갈 수 없다는 점을 알았다. 경부고속도로도 마찬가지다. 자동차도 없는데 고속도로를 만들면 누가 이를 이용할 것인가라는 것이 야당과 지식인들의 주장이었다.

베트남전 파병을
결단하다

이럴 때 비전이 없는 지도자라면 "내가 이렇게 애를 써서 경제를 발전시키고자 하는데 반대를 해, 그럼 그만둬"라고 할 수 있었을 것이다. 일본 차관을 적당히 숨겨 스위스은행에 저금했을 수도 있다. 그러나 박정희는 의지를 굽히지 않았다. 종자돈을 마련하기 위해 애를 썼다. 마침 독일은 간호사와 광부를 파견하면 돈을 주겠다고 했다. 영화「국제시장」에서 보듯 당시 대학을 졸업한 사람까지도 광부증명을 가짜로 만들어 독일로 갔다. 간호사, 광부 2만 명이 월 1백 달러를 받고 일했다. 그 달러는 귀중한 외화벌이였다.

베트남전이 한창이었다. 미국이 한국에 주둔한 미군을 빼내 베트남으로 보내려하자 북한의 위협을 걱정한 박정희는 파병을 결심했다. 2개 사단의 파병과 함께 미국으로부터 국군 현대화와 건설 수출을 보장받았다. 우리 건설업체들은 베트남으로 진출했다. 파월 장병들은 하루 1달러 수준의 포디움일당을 받고 고국의 가족에게 송금했다. 1966년에서 1969년 사이 외화 수입의 19%는 베트남에서 들어온 것이다. 베트남으로부터의 경제적 이득은 1백억 달러라는 추산도 있다. 베트남 건설

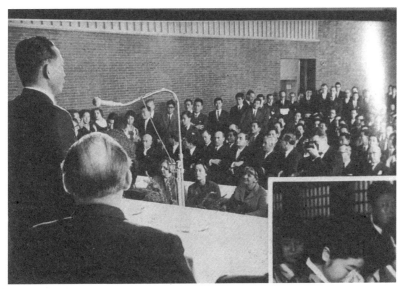

독일을 방문한 박정희 대통령이 현지에 파견된 광부, 간호사들에게 감사의 연설을 하고 있다. 최근의 영화 「국제시장」에서처럼 장내는 울음바다가 되었다.

특수는 곧 중동건설 특수로 이어졌다. 1977에서 79년 사이에 사우디 등지에서 2백5억 달러의 건설수주를 받았다.

야당은 베트남전 참전에 반대했다. 우리 젊은이들이 왜 외국에 나가 피를 흘려야하느냐 하는 것이 반대이유였다. 그 주장도 한쪽으로는 맞는 말이다. 여기에 지도자의 비전과 결단이 필요한 것이다. 그 당시는 비난 받지만 그것이 후에 좋은 결과로 돌아온다는 것을 볼 수 있는 눈이 바로 비전이다.

이런 일이 지도자 한사람의 힘으로 가능하지는 않다. 지도자의 방향을 따라주는 팔로우어follower들이 있어야 한다. 박정희 주변에는 전문 관료들이 자리 잡고 있었다. 또 정주영鄭周永, 이병철李秉喆 같은 그

중앙청 광장에서 거행된 파월 백마부대 환송식

시대의 기업가들이 있었다. 나는 이 시절을 '위대한 시대'라고 명명했다. 2011. 12.23. 〈중앙일보〉 칼럼

위대한 건국의 아버지 덕택에 오늘의 미국이 있듯이, 우리는 이 시절의 위대한 인물들 때문에 오늘의 대한민국이 있다고 했다. 이 시대에 우연인지 몰라도 인재들이 쏟아져 나왔다. 정주영, 이병철, 김우중金宇中, 박태준朴泰俊···. 우리 경제의 아버지들은 단순히 기업가가 아니었다. 그들은 애국자였다.

정주영이 만든 현대중공업에를 가보라. 공장 벽에 "나라가 잘 돼야 회사가 잘 된다"고 적혀 있다. 그가 울산공업단지에 조선소를 건설하며 아직 도크도 없는 상황에서 수만 톤급의 배를 주문받았던 일화는 유명하다. 정말 허허벌판에서 세계 최고의 조선소를 세운 인물이다.

이병철은 사업보국事業報國의 일념으로 일했다. 그는 1년의 절반을 일본에서 보냈는데, 그 이유는 일본을 배우기 위해서였다. 그가 반도체 비밀을 일본으로부터 빼온 것은 유명한 일화이다. 그 덕분에 우리는 일본을 제치고 세계 최강의 반도체 국가가 되었다.

박태준은 "임직원들이 항상 애국심을 가지고 일해 달라"는 유서를 남길 정도였다. 그는 "선조들이 피 흘린 값대일청구권자금으로 만든 회사인데 누가 무슨 자격으로 그럴 수 있느냐?"면서 포철 주식을 단 한 주도 갖지 않았다.

기업가뿐이 아니다. 공무원들도 중요한 역할을 했다. 박정희는 최고의 인물들을 발탁하여 내각에 기용했다. 그리고 믿고 밀어 주었다. 그 무렵의 공무원들은 비록 가난해도 긍지를 갖고 살았다. 기업가, 공무원뿐 아니다. 국민이 따라주어야 한다. 그것이 바로 의식혁명이다. 박

정희는 의식혁명의 불씨를 새마을운동에서 마련했다. "우리도 잘 살 수 있다"는 구호가 상징하는 바와 같이 그는 잘 살 수 있다는 자신감을 국민에게 불어넣어 주었다. 그 자신감을 바탕으로 근면하게 일한 것이었다.

나는 이때 대학생이었다. 나는 새마을 구호 같은 것이 다 권력을 가진 자들의 프로파간다로 여겼다. 읽은 책들이 그렇게 믿도록 만들었다. 그러니 언제나 삐딱한 생각을 했다. 동참자가 아니라 비판자였다. 방관자였다. 그러면서 내가 세상 돌아가는 내막을 잘 아는 지식인이라고 우쭐해했다.

경제발전을 국가목표로 설정하고, 그 달성 수단을 수출로 삼고 이를 위해 의식혁명을 통해 국민을 동원하였다 해서 경제가 성공하는 것은 아니다. 세상 모든 일에 행운이 따라주어야 한다. 우리는 한반도의 지정학을 이야기하면서 강대국에 둘러싸여 언제나 주변국으로부터 위협을 받는 신세라고 한탄했다. 실제 역사도 그러했다. 중국으로부터, 러시아로부터, 일본으로부터 우리는 늘 피해만 받았다. 심지어 나라를 빼앗기기도 했다.

그러나 20세기 후반에는 달랐다. 만일 일본이 옆에 없었다면 이 나라가 이렇게 발전할 수 있었을까? 우리는 일본과는 경쟁의식이 있다. 일본만은 한수 접고 본다. 일본에게는 질 수 없다고 생각한다. 그러니 일본과 축구경기를 하면 지면 안 된다고 눈에 불을 켠다. 세상 모든 나라가 일본을 높게 보아도 우리는 일본을 무시한다. 아니 일본을 이길 수 있다고 믿는다.

그런 일본이 세계 두 번째 나라였다. 그 일본으로부터 우리는 기술을 배웠고, 자본을 빌렸다. 일본의 발전 궤적을 그대로 따라갔다. 일본으로부터 기술이전이 51%1962년-91, 미국은 28%였다. 제철과 전자 모든 부분을 일본기술로부터 배웠다. 배운 것도 있고 몰래 빼온 것도 있다. 중국은 우리가 발전하는 사이에 문화혁명으로 낮잠을 자고 있었다. 아니 수 천만 명을 숙청하고 산업을 파괴하는 등 스스로 발등을 찍고 있었다. 중국이 잠자는 20년 동안 우리는 깨어 일했다. 중국은 뒤늦게 깨달았다. 마오쩌둥이 죽고 덩샤오핑이 집권하면서 한국 모델, 즉 박정희 개발모델을 그대로 따라왔다.

덩샤오핑은 1992년 남부지역을 순방하면서 "아시아 네 마리 용한국, 홍콩, 싱가포르, 대만을 따라잡아야 한다"고 강조했다. 우리 수출의 주요국인 미국 시장이 힘을 잃어가자 중국이 발전하기 시작했다. 우리가 일본을 따라갔듯 중국은 우리를 따라오며 우리의 수출 시장이 됐다. 중국 덕분에 지금 우리 수출은 버티고 있다. 이런 것이 행운이 아니겠는가. 필요한 순간마다 그 기회가 열린다. 아니 하늘이 기회를 열어 주신다. 이런 행운이 따르지 않고는, 그런 기적이 없이 오늘의 한국은 있을 수 없었다. 한국은 복을 받은 나라다.

용기 있는
독재자와의 화해

박정희는 가난한 농부의 자식이었다. 그는 "내 키가 작은 것은 가난해서 먹지 못했기 때문"이라는 얘기를 주변에 여러 번 했다. 가난했기 때문에 학비를 전부 대주는 사범학교를 다녔다. 당시 가난한 수재는 사범학교로 갔다. 그러나 그의 꿈은 군인이 되는 것이었다. 그는 "나는 긴 칼을 찬 대장이 될란다"며 문경보통학교 선생 시절에도 붉은 망토를 걸친 나폴레옹 그림을 하숙방에 걸어 놓았다고 한다.

그런 그가 20세에 학교 교사를 그만두고 만주 군관학교에 들어간다. 명석한 그는 수석으로 졸업하고, 그 특전으로 일본 육사에 들어가 3등으로 졸업하여 1944년 만주군 소위로 임명됐다. 임관 다음해 해방을 맞았다. 그를 친일인사로 보는 사람은 이러한 경력 때문이다.

시인 서정주가 어린 시절 일본이 내 나라인줄 알았다고 고백했듯이, 일본이 지배하는 가운데 태어나서 학교를 다니고, 거기서 그렇게 배웠는데 보통의 사람들은 그렇게 생각할 수밖에 없지 않았을까? 협력과 저항이라는 문제를 다루었지만 박정희를 협력자로 보는 것은 너무하지 않은가? 그 시절에 태어난 보통 사람으로서 만일 꿈이 대장이 되는 것이라면 일본 육사를 가지 않았을까?

해방이 되자 그는 베이징으로 가 임시정부 광복군에 가입하여 1946년 귀국한다. 귀국 후 조선경비사관학교에 들어가 2기생으로 졸업한다. 이 경비사관학교에서 중대장으로 근무하는 동안 그는 남로당에 포섭되었다. 여순반란 사건으로 대대적인 숙군肅軍작업이 있었을 때 그의 남로당 가입이 탄로 난다. 그는 재판과정에서 만주군 출신 백선엽 등의 도움으로 사형을 면했고, 무기징역에서 징역 10년에 집행면제를 받았다. 그는 비공식 문관으로 육본정보과에 근무하다 6.25전쟁이 나 다시 소령으로 현역 복귀했다. 영민했던 그는 2기 가운데 선두주자로 소장으로 진급했다.

그는 정치를 싫어했다. 강직한 군인이었다. 1952년 부산 개헌파동 때 이승만은 계엄령을 선포하고 군을 동원하려했다. 이 무렵 박정희는 육본 작전차장이었다. 이종찬李鍾贊 참모총장은 군의 정치적 중립을 지시하며 군 동원에 반대했다. 이때 예하부대에 내려 보낼 군 중립 지시각서를 쓴 사람이 박정희다. 그는 작전국장인 이용문李龍文 준장과 이승만을 제거하고 장면을 옹립하자는 쿠데타를 계획하기도 했다.

자유당의 횡포에 그는 1960년 1월에도 해병상륙사령관 김동하金東河와 혁명을 모의하기도 했다. 그러나 바로 그 직전에 3.15 부정 선거로 4.19가 일어나는 바람에 쿠데타는 불발됐고, 이듬해인 1961년 민주당 정부 때 결행을 한 것이다. 그는 혁명을 꿈꾸어 왔던 인물이다. 그는 18년간 정치의 정점에 있었지만 정치인이 아니었다. "그는 혁명가였다"는 김종필의 말이 맞을 것이다. 그는 군사혁명, 경제혁명, 의식혁명, 근대화 혁명을 한 혁명가였다. 3선 개헌 당시 대학을 다닌 나는 박정희를 싫어했다. 개헌 반대 데모에도 참가하고 캠퍼스가 있던 동숭동에서 단식농성도 했다. 대학졸업 후 해군에 입대하여 소위로 임관되어 1972년 동해로 출동을 나갔다가 진해로 돌아오니 10월 유신이 선포되었다. 나는 그 순간 이제 대한민국은 끝장났다고 생각했다. 영원히 독재국가의 나락으로 떨어졌다고 믿었다.

그런 생각은 기자 초년병 시절에도 변함이 없었고, 그 이후 전두환全斗煥 정권이 출현함으로서 군인들에 대한 반감이 더 커졌다. 학교에서 배운 민주주의 때문이었다. 그것이 틀리지 않다고 믿었다. 그런데 세월이 지나면서 세상 보는 눈이 달라졌다. 만일 박정희가 없었다면 이 나라가 지금처럼 부강한 나라가 될 수 있었을까? 이 나라를 구 정치인들이 집권했다면 어떻게 됐을까? 감히 말하건대 필리핀 수준의 나라도 못되지 않았을까? 혹시 베트남전 이후 공산화되지는 않았을까? 박정희로 인해 민주주의는 일보 후퇴했을지 모르지만 우리에게는 경제 기적이 일어났다. 그런 경제적 기적을 위해서 민주주의의 일보 후퇴는 어찌 보면 불가피한 일이 아니었던가?

그 시절 박정희 같은 인물이 우리나라를 이끌었다는 것이 우리에게는 행운이었다. 반대 입장에 있던 사람에게는 고통이었지만 그 고통 속에서 나라는 성장할 수 있었다. 내가 진정한 비전을 가진 지식인이었다면 박정희를 이해할 수 있어야 하지는 않았을까? 나는 너무 근시안이었다. 그러니 민주주의 가치만 아는 편협한 지식인이 아니었을까? 박정희를 이해하면서 그 안에서 민주주의의 가치도 인정하는 균형 잡힌 지식인이 될 수는 없었을까?

젊었기에 불가능했을지도 모른다. 한 개인이 어떤 생각을 품고 있었든 나라는 큰 방향으로 흘러가게 되어 있다. 그 물줄기를 당대에는 판단이 어렵지만 나중에 가서야 알게 된다. 박정희 시대의 흐름은 큰 방향에서 나라를 위해 다행한 것이었다.

국가건설Nation Building 이론을 말하는 사람은 우리나라가 제대로 된 국가건설과정을 겪었다고 말한다. 건국을 하고, 나라의 안보를 튼튼히 하고, 경제를 부유하게 하고, 그리고 민주주의를 시행하는 순서인데 우리가 바로 그 길을 걸었다는 것이다. 이 순서가 잘못되면 나라가 제대로 설 수 없다. 이승만의 건국과 한미방위조약 체결, 박정희의 경제발전, 그 이후 민주주의의 시행… 이것은 정말 환상의 코스였다는 것이다. 그것도 불과 50년 만에 이루어내었다. 그래서 기적이라는 표현이 어울리는 것이다.

그 점에서 나는 박정희와 개인적으로 화해했다. 그의 존재가 나라를 위해 큰 행운이었다는 점을 인정했다. 그는 그 시대의 역할을 다한 비

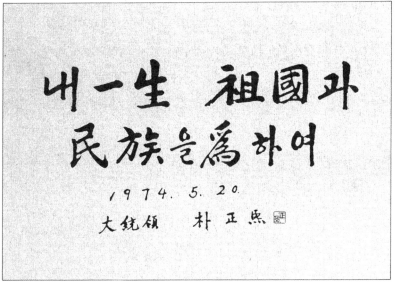

가난한 농부의 아들로 태어난 박정희는 자신이 쓴 글씨처럼 오로지 조국과 민족을 위하여 62년의 생애를 보냈다.

전을 가진 용감한 인물이고 그러기에 결점이 있으나 존경받을 지도자라는 점을 받아들였다. 민주주의자들도, 진보진영도, 박정희와 화해를 했으면 좋겠다. 나는 민주주의자이고, 대한민국 테두리라면 당연히 진보도 좌도 함께 가야 한다고 믿는 사람이기 때문이다. 우리는 그런 역사의 눈을 가져야 할 것 아닌가.

역사의 계승과 확대,
'통일 대한민국'을 꿈꾼다

우리가 조선의 역사를 배우지만 국가의 정체성 문제를 놓고 보면 대한민국은 조선과는 다른 나라다. 그 땅이 같고 그 구성원은 틀림없이 같은 민족이지만 생각과 이상이 변했다. 대한민국은 옛 땅과 그 민족을 구성원으로 삼았지만 정신이 새로워진 새 나라였다. 우리는 일제에 나라를 빼앗기고 해방을 맞았다. 그 감격은 "흙 다시 만져 보자 바닷물도 춤을 춘다"는 것이었다.

그렇지만 우리는 새 나라를 꾸려갈 준비가 아직은 부족한 민족이었다. 새 나라는 새 나라다운 꿈과 이상이 넘쳐 나고 그 이상과 꿈을 밑바탕으로 하여 현실을 극복할 수 있는 힘이 있어야만 했다. 해방 후를 떠올리면 안타깝다. 왜 그 시점에서 우리는 마음을 합하여 새 나라를 꾸려갈 생각을 못했는가? 그것이 반드시 국제정치 탓이었는가?

왜 우리는 마음을 합치지 못했는가? 그 책임을 미국과 소련에만 돌릴 것인가? 냉전의 산물이라는 핑계만 되뇔 것인가? 아니다. 그 점에서 당시 지도자들의 책임을 피할 수 없다. 하늘은 어쩌면 그 책임을 물어 우리에게 또 한 번의 시련을 주었는지 모른다. 남북의 분단이다. 6.25 전쟁이라는 동족상잔의 전쟁이다. 그러나 그것조차 우리에게는 축복이 되었다. 그런 시련을 겪었기에 대한민국이 탄생될 수 있었던 것이다. 이미 살펴본 바와 같이 그 상황에서 대한민국의 탄생은 최선의 선택이자 축복이었다.

우리의 새 나라 대한민국은 조선과는 다른 나라이다. 조선은 망한 나라였다. 개인도 자기 자신을 잃어버리면 자기를 내세울 수 없다. 자기가 없어지고 종의 신분이 된 사람은 독립인으로서, 인격으로서의 자기는 있을 수 없고 주인의 부속물이 되어 버린다. 조선은 나라를 빼앗김으로서, 종의 나라가 된 고로 자기를 잃어버렸다. 나라를 빼앗기기 전에 우리에게도 기회는 있었다. 그 때 세상의 변화에 눈을 뜨지 못한 우리 민족 모두의 책임이었다.

이런 상황에서도 나라를 지키고자 했던 분들이, 새 나라를 세우고자 했던 분들이 우리가 앞서 살펴본 선각자들이다. 김구의 말이 기억난다. 그를 심문하던 일본경찰이 "밭을 산 사람이 밭에서 뭉우리돌을 골라내는 것이 당연하지 않느냐?"는 말은, 즉 나라를 빼앗긴 민족이라면 고분고분하게 밭 주인 맘에 맞는 부드러운 흙이 되어야 한다는 뜻일 것이다.

'나'라는 정체성을 버리고 주인 맘대로 하도록 따라주어야 한다는 것이다. 우리의 선각자들은 그런 부드러운 흙이 되기를 거부했다. 그 같은 뭉우리돌이 있었기에 우리는 새 나라를 만들 수 있었다. 그 뭉우리돌들이 우리를 지켜주었고, 그들의 생각이 우리의 정체성이 된 것이다.

대한민국의 씨앗이 된 선각자들의 꿈

앞서 글머리에서 왜 조선이 망했는지에 대한 원인을 살펴보았다. 임진왜란 때, 병자호란 때 그렇게 나라를 지키지 못한 조선은 그 후 2백 년 동안에도 반성하지 못했다. 물론 이유는 얼마든지 들 수 있다. 당시의 조선 경제사정도 있을 것이고, 중국이라는 큰 나라에 기대어 나라를 유지하려 한 소국이었던 탓일 수도 있다. 19세기 말은 세계적으로 제국주의가 횡행하던 시대여서 약소국들은 강대국의 희생물이 될 수밖에 없었던 것도 사실이다.

그렇다고 나라가 망한데 대한 변명은 될 수 없다. 자신의 잘못을 남에게 핑계 대는 것과 똑같기 때문이다. 우리 선각자들은 나라가 망해가는 시점에 이 나라를 그냥 두어서는 안 된다는 각성으로 일어났다. 조선과는 다른 나라를 만들어야 한다는 것이 그들의 꿈이었다. 그들은 그 새 나라에 대해 꿈을 꾸었다. 그 꿈이 대한민국의 씨앗이 되었다.

그들의 꿈이 무엇이었는지 알아보는 게 대한민국의 정체성을 아는 출발점이 된다. 그래서 근대 개화기의 우리 선각자들을 살펴본 것이다. 서재필, 이승만, 안중근, 김구, 안창호, 김약연, 윤치호… 그들은 어떤 나라를 만들고 싶어 했는가? 그들은 독립된 나라를 갖는 게 꿈이었다. 일본, 러시아, 청나라에 종속된 나라가 아니라 독립된 주권을 가진 나라를 만드는 게 꿈이었다. 그들은 민주주의를 알게 됐다. 왕정이 아니라 공화정이 있다는 것도 알았다. 그들은 개인이 자유롭고 천부적인 인권을 가진 존귀한 존재라는 사상도 알게 됐다. 그들은 서구의 나라처럼 발전되고 번영된 나라를 갖고 싶었다.

그렇지만 그들의 생각은 단지 꿈이었다. 그 꿈만으로는 내 것이 될 수 없다. 우리가 어떤 주의나 사상에 대해 지식을 갖고 있다고 해서 그게 우리 것이 되는 것은 아니다. 그것이 우리의 것이 되기 위해서는 현실에 접목되어야 한다. 현실에 접목되지 못하면 지식으로 아는 것에서 끝나고 만다. 그 현실 접목과정에서 우리는 분단이 되었다. 그러나 반쪽만이라도 지켜낸 것이 대단하지 않은가? 반쪽만이라도 선각자들의 꿈을 반영하는 나라로 만들 수 있었던 것에 대해 감사해야 한다.

그 시기에 새 생각과 사상을 전달해준 사람들은 주로 선교사들이었다. 그들은 기독교를 전파하면서 우리에게 새 세상을 알려주었다. 선각자들은 그들을 통해 민주주의라는 것을 알게 됐고, 왕의 전제 정치가 아니라 모든 국민이 함께 더불어 살아가는 공화정을 배우게 됐다. 그렇기 때문에 3.1독립운동 후 우리 선각자들이 내세운 새 나라의 모델은 민주공화정이 되었다.

선각자들의 대부분은 선교사들을 통해 미국에 가서 배울 기회를 가졌다. 그들이 보고 배운 것이 미국의 시스템이었다는 사실이 우리에게는 행운이었다. 민주주의를 하는 나라였고, 자유와 평등을 신조로 세운 나라였기 때문이다. 선각자들의 생각과 꿈이 이루어진 나라가 대한민국이다.

하지만 북한의 처지는 달랐다. 그것이 국제정치라는 어쩔 수 없는 더 큰 힘의 작용이라고 볼 수도 있지만 불행한 일이었다. 북한은 공산주의를 택한 것이다. 소련은 강제로 우리의 북쪽을 자신들의 위성국가로 만들었다. 북한의 김일성은 그들의 의도에 따라 나라를 만들었다. 그 모델은 공산체제 소련이었다.

사상과 생각만이 아니었다. 우리 선각자들이 눈을 떴던 시점, 미국은 세계의 최강국으로 변신하던 무렵이었다. 그 후 1백 년 동안 미국은 최강국을 유지했다. 그 번영이 우리에게 영향을 주었다. 같은 물줄기를 탄 것이다. 그래서 우리는 흥할 수 있었다. 미국과 대치점에 서 있던 소련은 결국 망하는 체제가 되었다. 북한은 지금 구소련과 같이 망하는 길로 가고 있다. 우리가 제대로 위치를 설정한 것이다. 그것은 선각자들의 덕분이다. 그들이 그런 나라를 바랐기 때문이다.

선각자들의 꿈이 현실과 부딪쳐 살아남을 때 그 꿈은 우리 것으로 변하게 된다. 이승만의 남한 단독정부 수립 결심은 그래서 의미가 있다. 지금도 지식인들 중에는 김구의 통일 정부론을 지지하는 사람이 많다. 그것이 민족의 입장에서는 옳은 생각이었다. 그러나 과연 그때 현실이 그럴 수 있었는가? 북쪽은 이미 분단을 결정하고 공산정권 수립을 착착 준비하는 중이있다. 현실적으로 불가능한 것이었다. 혹시 가능하다고 믿었다면 그것은 공산주의와 타협이었을 것인데, 당시의 조건과 환경으로 보아 그 길은 한반도의 공산화로 가는 길이었을 것이다.

반쪽 남은 꿈의 실현을 향하여

단독정부의 길을 선택한 이승만의 공로는 크다. 당시는 그것이 잘된 일인지 못된 일인지 알기 어려웠다. 그런데 역사는 이승만의 판단이 옳았음을 가르쳐준다. 반쪽만이라도 선각자들이 꿈꾸던 나라, 즉 민주, 공화, 자유, 인권, 번영을 향한 나라를 만들고자 한 것이다. 공산주의와 자유민주주의 경쟁이라는 현실에 접하여 우리는 겨우 반쪽만 건져낸 것이다. 현실의 벽 앞에서 우리는 반쪽만 선각자의 꿈을 접목 시킬 수 있었다.

그 반쪽 나라를 지켜내기도 어려웠다. 6.25전쟁으로 우리는 존립을 위협받게 되었다. 그 때 미국이 있었기에 우리는 나라를 지킬 수 있었다. 그 뿐 아니다. 한미상호방위조약으로 우리 안보를 항구적으로 지킬 수 있는 조건을 갖추었다. 우리가 1960년대 경제개발에 전력투구할 수 있었던 이유도 안보는 미국에 의지할 수 있었기 때문이다. 만일 그렇지 못했다면 우리는 공산화로 갈 수밖에 없었다. 대한민국은 전쟁이라는 현실을 견디어 내었기에 지금 존재하는 것이다.

선각자들은 민주주의 나라를 꿈꾸었다. 그 꿈대로 민주공화국의 나라를 세웠다. 국민들에게도 민주주의를 가르쳤다. 학교에서는 민주주의가 최고의 제도라고 가르쳤다. 그러나 아쉽게도 그 민주주의가 배운 대로, 아는 대로 적용되지는 않았다. 이승만도 민주주의자이지만 그는 민주주의를 실천하는 데는 결함이 있었다. 사람의 한계 때문이다.

조건도 나빴다. 이승만 시절은 무엇보다 공산주의로부터 나라를 지켜내는 것이 우선 순위였다. 그래서 민주주의는 2순위로 밀려난 것이다. 민주주의를 현실로 접합하는 데는 그래서 시간이 필요한 것이었다. 4.19가 난 후 30여년이 지난 뒤에야 우리는 민주주의를 비로소 정착시켰다. 이제는 민주주의가 꿈이 아니라 우리의 정체성이 된 것이다.

윤치호는 일기에서 100년 뒤의 우리나라는 선진국과 같은 나라가 되어 있을 것이라는 꿈을 꾸었다. 정말 1백년 뒤인 지금, 우리는 세계 10번째 무역국이 되어 선진국에 진입하려하고 있다.

그 과정은 민주주의를 정착시키기 어려웠던 만큼 순탄하지 않았다. 필요한 시기에 박정희라는 인물이 그 자리에 있었기에 가능했던 것이다. 그 사람이 있었기에 현실의 어려움을 뚫고 나갈 수 있었다. 모두 포항제철을 반대했다. 경부고속도로를 반대했다. 그가 없었다면 이루어질 수 없는 일이었다. 잘 사는 나라, 부유한 나라의 꿈은 현실에 부딪쳐 물거품이 될 수도 있었다. 우리와 비슷했던 많은 후진국들은 그 처지를 아직 벗어나지 못하고 있다. 우리만 예외이다. 그들은 우리의 경험을 배우려 한다.

이런 과정을 겪으며 우리는 변했다. 조선말 외국인이 보기에 게으르고, 의타심 많고, 열등한 민족이라던 우리가 이제는 180도 다른 민족이 되었다. 우리는 부지런한 민족, 독립심이 강한 민족, 우수한 민족이라는 평가를 받게 됐다. 1백 년만에 우리의 정신세계가 바뀌었다. 우리 민족의 정신적 정체성이 바뀐 것이다. 선각자들이 원하던 바로 그런 민족이 되었다.

선각자들의 꿈이 현실에 부딪치면서 여러 어려움을 만났지만, 결국 그 현실을 극복하고 정착하여 뿌리를 내림으로서 우리의 것을 이루어 냈다. 그럼에도 이러한 정체성은 결코 영원히 DNA로 계승될 수 있는 것이 아니다. 이 정체성은 무너질 수도 있고 더 강화될 수도 있다. 그것은 현재의 우리가 하기 나름이다. 현재가 자랑스러울 때 과거도 아름다울 수 있는 것이다. 우리 현재가 비참하고 부끄러운 것이라면 우리의 과거가 아무리 화려했다 해도 소용없다. 그 과거는 바로 현재의 비참함을 만들어낸 씨앗이기 때문이다. 우리 과거가 부끄럽지만 지금 떳떳하다면 우리의 과거도 아름답게 변하는 것이다.

그런 점에서 조선의 역사도 지금 우리가 하기에 달렸다. 이승만의 잘못, 박정희의 결함도 현재의 우리 입장에서 너그럽게 받아들일 수 있는 것이다. 이것이 바로 역사를 계승하여 확대시키는 일이다. 과거를 부정하는 사람들은 현재도 부정하는 사람들이다. 대한민국이 태어나서는 안 될 나라이고 부끄러운 역사를 가진 나라라고 떠드는 사람들은, 우리의 현재를 부끄럽게 보는 사람들이다. 이런 사람들이 원하는 나라는 어떤 나라일지 궁금하다.

역사는 순환한다. 흥망성쇠興亡盛衰의 사이클이 있다. 흥할 때의 특질을 잃어버리면 바로 쇠퇴의 사이클로 접어든다. 우리를 흥하게 만든 정체성을 계속 지켜가야만 후손들도 계속 흥할 수 있다. 그러나 사람이란 그러기가 어렵다. 흥하면 게을러지기 쉽고, 사치하기 쉽고, 부패하기 쉽고, 교만해지기 쉽다. 정신이 무너지는 것이다. 그래서 세상은 순환하는 것이다. 우리에게 성취를 가져다준 특질, 즉 정체성을 계속 유지하려면 기억을 유전시켜야 한다. 우리 선현들이 어떤 고난을 겪으며 이 나라를 만들어 놓았는지에 대한 기억이 전수되어야 한다.

이스라엘 민족이 이집트에서의 탈출, 광야 40년의 생활을 기억하면서 자신의 정체성을 지켜가듯, 우리는 어려웠던 시절의 우리를 기억하며 지금의 우리를 생각해야 한다. 그런 기억을 할 때 지금의 우리에 대해 감사한 마음이 들고 그 감사함으로 인해 현재와 과거를 소중하게 여기게 되는 것이다. 그것이 바로 긍정의 마음이다. 열등감, 자학의 마음으로는 감사가 생기지 않는다. 그것은 언제나 불평을 가져 오고, 매사를 냉소적으로 보며, 공동체를 분열시킨다.

우리는 선현들의 꿈을 현실로 이루었다. 그것은 선각자들이 뿌린 씨앗에 대한 믿음이 있었기 때문이다. 그 방향으로 가면 잘 될 것이라는 믿음을 가졌기 때문이다. 지금도 우리가 그 믿음을 가지고 미래로 간다면 우리에게는 밝은 미래가 펼쳐질 것이다. 그런 믿음을 잃게 되면 우리는 퇴락할 수밖에 없다. 역사는 순환하는 기계가 아니라 우리의 의지로 돌리는 것이기 때문이다.

특히 반도 국가인 우리는 역사적으로 강대국의 틈바구니에서 언제나 고난을 겪었다. 우리는 고난을 지고 살아왔다. 따라서 우리가 조금만 마음을 놓으면 위기가 닥쳐온다. 우리는 흥망성쇠의 사이클을 허용할 수 있을 만큼 여유로운 조건을 지니고 있지 못하다. 쇠락의 사이클로 접어들면 일제에 나라를 빼앗겼듯이 나라 자체를 잃어버릴 위기를 언제나 안고 사는 것이다.

그것은 강대국에 둘러싸인 어쩔 수 없는 우리의 조건이다. 나라가 쇠락의 길로 흘러가도록 내버려둔다면 우리는 지정학적 험난한 조건으로 말미암아 주변국에 먹힐 수밖에 없다. 그래서 민족의지로 이 역사의 사이클이 쇠락 쪽으로 하강하지 못하도록 붙잡아야 한다.

우리는 선각자들의 꿈을 반쪽 밖에는 실현시키지 못했다. 그들의 꿈이 한반도 전체로 실현될 때 비로소 우리는 정체성의 옹근 실현을 보는 것이다. 그런 점에서 통일로 우리 정체성이 확대되어야 한다. 그 통일이 엉뚱한 방향의 통일, 정체성이 애매한 통일이 아니라 대한민국의 정체성이 북한으로 확대되는 통일이 되어야 한다.

나는 이런 대한민국을 꿈꾼다. 대한민국이 모든 어린이들에게는 부모들이 단단한 터를 만들어놓은 자랑스러운 나라, 청년들에게는 각자의 꿈을 실현 시킬 수 있게 만들어주는 성취의 나라, 장년에게는 각 가정에 행복을 가져다주는 행복의 나라, 노인들에게는 이 나라에서 일생을 살아온 것을 고맙게 여기는 감사의 나라, 바로 그런 나라가 되었으면 좋겠다. 그런 나라를 만들어 가는 것이 지금 우리에게 남겨진 사명이다.

참고문헌

고승철, 『소설 서재필』 서울: 나남, 2014

그렉 브라진스키, 나종남 옮김 『대한민국 만들기, 1945-1987』 서울: 책과 함께, 2007

김호일 엮음, 『대한국인 안중근』 서울: 안중근 의사 숭모회, 서울

김훈, 『칼의 노래』 서울: 문학동네, 2013

김구, 도진순 주해 『김구 자서전 백범일지』 서울: 돌베개, 2002

김도태, 『서재필 박사 자서전』 서울: 을유문화사, 1974

김삼웅, 『백범 김구 평전』 서울: 시대의 창, 2014

김삼웅, 『투사와 신사 안창호 평전』 서울: 현암사, 2013

김성한, 『소설 시인과 사무라이』 서울: 행림출판사, 2003

김용서 등, 『박정희 시대의 재조명』 서울: 전통과 현대, 2006

남시욱, 『한국 보수세력 연구』 서울: 청미디어, 2011

도산 아카데미, 『한국사회발전과 도산 안창호』 서울: 흥사단출판부, 2007

데이빗 쑤이, 『중국의 6.25전쟁 참전』 서울: 한국전략문제연구소, 2011

서울대 정치학과 독립신문 강독회, 『독립신문 다시읽기』 서울: 푸른 역사, 2004

로버트 올리버, 황정일 옮김 『이승만; 신화에 가린 인물』 서울: 건국대 출판부, 2002

로버트 올리버, 한준석 옮김 『이승만의 대미투쟁』 상, 하권 서울: 비봉출판사, 2013

리승만, 『독립정신』 서울: 정동출판사, 1993

문창극, 『한미 갈등의 해부』 서울: 나남, 1994

문창극, 『문창극 칼럼』 서울: 을유문화사, 2008

박정희, 『국가와 혁명과 나』 서울: 박정희대통령 기념사업회

박용일 편저, 『윤동주를 찾아서』 연길: 흑룡강 조선민족 출판사, 2007

박지향, 『윤치호의 협력 일기』 서울: 이숲, 2010

브루스 커밍스, 김자동 옮김 『한국전쟁의 기원』 서울: 일월서각, 1986

사이토 다이켄, 장영순 옮김 『내 마음의 안중근』 서울: 인지당, 1994

서대숙, 『김약연; 간도 민족독립운동의 지도자』 서울: 역사공간, 2008

손세일, 『이승만과 김구 1부 1, 2, 3권』 서울: 나남, 2008

송복, 『서애 류성룡 위대한 만남』 서울: 지식마당, 2007

송우혜, 『윤동주 평전』 서울: 열음사, 1994

신용석, 『동학과 갑오농민전쟁』 서울: 일조각, 1993

신복룡 등, 『서재필과 그 시대』 서울: 서재필기념회, 2003

안병욱 외, 『안창호 평전』 서울: 청포도, 2007

안중근, 『안중근의사 자서전』 서울: 범우사, 2007

안중근의사 숭모회, 『대한의 영웅 안중근』 서울: 안중근 의사 숭모회, 2009

안중근기념관장 정병학 편, 『대한국인 안중근 학술연구지』 서울: 안중근 의사 숭모회, 2005

안창호, 안병욱 엮음 『나의 사랑하는 젊은이들에게』 서울: 지성문화사, 2012

오인환, 『고종시대의 리더십』 서울: 열린책들, 2008

이광수, 『도산 안창호』 서울: 범우사, 2004

이수광, 『안중근 불멸의 기억』 서울: 추수밭, 2009

이순신, 이은상 옮김 『난중일기』 서울: 지식공작소, 2014

이승만 원저, 서정민 주해 『한국교회 핍박』 서울: 청미디어, 2008

이승만, 풀어쓴 이 김충남 『독립정신』 서울: 일곡문화재단, 2010

이영훈, 『대한민국 역사』 서울: 기파랑, 2013

이인호등, 『한국현대사』 서울: 세종연구원, 2013

이정식, 『서재필: 미국 망명 시절』 서울: 정음사, 1984

이정식, 허동현 엮음 『21세기에 다시 보는 해방후사』 서울: 경희대 출판문화원, 2012

이주영, 『이승만과 그의 시대』 서울: 기파랑, 2011

이주영, 『이승만 평전』 서울: 살림, 2014

이한우, 『우남 이승만, 대한민국을 세우다』 서울: 해냄, 2008

유성룡 원저, 이동환 글 『징비록』 서울: 현암사, 2011

유영익, 『젊은 날의 이승만』 서울: 연세대학교출판부, 2002

이사벨라 버드 비숍, 이인화 옮김 『한국과 그 이웃나라들』 서울: 살림, 1994

이사벨라 버드 비숍, 신복룡 역주 『조선과 그 이웃나라들』 서울: 집문당, 2006

이택휘, 『한국정치 사상사』 서울: 전통문화연구원, 1999

장리욱, 『도산 안창호』 서울: 태극출판사, 1972

전인권, 『박정희 평전』 서울: 이학사, 2006

조동일, 『동학성립과 이야기』 서울: 모시는 사람들, 2011

최창규, 『근대 한국정치 사상사』 서울: 일조각, 1979

한영우, 『우리역사 』 서울: 경세원, 1997

함석헌, 『 뜻으로 본 한국역사 』 서울: 한길사, 2003

현종민, 『서재필과 한국 민주주의』 서울: 대한교과서주식회사, 1990

신용석, 「오경석의 개화사상과 개화활동」 『역사학보 107호』

장명학, 「근대적 공론장의 등장과 정치권력의 변화: 독립신문 사설을 중심으로」

『미디어와 공론정치』 한국정치평론학회 편

허우성, 「간디, 이토, 안중근 : 문명의 충돌」 『 계간 철학과 현실 』 2014, 가을호

기파랑耆婆朗은 삼국유사에 수록된 신라시대 향가 찬기파랑가讚耆婆朗歌의 주인공입니다. 작자 충담忠談은 달과 시내의 잣나무의 은유를 통해 이상적인 화랑의 모습을 그리고 있습니다. 어두운 구름을 헤치고 나와 세상을 비추는 달의 강인함, 끝간 데 없이 뻗어나간 시냇물의 영원함, 그리고 겨울 찬서리 이겨내고 늘 푸른빛을 잃지 않는 잣나무의 불변함은 도서출판 기파랑의 정신입니다.

문창극의
역사읽기
그들이 꿈꾸던 아름다운 나라

1판 1쇄 발행일 2015년 2월 10일
1판 6쇄 인쇄일 2019년 6월 1일

지은이 | 문창극
펴낸이 | 안병훈
펴낸곳 | 도서출판 기파랑
디자인 | 커뮤니케이션 울력
등록 | 2004년 12월 27일 제300-2004-204호
주소 | 서울특별시 종로구 대학로8가길 56(동숭동 1-49) 동숭빌딩 301호
전화 | 02-763-8996(편집부) 02-3288-0077(영업마케팅부)
팩스 | 02-763-8936
이메일 | info@guiparang.com

ISBN 978-89-6523-873-7 03300